CONVOCADOS EN EL CAMINO DE LA FE.
LA IGLESIA COMO COMUNIÓN

CONVOCADOS EN EL CAMINO DE LA FE.
LA IGLESIA COMO COMUNIÓN

JOSEPH RATZINGER

Segunda edición

© Este libro fue publicado por
Sankt Ulrich Verlag
Augsburg 2002

Título original:
*WEG GEMEINSCHAFT DES GLAUBENS:
KIRCHE ALS COMMUNIO*

Traducción del alemán
JOSÉ RAMÓN MATITO FERNÁNDEZ

Primera edición española: abril 2004
Segunda edición: mayo 2005

Derechos para todos los países de lengua española en
EDICIONES CRISTIANDAD, S. A.
Madrid 2005

ISBN: 84-7057-485-X
Depósito legal: M. 20.512-2005

Printed in Spain

Anzos, S. L. - Fuenlabrada (Madrid)

CONTENIDO

Introducción 9

I. Fe y teología 17

II. ¿Qué es realmente la teología? 29

III. El Espíritu Santo como comunión 39

IV. Communio 63

V. Eucaristía y misión 95

VI. La eclesiología de la constitución *Lumen gentium* 129

VII. Ministerio y vida del sacerdote 159

VIII. Los movimientos eclesiales y su lugar teológico 181

IX. Presentación de la declaración *Dominus Iesus* en la sala de prensa de la Santa Sede el 5 de septiembre de 2000 215

X. Correspondencia entre el Metropolita Damaskinos y el Cardenal Joseph Ratzinger 223

XI. Correspondencia entre el obispo Johannes Hanselmann y el Cardenal Joseph Ratzinger 249

XII. Sobre la situación del ecumenismo 261

XIII. La herencia de Abrahán 279

XIV. La culpa de la Iglesia 283

XV. La Iglesia en el umbral del tercer milenio 293

XVI. Bibliografía del Cardenal Joseph Ratzinger 309

Índice general 387

INTRODUCCIÓN

El 16 de abril del año 2002 el Cardenal Joseph Ratzinger cumplió 75 años de vida.

En su 60 cumpleaños el Schülerkreis publicó un extenso trabajo de homenaje en dos tomos bajo el título *Weisheit Gottes – Weisheit der Welt* [*Sabiduría de Dios – sabiduría del mundo*], en el que 77 autores del ámbito del magisterio académico testimoniaban su reconocimiento al teólogo Joseph Ratzinger [1].

Para su 70 cumpleaños el Schülerkreis publicó estudios correspondientes a cuatro decenios bajo el título *Vom Wiederauffinden der Mitte. Grundorientierungen* [*Sobre el redescubrimiento de lo central. Orientaciones fundamentales*] [2]. Con él se quiso «posibilitar un primer acercamiento a las posiciones fundamentales que constituyen la postura teológica del Cardenal Joseph Ratzinger» y «ofrecer un primer recorrido por aquellos conjuntos de temas importantes para los que la aportación teológica de Ratzinger sigue resultando de gran actualidad y significado» [3].

El presente volumen amplía este aspecto de la actualidad eclesial.

En estas tres publicaciones conmemorativas se refleja el camino del homenajeado desde su labor académica hasta la

---

[1] W. Baier-St. Horn-V. Pfnür-Ch. Schönborn-L. Weimer-S. Wiedenhofer (eds. por encargo del Schülerkreis) *Weisheit Gottes – Weisheit der Welt. Festschrift für Joseph Cardinal Ratzinger zum 60. Geburtstag* (2 vols.) (St. Ottilien 1987).
[2] Schülerkreis (ed.) *Vom Wiederauffinden der Mitte. Grundorientierungen* (Freiburg-Basel-Wien 1997) 1982.
[3] *Ibíd.*, 11.

responsabilidad que se le ha confiado hacia toda la Iglesia. Es cierto que Joseph Ratzinger, siendo todavía un joven profesor y pocos años después de su doctorado, contribuyó de forma determinante (y todavía a menudo demasiado poco reconocida) en el curso y las declaraciones del concilio Vaticano II a través de su actividad como consejero teológico; a pesar de ello todavía restaban investigación y doctrina propias en su campo principal de actividades. Para el obispo, y aún más para el prefecto de la Congregación para la Doctrina de la Fe, el tiempo libre para la investigación especial le es muy limitado y no dispone de la calma suficiente para la redacción de una suma teológica.

La tarea principal es ahora la responsabilidad que tiene sobre la Iglesia universal. Así, las aportaciones presentadas en el siguiente volumen son una orientación para la situación actual de la Iglesia y de la teología a la luz del concilio Vaticano II. Son un llamamiento a situarse ante la exigencia de la verdad y a no perder de vista la totalidad.

Esto vale también para la *dimensión profunda de la totalidad, la «totalidad de nuestro ser»* (cf. 308), que no es reducible a aquello que es demostrable a partir de una imagen mecanicista y materialista del mundo.

Se trata con ello de transparentar lo terreno y lo humano sobre la verdadera realidad fundamental, lo que se desarrolla en lo divino a través de Cristo en el Espíritu Santo.

Para la teología esto significa no pasar por alto, a través de las cuestiones concretas de las disciplinas particulares y los métodos de trabajo practicados por ellas, lo fundamental, «que la fe cristiana es movida por Dios para dar testimonio de Él». Esto tiene un significado especial para la interpretación de la Biblia. La exégesis está llamada a cuestionar críticamente sus presupuestos filosóficos y abrirse a una hermenéutica de la fe, para que así «lo más profundo de la palabra... sea perceptible más allá de lo meramente escrito» (20).

Esto afecta también a la *visión de la Iglesia*. Como sacramento, como cuerpo entregado por nosotros en la cruz, como pueblo de Dios que vive del cuerpo de Cristo y así llega a ser ella misma cuerpo de Cristo, como esposa, a pesar de toda culpa humana, santificada por Cristo, ella es más de lo que resulta de una simple consideración sociológica.

Esa pretendida realidad sacramental de la Iglesia no es «una suma posterior de iglesias particulares previamente existentes» (262), sino que las precede ontológicamente. Desde aquí la universalidad es un bien constitutivo de la Iglesia. También cuando la eucaristía, sobre la que Cristo edifica la Iglesia como su cuerpo, sólo acontece de forma concreta en un lugar determinado es «sin embargo al mismo tiempo siempre universal, porque sólo hay un Cristo y sólo hay un cuerpo de Cristo» (139). «El presente indivisible del único y mismo Señor, que es al mismo tiempo la Palabra del Padre, presupone que cada comunidad particular se encuentra en el *completo* y *único* cuerpo de Cristo; sólo de esta forma puede celebrar la eucaristía» (99). El acento en la precedencia ontológica de la Iglesia universal sobre las iglesias particulares no significa «una opción por una determinada forma de distribución de competencias en la Iglesia, no hay ningún voto que deba suponerle a la Iglesia local de Roma las máximas prerrogativas posibles: con semejante interpretación se desvirtúa totalmente el plano de la cuestión. Quien, igualmente, siempre pregunta sólo por la distribución de poder termina de forma inequívoca con el misterio de la Iglesia» (250).

El Cardenal Ratzinger tampoco discute que pueda «darse un centralismo romano desbordante que como tal, ha de ser señalado y corregido» (140), pero la alternativa no puede ser una Iglesia reducida a meros servicios eclesiásticos locales y a la suma de comunidades (211); se trata más de que la eucaristía es «para toda iglesia local el lugar de inclusión en el único Cristo», «la reunión de todos los comulgantes en la comunión universal que une el cielo y la tierra, vivos y muertos, pasado, presente y futuro, y que se abre hacia la eternidad» (150). Esto significa, entre otras cosas, que «en la Iglesia nadie es extraño: en cualquier lugar todos se encuentran en casa y no son simples invitados. Siempre está la Iglesia una, la única y misma. Quien es bautizado en Berlín pertenece a la Iglesia que está en Roma o en Nueva York o en Kinshasa o en Bangalore o en cualquier otro lugar, donde se encontrará como si estuviese en su casa, como si fuese la Iglesia donde se bautizó. No necesita reinscribirse, existe la Iglesia una» (149).

La referencia hacia la *totalidad en su dimensión profunda* frente a una visión superficial de la realidad y especialmente de la Iglesia, así como también hacia la *totalidad en su dimensión universal* frente a una visión demasiado particularista de la realidad y especialmente de la Iglesia, constituye el hilo conductor del libro. Comienza con una referencia a la realidad mayor con la que tienen que ver la fe y la teología, y la concretiza en los siguientes artículos bajo la palabra clave *communio,* comunión. La Iglesia vive del hecho de que existe una comunión definitiva imperecedera, que lo Absoluto no consiste en una ley universal impersonal, sino que es una comunión viva y personal abierta hacia los hombres. La Iglesia «vive porque el Logos se ha hecho carne, porque la Verdad se hizo camino» (279). «La Iglesia no existe para sí misma» (136). Para el sacerdote, que pone toda su existencia al servicio de la comunión, esto significa «que él no habla de sí mismo, sino que se hace voz de Cristo para así darle espacio al mismo Logos, y, a través de la comunión con el hombre Jesús, llevar hacia la comunión con el Dios vivo» (168). Comunión en y con el cuerpo de Cristo significa pues también «comunión de unos con otros. Comunión que comprende el aceptarse, el mutuo dar y recibir, la disposición a compartir por su propia naturaleza» (74).

Eucaristía como «presente perpetuo del amor humano-divino de Cristo, que es en todo momento el origen de la Iglesia, sin el cual ella se hundiría, sería vencida por las puertas de la muerte», es «también el paso continuo del hombre Jesús hasta los hombres, sus «miembros», que llegan a ser para la Iglesia la eucaristía misma, y con ello su propio «corazón» y su «amor». Así, la eucaristía es, en un sentido más profundo, el origen de la misión que se alimenta de un núcleo más profundo» (129). La lucha concreta por la realización de la comunión eclesial se transparenta en los «movimientos eclesiales» organizados en su mayoría en el ámbito eclesial universal. La comunión comprende también la purificación de la memoria a través del reconocimiento de la culpa que la Iglesia ha cargado sobre sí.

Un campo especial de trabajo de la comunión cristiana lo constituye el ámbito del ecumenismo. Aquí se encuentran desde un principio, según Joseph Ratzinger, dos líneas definitorias que se complementan: por una parte, el esfuerzo por la realización concreta de la comunión eclesial, por otra parte, ser conscientes de lo relativo de este esfuerzo debido a que ya ahora existe una profunda comunión más allá de su realización canónica. Estas líneas pueden hallarse ya en el período preconciliar. Así, en un artículo de 1961 sobre la voz «Protestantismo» para *Religion und Geschichte im Gegenwart* [Religión e historia en la actualidad], Ratzinger defiende la pertenencia constitutiva a la Iglesia de los bautizados fuera de la Iglesia católica, así como la «existencia de elementos eclesiales» y «una cierta presencia de la realidad eclesial» en el protestantismo. Por otra parte, frente a un dominio de las controversias teológicas en el problema de la separación, «se muestra con precaución que una sistematización plena de ambas partes es imposible, porque, felizmente, la fidelidad a la realidad de ambas partes es más fuerte que la voluntad del sistema»⁴. Del tiempo preconciliar datan también las amistades personales con los que más tarde fueron presidentes de la parte ortodoxa de la Comisión mixta Internacional de Diálogo Teológico entre la Iglesia católico-romana y la Iglesia ortodoxa: el arzobispo Stylianos Harkianakis de Australia⁵ y el que después sería Metropolita de Suiza, Damaskinos Papandreou (227), amistades que fueron importantes para la relación entre la Iglesia católico-romana y la Iglesia ortodoxa griega. Con relación a la parte luterana hay que hacer referencia sobre todo a su importante toma de postura respecto a que no debe identificarse al católico «con la disolución del credo y con la descomposición de lo eclesial en el terreno evangélico», «sino, más bien al contrario, con el fortalecimiento del credo y de la realidad eclesial»⁶. Finalmente, no hay que olvidar hacer referencia a la buena relación entre el obispo de Munich y el obispo de la Iglesia evangélico-luterana de Baviera, Johannes Hanselmann (255), para explicar que la «Declaración conjunta sobre la doctrina de la justificación» fuera acogida eclesialmente con la «Ratificación oficial conjunta»⁷.

---

⁴ J. Ratzinger, «Protestantismus: III. Beurteilung vom Standpunkt des Katholizismus»: «RGG»3 V (1961) 663-666.
⁵ Cf. el primer documento aprobado con la participación esencial del Cardenal Ratzinger en Munich en 1982: «Das Geheimnis der Kirche und der Eucharistie im Licht des Geheimnisses der Heiligen Dreifaltigkeit», en H. Meyer et al. (eds.) *Dokumente wachsender Übereinstimmung* II (Paderborn-Frankfurt a. M. 1992) 526-541.
⁶ J. Ratzinger, «Prognosen für die Zukunft des Ökumenismus», en *íd., Vom Wiederauffinden der Mitte, op. cit.*, 192s.
⁷ LWB/Einheitsrat, *Gemeinsame Erklärung zur Rechtfertigungslehre. Gemeinsame offizielle Feststellung. Anhang (Annex) zur Gemeinsamen offiziellen Feststellung* (Paderborn-Frankfurt a. M. 1999) [trad. cast. de la Declaración: Federación Luterana Mundial y Pontificio Consejo para la Promoción de la Unidad de los Cristianos *Declaración conjunta sobre la doctrina de la justificación:* «Diálogo Ecuménico» 109-110 (1999), 675-707, trad. a cargo del Prof. Dr. Mons. Adolfo González Montes, Obispo de Almería].

El intercambio epistolar con el metropolitano Damaskinos Papandreou y el obispo Hanselmann incluido en este volumen quiere contribuir a aclarar la discusión suscitada en torno a las declaraciones *Communionis notio* y *Dominus Iesus*, y mostrar la disposición a recoger los deseos y las afirmaciones centrales.

El artículo final «La Iglesia en el umbral del tercer milenio» resume la misión de la Iglesia comprendida como camino en comunidad: «La Iglesia existe para que dé a conocer a Dios, al Dios vivo, con el fin de que el hombre pueda aprender, junto a Dios, a vivir ante su mirada y en comunión con Él» (151).

Nuestro agradecimiento va dirigido en primer lugar a nuestras personas de contacto en Roma, siempre solícitas, Sr. Prelado Dr. Josef Clemens y la Sra. Brigit Wansing, que se ocupó de la bibliografía de los últimos diez años, así como al Sr. Prof. Dr. Gunther Franz, de Trier. En último lugar queremos dar las gracias a la editorial Sankt Ulrich, que se ocupó de la impresión con gran dedicación.

I

FE Y TEOLOGÍA

Alocución con motivo de la concesión del doctorado «honoris causa» en teología por la Pontificia Facultad de Teología de Wroclaw/Breslau

Quiero expresar mi más sincero agradecimiento por la concesión del título de Doctor *honoris causa* en Teología al muy estimado Gran Canciller de la Facultad de Teología de Wroclaw, Cardenal Henryk Roman Gulbinowicz, y a la Facultad de Teología de Wroclaw. Es para mí un honor y un motivo de alegría portar desde ahora el birrete doctoral de dos facultades de teología polacas, Lublin y Wroclaw, y de esta forma me siento en estrecha relación académica con el país en el que nuestro Santo Padre nació, creció, recibió su formación teológica y en el que él mismo enseñó teología durante mucho tiempo. Es una antigua tradición académica que el agradecimiento por el título de doctor sea expresado a través de una lección magistral en la que el investido intente mostrar que, en efecto, tiene algo que decir en su disciplina. Quiero hacer esto en la forma de una *lectio brevis* para no alargar más de lo debido la celebración de esta mañana.

He estado pensando cuál podría ser el tema adecuado para esta ocasión. Quizá correspondería en esta hora de disputa intensa sobre la declaración *Dominus Iesus,* decir algo sobre este documento. Pero, tras algunas reflexiones, me pareció que no debía mezclar, precisamente en este momento, mi función oficial como Prefecto de la Congregación para la Doctrina de la Fe con una cuestión personal como es la concesión del doctorado *honoris causa*. Así, estimé más conveniente elegir un tema algo general que se encuentra en los comienzos de todo trabajo teológico y que, naturalmente, corresponde también a las cuestiones primordiales que atiende la Congregación para la Fe, concretamente la *relación entre fe y teología*. No es necesario subrayar de forma especial que no puedo agotar este extenso tema que, una y otra vez, ha ocupado a los más grandes teólogos de todos los tiempos. Sólo intentaré entresacar algunos puntos de vista que a mí me parecen importantes.

La palabra fe tiene en la lengua alemana y también en otras muchas lenguas dos significados totalmente distintos. Existe un significado cotidiano que los hombres relacionan de forma habitual con esta palabra. Se dice por ejemplo: creo que mañana hará buen tiempo, o: creo que esta o aquella noticia no dice la verdad. La palabra creer equivale aquí a *opinar*; expresa una forma imperfecta de conocimiento. Se habla aquí de fe donde no se ha alcanzado el estatuto del saber. Muchas personas piensan que este significado de fe vale también para el ámbito religioso, que, entonces, los contenidos de la fe cristiana son un nivel previo imperfecto del saber. Cuando decimos «creo en Dios», esta expresión explicaría, justamente, que no sabemos nada seguro sobre ello. Si esto fuera así, la teología sería una ciencia algo extraña, el concepto ciencia de la fe sería propiamente una contradicción en sí mismo. Pues, ¿cómo podría construirse una ciencia real a partir de suposiciones? En realidad, para los creyentes cristianos la expresión «creo» indica una *certeza absolutamente peculiar*, una certeza que en algunos aspectos es mayor que la certeza de la ciencia; pero, desde luego, también lleva en sí misma un momento de «sombra e imagen», un momento de «todavía no».

Cuando me preparaba para esta lección y cuando meditaba sobre este problema de la estructura absolutamente peculiar de *certeza* y riesgo sobre la que descansa el acto cristiano de fe, me vino de nuevo al recuerdo una pequeña anécdota que data ya de algunos años.

Fui invitado a hablar en la facultad de los valdenses en Roma. A raíz de mi conferencia surgió una discusión en la que justamente se trató el problema de la oscuridad y la claridad de la fe. Un estudiante preguntó si la duda no es en realidad la condición de la fe que, por lo mismo, está siempre presente en ella. No me resultaba del todo claro qué era lo que había querido decir exactamente el estudiante, pero seguramente quiso expresar la idea de que la fe nunca alcanza una certeza plena, como ciertamente tampoco puede llegar a hacerlo el rechazo de la fe. Toda fe sería finalmente un «quizá». Me vino a la memoria la conocida historia de Martin Buber sobre el rabino Levi Jizchak de Berditschew, cuando el sabio ilustrado objetó: «Sin embargo quizá sea cierto» [1]. Ese quizá rompió la resistencia de los otros; aparece como la fortaleza de la fe, pero evidentemente sería también su debilidad.

¿Es realmente sólo un quizá? Si las formas de saber de las ciencias modernas de la naturaleza fuesen la única manera por la que el hombre puede alcanzar la certeza, entonces habría que incluir la fe en la esfera del mero «quizá». Se desarrollaría conjuntamente con la duda, identificada realmente con ella. Sin embargo, así como el hombre llega a estar seguro del amor del otro sin que pueda someterlo a la comprobación de los métodos de las ciencias naturales, de la misma forma existe una certidumbre acerca de la relación entre Dios y el hombre de una naturaleza totalmente distinta a las evidencias del pensamiento objetivante. No vivimos la fe como

---

[1] Martin Buber, *Werke* III: *Schriften zum Chassidismus* (München/Heidelberg 1963) 348.

hipótesis, sino como la certeza que sostiene nuestra vida. Si dos personas consideran su amor sólo como una hipótesis que siempre necesita ser verificada de nuevo, eliminan el amor. Es negado en su esencia cuando alguien quiere convertirlo en un objeto que se puede tomar en la mano; entonces se ha destruido. Quizá por ello fracasan hoy tantas relaciones, porque aún sólo conocemos la forma de certeza de la hipótesis, y no le concedemos validez definitiva a todo lo que no está asegurado de forma científico-natural. Así se nos escapan los fenómenos humanos esenciales y la mucha mayor certeza, de índole totalmente diversa, que verdaderamente contienen. De ningún modo puede objetivarse a Dios como si fuera una cosa que se halla entre nosotros y que podemos manipular con nuestras manos o incluirlo junto a nuestros utensilios. Pero, como dice San Buenaventura, su luz es capaz de «consolidar nuestro afecto e iluminar nuestro intelecto» [2].

La fe no es, precisamente, mero opinar, como cuando decimos: «Creo que mañana hará buen tiempo». No es duda, sino certeza de que Dios se nos ha mostrado y que nos ha abierto la mirada hacia la verdad misma. Sin embargo, aquí surge ahora la objeción contraria que formularon categóricamente Heidegger y Jaspers. Ellos dicen: *La fe excluye la filosofía, el real investigar y la búsqueda de las realidades últimas, pues cree saber ya todo eso. Con su certeza no deja espacio para el cuestionar.* Quien cree ha fracasado ya como filósofo, dice Jaspers, porque todo preguntar es tan sólo apariencia, hay que volver siempre a las respuestas ya dadas. Una teología que estuviera fundada en el mero opinar no sería ciencia,

---

[2] *Sent* 1.III, d.23 a.1 q.5 concl: «...Nam ipsa fides secundum essentiam suam aliquid respicit ex parte *intellectus* et aliquid ex parte *affectus*. Habet enim *affectum stabilire* et *intellectum illuminare*», S. Bonaventurae, *Opera omnia*, Tom. III (Quaracchi 1887) 484.

dijimos hace un momento. El argumento de Jaspers objeta de forma contraria. La teología no puede ser una ciencia verdadera porque sólo argumenta de forma ficticia, porque siempre ha pretendido que sus resultados sean ya definitivos. Muchas objeciones contra la teología resultan indudables desde esa idea; también mucha rebelión dentro de la propia teología contra el magisterio presupone, de forma más moderada, un tipo de argumentación parecida.

Así, parece abrirse para la teología una doble aporía: si la fe no se vuelve en sus fundamentos hacia la duda, entonces no ofrece terreno para el pensamiento científico serio. Si sólo muestra certezas acabadas parece descartar del mismo modo la dinámica del pensamiento. Aquí se pone de manifiesto que las dos posiciones contrarias proceden a fin de cuentas del mismo modelo de pensamiento, porque ambas, por lo visto, conocen sólo una única forma de certeza y no logran alcanzar la estructura antropológica específica de la fe. Si comenzara a entenderse, también resultaría comprensible por qué la fe cristiana ha producido y tenía que producir teología. La esencia de la teología sólo puede llegar a entenderse desde la esencia de la fe. Si analizamos estas conexiones se mostrará también el núcleo verdadero de las dos posiciones reseñadas.

No sé si lograré aclarar suficientemente, en el breve tiempo de que dispongo, al menos la dirección en la que discurren las respuestas. Lo quiero intentar en conexión con un texto muy denso de santo Tomás de Aquino, que examina con gran acierto la esencia del acto cristiano de la fe y, desde ahí, muestra también su apertura interna hacia la teología; a saber, *De verit.* q. 14 a. 1 corp.

En primer lugar, santo Tomás, en conexión con san Agustín, define la fe como «pensar con asentimiento». Esta conjunción de pensar y asentimiento es lo que la fe tiene en común con la ciencia. Para ésta es característico que el pensar desemboque en el asentimiento. Quien sigue su movimiento concluye finalmente: sí, así es. El asentimiento también corresponde a la fe. La fe no es abstención, sino decisión, determinación. La fe no es precisamente el eterno estar abierto ni el mantenerse-abierto hacia todas partes. La fe es «hipóstasis», dice la carta a los Hebreos (11, 1): un estar y existir hacia lo esperado, un estar convencido.

La relación de asentimiento y pensar es, sin embargo, distinta en la fe a como lo es en la ciencia, en el saber en general. En la demostración científica, la evidencia de la cosa nos empuja al asentimiento con necesidad interna [3]. El entendimiento como tal provoca el «sí, así es». Santo Tomás dice que la certeza alcanzada «determina» el pensar. Así surge en el conocimiento el movimiento reflexivo hacia la quietud, encuentra su lugar definitivo. Totalmente distinta es la estructura del acto de fe. Sobre ella dice santo Tomás que allí se mantienen en equilibrio el movimiento reflexivo y el asentimiento, se encuentran «ex aequo» [4]. ¿Qué quiere decir esto? Esto significa, en primer lugar, que en el acto de fe el asentimiento surge de forma distinta a como acontece en el acto del saber: no por evidencia, que concluye el dinamismo reflexivo, sino por un acto de la voluntad, en el que el movimiento reflexivo permanece abierto y en camino. La evidencia no hace que el pensar llegue a ser asentimiento, sino que la voluntad ordene el asentimiento, aunque el pensar

---

[3] Cf. Sto. Tomás de Aquino, *Summa contra gentiles*, III 40 n. 3: «... In cognitione autem fidei principalitatem habet voluntas: intellectus enim assentit per fidem his quae sibi proponuntur, quia vult, non autem ex ipsa veritatis evidentia necesario tractus», en *S. Thomae Aquinatis Opera omnia*, Vol 2 (Stuttgart 1980) 71.

[4] Sto. Tomás de Aquino, *De Veritate*, q.14 a.1 co.: «... In scientia enim motus ratione incipit ab intellectu principiorum, et ad eumdem terminatur per viam resolutionis; et sic non habet assensum et cogitationem quasi ex aequo: sed cogitatio inducit ad assensum, et assensus cogitationem quietat. *Sed in fide est assensus et cogitatio quasi ex aequo*», en *loc. cit.*, Vol 3, 91.

permanezca todavía en camino. ¿Cómo puede hacer esto la voluntad sin forzar el pensar? Para encontrar respuesta a esta pregunta tenemos que ser conscientes, en primer lugar, de que el concepto de voluntad en el lenguaje de santo Tomás abarca mucho más de lo que nosotros entendemos hoy bajo este término. Lo que santo Tomás llama voluntad se corresponde a lo que el lenguaje de la Biblia llama «corazón». Esto recuerda una conocida expresión de Pascal: «Le coeur a ses raisons, que la raison ne connaît point»[5]. El corazón tiene sus razones, tiene su propia razón que sobrepasa la «mera» razón. A partir de la lógica de esta frase se puede acceder a lo pensado: todo conocimiento supone una cierta simpatía con lo conocido. Sin una cierta cercanía interna, sin una forma de amor no se puede conocer lo otro ni a los otros. En este sentido la «voluntad» precede siempre de algún modo al conocimiento, es su condición, tanto más cuanto mayor y más extensa sea la realidad a conocer. Podemos llegar al asentimiento de la fe porque la voluntad, el corazón, es tocado por Dios, «hecho» por Él. Por ese contacto sabe nuestro corazón que también es verdadero lo que al entendimiento todavía no le es «evidente».

El asentimiento es causado por la voluntad, no por la propia comprensión directa del entendimiento: en ello consiste la forma particular de libre albedrío en la decisión de fe. «*Cetera potest homo nolens, credere non nisi volens*», cita para esto santo Tomás a san Agustín: todo lo demás puede hacerlo el hombre sin quererlo, la fe sólo puede alcanzarla voluntariamente[6]. Con esta constatación se muestra ahora la

---

[5] *Pensées sur la religion*, 1669, n. *277 (Ed. de Ch.-M. des Granges, Garnier Frères 1964, 146).
[6] Santo Tomás de Aquino, *De Veritate*, q.14 a.1 co.: «Et ideo dicit Augustinus, quod *cetera potest homo nolens, credere non nisi volens*», en *op. cit.* Vol 3, 91;

particular estructura espiritual de la fe. La fe no es sólo un acto del entendimiento, sino un acto en el que confluyen todas las potencias espirituales del hombre. Más aún: el hombre lleva a cabo la fe en su propio yo y de ninguna manera desde fuera de él; tiene un carácter dialógico por naturaleza. Sólo porque el fundamento del alma, el corazón, es tocado por Dios, se pone en marcha toda la estructura de las potencias espirituales y confluye en el sí de la fe. A través de todo ello se nos muestra ahora también la particular forma de «verdad» en que consiste la fe. La teología habla de «verdad salvífica». Pues, ¿cómo toca Dios el corazón propiamente? ¿Qué otorgan la salvación y la confianza a la «voluntad» que se pueda compartir también con el entendimiento? San Agustín aporta su propia experiencia de vida: el núcleo más íntimo de la voluntad humana es el anhelo de felicidad. Definitivamente se atribuye todo hacer y dejar de hacer del hombre al deseo de ser feliz. Cuando el corazón entra en contacto con el Logos de Dios, con la Palabra encarnada, es tocado ese íntimo punto de su existencia. Entonces no sólo siente, entonces sabe desde su interior: lo es; es ÉL lo que yo he esperado. Se trata de una forma de reconocimiento. Pues hemos sido creados para Dios, para el Logos, y nuestro corazón permanece inquieto hasta que ha encontrado aquello

---

Pedro Lombardo, *Sent.* 1.II dist.26 c.4 p.2: «Non est tamen ignorandum quod alibi Augustinus significare videtur quod ex voluntate sit FIDES, de illo verbo apostoli scilicet, corde creditur ad iustitiam, ita super Ioannem tractans: ideo no simpliciter apostolus ait creditur, sed corde creditur, quia cetera potest homo nolens, credere non nisi volens; intrare ecclesiam et accedere ad altare potest nolens, sed non credere»; san Agustín, *In Iohannis evangelium tractatus* 26,2: «Intrare quisquam ecclesiam potest nolens, accedere ad altare potest nolens, accipere sacramentum potest nolens; credere non potest nisi volens, si corpore crederetur, fieret in nolentibus; sed non corpore creditur. Apostolum audi: corde creditur ad iustitiam (Rom 10,5)»: PL 35, 1607; CChr.SL 36, 260.

que el poeta y compositor Paul Gerhardt († 1676) dice en la hermosa canción de Navidad «Estoy aquí ante tu pesebre»: «Antes que con tu mano me hicieras ya habías pensado cómo querías que fuera».

La «voluntad» (el corazón), pues, ilumina previamente el entendimiento y lo introduce con ella en el asentimiento. Así comienza a ver también el pensamiento, pero la fe no surge del comprender, sino del escuchar. El pensar no ha llegado a su conclusión, no ha hallado todavía su quietud. Aquí se muestra de forma totalmente peculiar que la fe es un peregrinaje, también un peregrinar del pensamiento que aún está en camino. Santo Tomás ha descrito de forma drástica esta inquietud permanente del pensamiento en medio de la firme certeza de la fe a partir de 2 Cor 10,5, donde el apóstol dice: «Estamos dispuestos a someter a Cristo todo pensamiento». A esto añade el doctor común: porque el pensamiento no se debe a sí mismo, sino a la voluntad de asentimiento, no ha encontrado su quietud; permanece reflexión y permanece en búsqueda (*inquisitio*). Todavía no ha alcanzado su satisfacción. Sólo «desde fuera» llega y es producido un término. Por ello dice el apóstol que «ha sido sometido». De aquí concluye también que en la fe, pese a toda firmeza del asentimiento, puede surgir un movimiento contrario (*motus de contrario*): permanece pensamiento que lucha y que cuestiona, que ha de buscar siempre de nuevo, una y otra vez, su luz a partir de la luz esencial que resplandece en el corazón por la palabra de Dios.

Asentimiento y movimiento reflexivo están «de algún modo» *(quasi)* equilibrados, «ex aequo». En esta breve sentencia, que a primera vista sólo parece una fórmula escolar de tiempos pasados, está contenido el drama completo de la fe en la historia; y también expresa la esencia de la teología con sus grandezas y sus límites. Muestra la relación de fe y teología. Podríamos decir considerando otra vez la totalidad: la fe es una anticipación posibilitada por la voluntad, por el contacto del corazón con Dios. La fe anticipa lo que nosotros aún no podemos ver ni podemos tener. Esta anticipación nos pone en movimiento. Tenemos que ir tras ella. Como el asentimiento es anticipado, el pensamiento tiene que intentar alcanzarlo, y también tiene que superar una y otra vez el movimiento contrario, el *motus de contrario*. Ésta es la situación de la fe, desde que el hombre se encuentra en esta historia. Por eso toda la historia tiene que dar teología; por eso la tarea de la teología en la historia permanece inconclusa. El pensamiento continúa en peregrinaje, como nosotros mismos. Y nosotros no peregrinamos auténticamente si nuestro pensamiento no peregrina.

Quien se sumerge, incluso sólo un poco, en la historia de la teología puede observar el drama de esta tensión, el peregrinar inconcluso del pensamiento hacia Cristo en sus impulsos renovados. Puede reconocer así la belleza y la fascinación de la aventura que llamamos teología. Verá sobre todo que la palabra de Dios siempre nos precede a nosotros y a nuestro pensar. No sólo no es nunca aventajable; todo lo que pretende ser superación decae rápido, pasa de moda y se convierte en mero pasado, cuando no llega a ser simplemente olvidado. Nosotros no superamos esa palabra, tampoco la alcanzamos. El *motus de contrario*, que a menudo parece casi irresistible, se muestra, pues, desde la distancia siempre como marcha atrás. De este modo, la historia, con sus cimas y sus profundidades, tiene en sí algo alentador: nos permite tener la esperanza de que se encuentra en el camino recto quien sigue la palabra de Dios, quien obedece la orden del corazón al asentimiento y la comprende como orientación para la peregrinación del pensamiento y de la vida. La historia nos muestra que el pensamiento siempre está listo para algo nuevo con la palabra de Dios y nunca es fútil, nunca deviene actividad inútil. Quien observa la historia no mira simplemente hacia atrás. Aprende mejor hacia dónde avanza. Sin la anticipación de la fe, el pensamiento tantearía en el vacío, no podría aportar nada sobre las cosas esenciales propias del hombre. Habría que concluir con Wittgenstein que lo inexpresable se debe mantener en el silencio. No la duda, sino el sí abre el pensamiento a los grandes horizontes. Quien trata la historia de la teología observa que la sospecha de Heidegger y Jaspers es infundada. El pre-saber de la fe no aplasta el pensamiento; permanece «ex aequo», es decir, sólo ahora es correctamente desafiado e implantado en una inquietud que es fructífera.

Lo expuesto aquí no es sólo teoría, tampoco cuando aprendí por primera vez todo esto de los grandes maestros como san Agustín, san Buenaventura y santo Tomás de Aquino, y, sobre todo, de mi maestro Gottlieb Söhngen, que me condujo hasta ellos. Llevo ocupándome de la teología hace ahora ya más de medio siglo. Allí, ese lugar primero de la palabra de Dios, de la que nos ocupamos detenidamente, se ha convertido, cada vez más, en una experiencia totalmente personal. Cuando yo estudiaba, la exégesis histórico-crítica parecía haber tenido la última palabra en muchas cuestiones. A uno de mis amigos que por aquel entonces, a finales de la década de 1940, estudiaba en Tübingen, el erudito profesor que impartía exégesis del Nuevo Testamento, Stephan Lösch, le decía que él no podía explicar más temas de disertación sobre el Nuevo Testamento, porque en el Nuevo Testamento estaba ya todo investigado. El venerable y eminente dogmático de Paderborn, Bernhard Bartmann, pensaba entonces que ya no quedaban cuestiones abiertas en la dogmática como tal, que sólo se podía seguir profundizando en los conocimientos de la historia de los dogmas y de la teología. Con ello, la teología se había retirado, pues, al pasado. ¡Cuánto nos ha vuelto superar, sin embargo, la palabra de Dios y la fe de la Iglesia fundada sobre ella! De una vez volvemos a ver qué larga peregrinación de plenos misterios y promesas se abre aquí ante nosotros, qué inmenso es el terreno de la fe que ninguna peregrinación humana puede recorrer jamás totalmente. Se muestra que precisamente también el *motus de contrario*, que hoy sentimos de forma tan intensa, puede significar un desafío para un análisis más profundo. Cierto, que la inquietud del pensamiento, que nunca alcanza totalmente la superioridad de la palabra de Dios, puede apartarnos de la fe; esto podemos verlo. Pero esa misma inquietud puede resultar fructífera, sobre todo, para introducirnos en la peregrinación del pensamiento hacia Dios. Ésta es la hermosa tarea de una facultad de Teología.

Mi agradecimiento por el título de doctor es así, al mismo tiempo, un deseo de corazón para la prosperidad en el trabajo futuro de esta venerable facultad de Teología.

II

¿QUÉ ES REALMENTE LA TEOLOGÍA?

Discurso de agradecimiento con motivo de la concesión del doctorado 'honoris causa' por la Facultad de Teología de la Universidad de Navarra en Pamplona

Excmo. y Revmo. Sr. Gran Canciller.
Dignísimas autoridades claustrales.
Señoras y señores.

En primer lugar quiero expresarle a usted, reverendo Sr. Gran Canciller, así como a la reverendísima Facultad de Teología, mi más profundo y sentido agradecimiento por el gran honor que me tributan con la concesión del doctorado *honoris causa*. Un agradecimiento muy especial para usted, mi muy venerable colega Profesor Rodríguez, por la forma complaciente y profunda con la que ha elogiado mi trabajo teológico más de lo que merece. Con el redescubrimiento y la edición crítica del manuscrito original del *Catecismo romano de teología* ha prestado un servicio que se extiende más allá del momento y que también significó mucho para mi propia labor de preparación del *Catecismo de la Iglesia católica*. Usted es miembro de una Facultad que ha sabido ganarse en el relativo corto tiempo de su existencia un lugar significativo dentro del diálogo teológico mundial; por eso es para mí un gran honor y supone una gran alegría formar parte de esta Facultad a través del doctorado, aunque a ella me unen ya hace tiempo tanto las amistades personales como también el diálogo científico.

Ante semejante acontecimiento surge inevitablemente la pregunta: ¿qué es en realidad un doctor en teología? Y además, en mi caso, la pregunta totalmente personal: ¿puedo presentarme verdaderamente como uno de ellos? ¿Respondo al criterio que supone este título? En lo que se refiere a mi persona a muchos les importunará una seria objeción: ¿el puesto de prefecto de la Congregación de la fe, al que hoy día se gusta caracterizar nuevamente con el título «inquisidor» —criticándolo así al mismo tiempo—, no está en contradicción con la esencia de la ciencia y con ello también con la esencia de la teología? ¿No se excluyen ciencia y autoridad externa? ¿Puede reconocer la ciencia otra autoridad que no sea la de sus propios razonamientos, la de los argumentos? ¿No es una contradicción en sí mismo un magisterio que quiere imponer límites al pensamiento científico?

Estas preguntas, que afectan a la esencia de la teología católica, exigen indudablemente de los teólogos y además de los ministros, que ciertamente han de ser también teólogos, una conciencia siempre nueva de investigación para poder llevar a cabo convenientemente su ministerio. Ellas nos sitúan ante el problema fundamental: *¿qué es realmente la teología?* ¿Está ya suficientemente caracterizada cuando la describimos como una reflexión organizada metódicamente sobre las cuestiones de religión, de la relación del hombre con Dios? Yo respondería que no. Pues con ello sólo llegamos a lo que es denominado como ciencia de la religión. Filosofía de la religión y ciencia de la religión en general son indudablemente disciplinas muy significativas, pero su límite abarca lo menos que el mundo académico intenta rebasar. Pues ellas no pueden dar instrucciones a los hombres. O hablan de lo pasado, o describen en qué consisten unas y otras, o tantean lo que conllevan las últimas preguntas del hombre, un tanteo que finalmente siempre ha de permanecer como interrogante y que no puede superar la oscuridad, aquella que precisamente rodea al hombre, donde se pregunta por su origen y por su meta, donde se pregunta por sí mismo. Cuando la teología quiere ser otra cosa y, como ciencia de la religión, debe ser algo distinto a un trato con las preguntas nunca resueltas por aquello que nos desborda y que también nos constituye, entonces sólo puede basarse en lo que surge de una respuesta que no hemos descubierto por nosotros mismos. Sin embargo, para que sea verdadera respuesta para nosotros hemos de intentar comprenderla, no resolverla. Esto es lo *peculiar de la teología,* que se *dirige a aquello que no hemos descubierto por nosotros mismos* y que precisamente por ello puede ser fundamento de la vida que *nos precede y nos lleva,* por tanto es mayor que nuestro propio pensamiento. El camino de la teología está indicado en la expresión «credo ut intelligam»: creo que es un *presupuesto* para hallar desde ella y en ella el acceso a la vida verdadera, a la comprensión correcta de mí mismo. Esto significa, sin embargo, que, por su naturaleza, la teología supone una autoridad. Ésta sólo existe en realidad porque sabe de la ruptura del discurrir del propio pensamiento; existe para, por así decirlo, echar una mano al pensamiento empujándolo hacia arriba, más allá de sus propias fuerzas. Sin este presupuesto, que siempre es más que lo propio imaginado y que no se resuelve en lo meramente propio, no hay teología.

Pero ahora surge la cuestión siguiente: *¿cómo es ese presupuesto,* esa respuesta que generalmente pone en marcha al pensamiento, le muestra el camino? *Esa autoridad es una palabra,* así podemos llamarla por de pronto. Partiendo de aquello en lo que consiste, es lógico del todo: la palabra proviene del entendimiento y quiere conducir al entendimiento. El presupuesto del espíritu humano que está en búsqueda es acertadamente la palabra. El pensamiento precede a la palabra en el proceso de la ciencia. El pensamiento se traduce en la palabra. Pero aquí, donde fracasa nuestro propio pensar, nos es lanzada desde la razón eterna la palabra en la que se esconde un destello de su esplendor, tanto como podamos resistirla, tanto como la necesitemos, tanto como pueda llegar a comprenderla la palabra humana. *Reconocer el sentido en esa palabra, entender esa palabra, ésta es la razón de ser de la teología, que tampoco puede faltar nunca totalmente en el camino de la fe de los creyentes sencillos.*

El presupuesto es la palabra, *la Escritura*, se podría decir, e inmediatamente habría que preguntar: ¿puede haber otra autoridad junto a la autoridad fundamental de la teología? La respuesta ha de ser negativa: éste es el punto crítico en la discusión entre la teología reformada y la teología católica. Hoy día también gran parte de los teólogos evangélicos reconocen de distintas formas que la *sola scriptura*, es decir, la limitación de la palabra al Libro no es sostenible. Desde su estructura más íntima, la palabra excede aquello que el Libro podría contener. Relativizar el principio de la Escritura, de lo cual tiene que aprender también la teología católica y a partir de lo cual pueden acercarse nuevamente ambas partes, es en parte fruto del diálogo ecuménico, pero depende más aún del desarrollo de la interpretación histórico-crítica de la Biblia, que, por lo demás, aprende también con ello a ponerse límites a sí misma. Dos cosas han surgido en el proceso de la exégesis crítica sobre la esencia de la palabra bíblica; en primer lugar, que en el momento de su puesta por escrito la palabra bíblica tiene ya tras de sí un mayor o menor proceso de formación oral, y que no se anquilosa en el momento de su redacción, sino que entra en nuevos procesos de interpretación —relecturas— que continúan desarrollando su potencialidad escondida. El sentido amplio de la palabra no es algo reducible al pensamiento de un autor particular en un determinado momento histórico; de ningún modo pertenece a un autor concreto, sino que vive en una historia precedente y por eso tiene una extensión y profundidad que abarca pasado y futuro y que se pierde finalmente en lo imprevisible. En este punto se puede comenzar a comprender sólo generalmente la naturaleza de la inspiración; se puede ver dónde entra Dios misteriosamente en lo humano y es rebasada la mera autoría humana. Esto significa también entonces, sin embargo, que la Escritura no es un meteorito caído del cielo que, como tal, se enfrentara a toda palabra humana con la extrañeza radical de una roca celestial arrolladora que no es terrena. Ciertamente, la Escritura contiene el *pensamiento de Dios:* esto la hace única y con «autoridad», pero viene *mediada a través de una historia humana.* Lleva en sí el pensar y el vivir de una comunidad histórica a la que nombramos por ello «pueblo de Dios», porque por la llegada de la palabra divina es reagrupada y se mantiene unida. Existe aquí una relación recíproca: esta comunidad es la condición esencial para el surgimiento y el crecimiento de la palabra bíblica, y viceversa: esa palabra aporta a la comunidad su identidad y su continuidad. Así, el análisis de la estructura de la palabra bíblica pone de manifiesto una *confluencia entre Iglesia y Biblia, entre pueblo de Dios y palabra de Dios,* que teóricamente en realidad siempre conocimos de algún modo, pero que nunca habíamos tenido ante los ojos de forma tan clara.

De lo dicho sigue el segundo elemento, por el que es relativizado el principio de Escritura. Lutero estaba convencido de la *perspicuitas* de la Escritura, de su claridad inequívoca que hace superficial toda instancia clarificadora institucional. La idea de la perspicuidad es constitutiva para el principio de Escritura. Pues si la Biblia en cuanto libro no es inequívoca en sí misma, entonces no puede ser por sí sola, simplemente como libro, la primacía que nos guía. Entonces nos abandonaría de nuevo a nosotros mismos. Entonces permaneceríamos otra vez solos con nuestro pensamiento desamparado frente a lo esencial del ser. Pero este postulado fundamental de la perspicuidad tenía que ser abandonado desde la estructura de la palabra y desde las experiencias concretas de la interpretación escriturística. No se puede retener desde la estructura objetiva de la palabra a causa de la dinámica que le es propia y que apunta más allá de lo escrito. Precisamente *lo más profundo de la palabra sólo será comprensible en el desbordamiento de lo meramente escrito*. El postulado, sin embargo, tampoco es sostenible por la parte subjetiva, es decir desde las leyes esenciales de la razón histórica. La historia de la exégesis es una historia de contradicciones; las aventuras literarias de algunos exegetas modernos sobre una interpretación materialista de la Biblia muestran hasta ahora que una palabra serena, como mero libro, está entregada de forma indefensa a la manipulación a través de pretendidos deseos y opiniones.

La Escritura, la palabra dada por la que se afana la teología, no está ahí, por su propia naturaleza, como mero libro. Su sujeto humano, el pueblo de Dios, está vivo y permanece idéntico a sí mismo a través del tiempo. *El marco vital que él ha creado y que conlleva es su propia e inseparable interpretación*. Sin este sujeto vivo que no perece y que es la Iglesia, le falta a la Escritura la contemporaneidad con nosotros. Entonces la Escritura no sería más —como es su naturaleza— sincronía y diacronía, historia y actualidad unidas, sino que caería en lo pasado irrevocable; se convertiría en literatura que se interpreta, justamente como se puede interpretar la literatura. Con ello, también la teología como tal se desintegraría en historia de la literatura e historia de tiempos pasados por un lado, y por otro lado en filosofía de la religión y ciencia de la religión en general.

Quizá sea útil concretar todavía algo más esta relación respecto al Nuevo Testamento. En todo el camino de la fe desde Abrahán hasta el final de la formación del canon se ha constituido el credo, que recibió a partir de Cristo su núcleo y figura propios. El centro vital originario de la confesión cristiana, sin embargo, es la vida sacramental de la Iglesia. El canon ha sido formado según ese criterio, y por ello el Símbolo es también la primera instancia interpretadora de la Biblia. Pero el Símbolo no es una pieza de literatura: hace largo tiempo que conscientemente no se ha anotado por escrito la regla de fe correspondiente al Símbolo, precisamente porque su vida concreta es la comunidad creyente. *Así, la autoridad de la Iglesia oficial, la autoridad de la sucesión apostólica sobre el mismo Símbolo, está inscrita en la Escritura, y no puede separarse de ella.* El magisterio de los sucesores de los apóstoles no establece una segunda autoridad junto a la Escritura, sino que pertenece a ella desde su interior. Esta *viva vox* no está ahí para limitar la autoridad de la Escritura, reduciéndola o sustituyéndola totalmente por otra; al contrario: su *misión* es *asegurar que no se «maneje» la Escritura, que no se manipule; conservar su propia perspicuitas, su claridad inequívoca, en medio del conflicto entre hipótesis*. Así, existe aquí una misteriosa relación de reciprocidad. La Escritura establece criterios y límites a la *viva vox*; la voz viva garantiza que no sea manipulable. Puedo comprender perfectamente el temor de teólogos protestantes, hoy también de muchos católicos, especialmente de los exegetas, a que el principio magisterial merme la libertad y la autoridad de la Biblia, y, de este modo, de la teología en general. Me viene a la memoria un lugar de la conocida correspondencia entre Harnack y Peterson del año 1928. Peterson, el más joven, que estaba en proceso de búsqueda, señaló en una carta a Harnack que él mismo, en una investigación sobre «El Antiguo Testamento en las cartas paulinas y en las comunidades paulinas», había expuesto prácticamente la doctrina católica sobre Escritura, Tradición y magisterio. Harnack explicaba allí mismo que en el Nuevo Testamento la «autoridad de la doctrina apostólica... se apartó de la autoridad de la "Escritura" de forma organizada y restrictiva» y así «el biblicismo recibió un saludable correctivo». Ante esta observación de Peterson, Harnack respondía al joven colega con esa indiferencia propia de él: «Que el llamado "principio" formal del protestantismo clásico sea una imposibilidad crítica y que frente a él lo *formal* católico sea lo mejor es un truismo; pero *materialmente* el principio católico de la Tradición devasta sin embargo mucho más la historia...»[1]. En realidad, lo que como principio razonable es efectivamente indiscutible, despierta el miedo.

Hay mucho que decir sobre el diagnóstico de Harnack que señala que en la historia se ha arrasado más donde la primacía de la palabra más se ha visto amenazada. No es ahora el momento para ello. Por encima de toda discusión permanece la convicción de que ninguna de las dos partes puede pasar sin la confianza en la fuerza protectora y conductora del Espíritu santo. Una autoridad eclesiástica puede llegar a ser arbitraria si no la guarda el Espíritu. Pero, como muestra la historia, la arbitrariedad de la interpretación abandonada a sí misma con todas sus variantes presenta, sin duda, riesgos no pequeños. En efecto, el prodigio que aquí debería actuarse para mantener la unidad y para hacer valer la palabra en la importancia que requiere es mucho más improbable que el que se necesita para conservar el servicio de la sucesión de los apóstoles con sus dimensiones y con sus límites.

Dejemos tales especulaciones. La estructura de la palabra es suficientemente clara, pero su exigencia para los llamados a la responsabilidad de la sucesión apostólica es difícil en la práctica. La tarea del magisterio no es oponerse a la reflexión, sino ofrecer la autoridad de la respuesta que se nos regala y, así, lograr espacio para la misma verdad penetrante. Mantenerse en esta misión es emocionante y arriesgado. Requiere la humildad de la sumisión, de la escucha y de la obediencia.

---

[1] E. Peterson, *Theologische Traktate* (München 1951) 295.

No se trata, por ello, de hacer valer lo propio, sino de mantener abierto el espacio para el discurso del otro, sin cuya palabra actual todo lo restante cae en el vacío. El magisterio correctamente comprendido ha de ser un servicio humilde que haga posible la verdadera teología y permita así que las respuestas sin las que no podemos vivir auténticamente lleguen a ser entendidas.

III

EL ESPÍRITU SANTO COMO COMUNIÓN

Sobre la relación entre pneumatología y espiritualidad en san Agustín

Las palabras pneumatología y espiritualidad, que juntas componen mi tema, constituyen ya en lo puramente lingüístico un conjunto íntimo: una es la traducción de la otra. Con esto se expresa aquí una relación de significado fundamental: el Espíritu Santo es reconocible en la forma como configura la vida humana; la vida conformada por la fe remite al Espíritu Santo. Pensar la «espiritualidad cristiana» significa hablar del Espíritu Santo, el cual se hace reconocible en que la vida humana gana un nuevo centro; hablar del Espíritu Santo comprende presenciarlo en el hombre al que se ha dado.

Sin embargo, en todo discurso sobre el Espíritu Santo prevalece un cierto desconcierto y también un cierto peligro: él se nos sustrae en el misterio aún más que Cristo. La sospecha de que aquí sólo se difunde una especulación particular y de que, de esta forma, se fundamenta la vida humana sobre un entramado de ideas y no sobre la realidad, es con frecuencia demasiado legítima. Ésta es la razón por la que finalmente no podía decidirme simplemente a presentar reflexiones, por decirlo así, por cuenta propia. Para que se hable sobre el Espíritu Santo de forma oportuna, digna de confianza y justificada han de cumplirse, según me parece, tres condiciones: no puede ser un discurso a base de mera teoría, sino que debe basarse en la realidad experimentada que es interpretada en el pensamiento y, de esta forma, compartida. Pero la experiencia no es suficiente, tiene que ser experiencia examinada, acreditada, para que no se transmita el «propio espíritu» como Espíritu Santo. Esto significa, en tercer lugar, que siempre se instala la sospecha cuando alguien habla por cuenta propia, «por su cuenta»; esto contradice la forma esencial del Espíritu Santo, que precisamente se caracteriza porque «no hablará en su nombre» (Jn 16,13); originalidad y verdad pueden entrar aquí fácilmente en contradicción [1]. Esto, sin embargo, quiere decir: la confianza sólo se instala allí donde no se habla por mera cuenta propia, sino donde se llega a hablar de la experiencia del Espíritu acreditada ante todo y permanente en todo, donde la experiencia del Espíritu se ha confirmado como tal ante la totalidad de la Iglesia. Por eso se establece, en cierto modo como cuarta y al mismo tiempo primera condición, como supuesto fundamental de la fe cristiana, que la Iglesia misma, en lo que le es propio como Iglesia, es creación del Espíritu.

Desde aquí el tratamiento correcto de mi tema debería consistir en concentrar los grandes testimonios del Espíritu de la historia de la Iglesia en una indicación para la vida desde el Espíritu. Ya que me faltaban los trabajos preliminares para ello me he decidido por una parte: me ceñiré a unas referencias sobre la doctrina pneumatológica de san Agustín [2]. Esto

---

[1] Cf. E. M. Heufelder, *Neues Pfingsten* (Meitingen-Freising ²1970) esp. 51; J: Pieper, *Überlieferung* (München 1970) 38ss, 97-108. El tema que se me ha propuesto reza sencillamente: pneumatología y espiritualidad; la razón para los límites que he establecido es indicada en los prolegómenos.

[2] Esta demarcación no se realiza aquí en perspectiva histórica, sino sólo considerando la cuestión concreta sobre qué se puede aprender hoy de san Agustín. Conscientemente no vamos a entrar aquí en la discusión histórica sobre la doctrina trinitaria de san Agustín; cf. para ello las referencias bibliográficas en C. Andresen, *Bibliographia Augustiniana* (Darmstadt 1962) 78-80, y la bibliografía corriente de la *Revue des Etudes Augustiniennes*. Sean nombrados aquí todavía M. Schmaus, *Die psychologische Trinitätslehre des heiligen Augustinus* (Münster ²1967); A. Dahl, Augustin und Plotin (Lund 1945); O. du Roy, *L'intelligence de la foi en la trinité selon St. Augustin. Genèse de sa théologie trinitaire jusqu'en 391*

tiene el inconveniente de una menor actualidad, y la ventaja de que aquí nos habla un gran testigo de la Tradición, la ventaja también de la objetivación, lo que ha resistido a través del tamiz de un milenio y medio de historia como expresión de fe común, lo que se ha convertido en punto de partida para la vida en el Espíritu, puede presentar un cierto grado de garantía.

El mismo san Agustín es muy consciente de la dificultad del tema. También él luchó por la objetividad: la originalidad es aquí para él precisamente lo cuestionable, y lo objetivo, lo que se deja encontrar en la fe común de la Iglesia, es lo digno de confianza. Procede de tal forma que intenta palpar la esencia del Espíritu Santo interpretando su nombre tradicional. No busca con ello el tema «Pneumatología y espiritualidad»: para él la cuestión pneumatológica es por sí misma cuestión espiritual, no es preguntar por una cosa, sino por lo que es definido como luz y amor y, de esta forma, sólo puede ser visto entrando en su claridad, en su calor.

1. El nombre del Espíritu Santo como referencia de lo característico de la tercera persona de la Trinidad

Como ya se ha dicho, san Agustín intenta reconocer la fisonomía particular del Espíritu Santo investigando su nombre tradicional, en primer lugar, por tanto, la denominación «Espíritu Santo»[3]. Sin embargo, justamente esto se le pre-

---

(Paris 1966), así como la edición comentada de *De trinitate* en la Bibliothèque Augustinienne, *Oeuvres de St. Augustin*, vol. 15 (M. Mellet, Th. Camelot, E. Hendrikx) y 16 (P. Agaesse, J. Moingt), se citará como *Oeuvres* 15 y 16.

[3] *De trin.*, V 11,12–12,13. Cf. para esto el excursus de J. Moingt, «*Les Noms du Saint-Esprit*», en *Oeuvres* 16, pp. 651-654.

senta como una aporía. Mientras en los nombres «Padre» e «Hijo» realmente se pone de manifiesto lo más propio de la primera y segunda personas trinitarias, el dar y recibir, ser como don y ser como recepción, como palabra y respuesta, pero tan plenamente uno que no surge en ello subordinación, sino unidad, la denominación «Espíritu Santo» precisamente no facilita esa presentación de lo peculiar de la tercera persona. Al contrario: así podrían también llamarse cualquiera de las otras dos personas trinitarias, así puede llamarse Dios ante todo, tal y como figura en Jn 4,24: «Dios es espíritu». Ser espíritu y ser santo es la descripción esencial de Dios mismo, aquello que le caracteriza como Dios.

Así, el intento de lograr desde aquí alguna idea concreta del Espíritu Santo, parece realmente volverse contrario y desfigurarlo totalmente más que nunca. No obstante, precisamente en ello ve expresado san Agustín lo *propio del Espíritu Santo*: como es nombrado con lo que es lo divino de Dios, lo común a Padre e Hijo, *su esencia* es justamente esto, *ser* communio *de Padre e Hijo*. Lo propio del Espíritu Santo es, de forma manifiesta, que él es lo común a Padre e Hijo. Su peculiaridad es ser unidad. Y ahí está precisamente el que el nombre general de «Espíritu Santo», en su generalidad, sea la forma más adecuada de expresarlo en la paradoja de su singularidad, que justamente es la comunitariedad.

Creo que en este análisis se da algo muy importante: la mediación de Padre e Hijo hacia la plena unidad no es vista como una consubstancialidad óntica general, sino como comunión, por así decirlo, no desde una genérica materia esencial metafísica, sino desde las personas: es, conforme a la naturaleza del mismo Dios, *personal*. La díada vuelve a la unidad en la trinidad, sin deshacer el diálogo; éste se confirma precisamente así. Una vuelta mediadora hacia la unidad que no volviera a ser persona, disolvería también, precisamente, el diálogo como tal diálogo. El Espíritu es la persona como unidad, la unidad como persona.

La definición del Espíritu como *communio,* que san Agustín concluye de la expresión «Espíritu Santo», tiene ya para él, como se comprueba en otros nombres del Espíritu Santo, un fundamental sentido *eclesiológico:* abre la pneumatología a la eclesiología, o bien, a la inversa, inaugura la conversión de la eclesiología en teo-logía: ser cristiano significa ser *communio,* y, con ello, entrar en la forma esencial del Espíritu Santo. Sin embargo, esto sólo puede ocurrir también merced al Espíritu Santo, que es la fuerza de la comunicación, su mediador, posibilitador y, como tal, persona misma.

Espíritu es la unidad que Dios se otorga a sí mismo, en la que Él mismo se da a sí mismo, en la que Padre e Hijo se corresponden entre ellos. Su paradójico *proprium* es ser *communio,* tener en ello precisamente la mayor mismidad, ser totalmente la dinámica de la unidad. Desde aquí, «espiritual» siempre tendría que ver esencialmente con vinculante, con comunicante.

Esto significa que, con ello, san Agustín logró también una importante revisión del concepto Espíritu como tal; le corresponde paralelamente un fragmento de la metafísica y por ello del Espíritu. Ante todo, deja en un puro sentido ontológico el principio joánico «Dios es espíritu»: espíritu —no materia— significa para él lo primero. Contra esto podría objetarse de inmediato que no es lo que quiere decir Juan, sino que con la palabra espíritu es expresada la alteridad de Dios frente a lo mundano; lo contrario de espíritu no es aquí, por tanto, materia, sino más bien «este mundo»[4]. No

---

[4] Cf. R. Schnackenburg, *Das Johannesevangelium* I (Freiburg 1965) 474, 226.

se piensa en ontológico en sentido griego, sino más bien en sentido axiológico, referido a la cualidad religiosa del totalmente-otro y, en eso, remite al Espíritu Santo como expresión de esa inaccesibilidad de Dios: a la «santidad» que quiere decir ese «otro». En muchos aspectos, éste es un tema incomparablemente radical, como la confrontación de espíritu y materia, porque el espíritu puede ser en último término también mundano, y no ha de comprender un desbordamiento de la totalidad de lo que pertenece al mundo. Al considerar el conjunto de la reflexión de san Agustín, se puede decir que objetivamente avanza totalmente en este respecto, y deja atrás, lejos de sí, la clásica metafísica del espíritu, precisamente porque no tiene que explicar el espíritu de forma metafísica general, sino a partir de la dinámica Padre-Hijo. Con ello la *communio* pasa a ser constitutiva del concepto de espíritu y, así, es completada ahora precisamente en su interior y personalizada a fondo: sólo quien sabe lo que es el «Espíritu Santo» sabe en suma lo que significa espíritu. Y sólo quien comienza a saber lo que Dios es, puede saber lo que es el Espíritu Santo; pero también sólo quien comienza a vislumbrar lo que el Espíritu Santo es, puede comenzar a saber quién es Dios.

2. EL ESPÍRITU SANTO COMO AMOR

El análisis de la pneumatología bíblica conduce a san Agustín a la tesis de que junto a la expresión «Espíritu Santo» también las palabras «amor» (*caritas*) y «don» (*donum*) son, en rigor, nombres del Espíritu Santo. Comenzamos con el análisis de la palabra amor, que conduce a san Agustín hacia esta interpretación [5].

---

[5] *De trin.*, XV 17,27–18,32.

a) El texto central a partir del cual desarrolla su tesis se encuentra en la Primera carta de Juan: *Dios es amor* (1 Jn 4,16). San Agustín constata que esa afirmación, ante todo y fundamentalmente, se aplica de forma absoluta y unánime a Dios como trinidad, pero expresa algo específico del Espíritu Santo. Ocurre aquí algo parecido respecto a los términos «sabiduría» y «palabra», que por una parte afirman cualidades de Dios en general, pero que son referidas por la Biblia en un sentido específico al Hijo. San Agustín encuentra la prueba para un sentido pneumatológico de *caritas* en el texto del pasaje de 1 Jn 4,7-16 [6]. Para él, es aquí decisivo un paralelismo entre los versículos 12 y 16b con el versículo 13:

V. 12: Si nos amamos mutuamente, Dios está con nosotros.

V. 16b: Dios es amor: quien permanece en el amor permanece en Dios y Dios con él.

V. 13: Y esta prueba tenemos de que estamos con él y él con nosotros, que nos ha hecho participar de su Espíritu.

En un sitio es el amor el que da el permanecer, en otro el Espíritu Santo; en la estructura de los versículos expuestos pneuma es intercambiable por amor, y viceversa. Textualmente: «El Espíritu Santo, en el que Él se nos ha dado, nos hace permanecer en Dios y a Dios en nosotros; sin embargo esto produce el amor. Él mismo, el Espíritu, es por tanto Dios como amor». Para aclarar esto san Agustín añade que Rom 5,5 dice: «el amor que Dios nos tiene inunda nuestros corazones por el Espíritu Santo que se nos ha dado». Creo que estas observaciones son en principio correctas: el don de Dios es el Espíritu Santo. El don de Dios es el amor: *Dios se comunica en el Espíritu Santo como amor* Con ello, sin

---

[6] *Ibíd.*, 17,31.

embargo, se dan para san Agustín una serie de importantes consideraciones en cuanto al contenido. Por una parte y en primer lugar: la presencia del Espíritu Santo se manifiesta esencialmente en la forma de amor. El amor es el criterio del Espíritu Santo frente al espíritu que no es santo; en efecto, es la presencia del Espíritu Santo mismo y, con ello, la presencia de Dios. El resumen central y esencial de lo que es y obra el Espíritu Santo, no es, en definitiva, «conocimiento», sino amor. La compleción del concepto de Espíritu, la interpretación de lo que cristianamente es lo totalmente-otro de Dios, se concretiza desde aquí ulteriormente. La claridad plena de esta afirmación sólo resulta, por otra parte, de lo eclesiológico, donde san Agustín prácticamente está obligado a preguntarse: ¿qué significa aquí amor como criterio del Espíritu Santo y también, por lo tanto, como criterio del ser cristiano y de la Iglesia?

Una importante precisión resulta directamente del análisis del mismo texto de Juan: criterio fundamental del amor, por así decir, su *opus propium* y, con ello, el *opus propium* del Espíritu Santo, es que posibilita *el permanecer*. El amor se muestra en la constancia. No se reconoce en absoluto en el momento y por un momento sólo, sino precisamente en que permanece, supera la vacilación y lleva en sí eternidad, con lo cual, a mi parecer, también se da la relación entre amor y verdad: amor en sentido pleno sólo puede darse donde existe lo duradero. Donde se da el permanecer. Porque tiene que ver con permanecer, no puede darse en cualquier lugar, sino sólo allí donde está la eternidad.

Con ello se perfila ya la estructura fundamental de una doctrina del discernimiento de espíritus y de una instrucción de la vida espiritual. Pues ahora es claro que quien busca el pneuma sólo en lo «exterior», en lo nunca imprevisible, se encuentra en el camino equivocado. Quien hace esto no entiende la *obra fundamental del Espíritu Santo: el amor unificante que está en el interior del permanecer.* Aquí se abre una decisión de gran calado: ¿Hay que buscar el pneuma sólo en lo discontinuo o habita precisamente en el «permanecer», en la constancia de la fidelidad creadora? Si esto último está claro, entonces significa también que el pneuma no está allí donde «se habla por cuenta propia», donde «se busca la gloria particular» y por el que se crea partidismo. El pneuma se identifica precisamente en el «recordar» (Jn 14,26) y en el unir. Deberemos volver sobre estas afirmaciones, en las que para san Agustín la pneumatología devendría indicación concreta para obrar. Sigamos primeramente con nuestro análisis.

b) Querría mencionar sólo brevemente una segunda referencia textual, en la que san Agustín encontró confirmado su razonamiento sobre el hecho de que, con la palabra «amor», la Sagrada Escritura quiere remitir específicamente al Espíritu Santo [7]. San Agustín compara ahora los versículos 7 y 16 del cuarto capítulo de la Primera carta de Juan, y en la interpretación respectiva de estos dos textos encuentra otra vez confirmado lo que él ya había concluido de la comparación de los versículos 12 y 16 con el versículo 13. El versículo 16 dice: *Dios es amor.* En el versículo 7 se dice: *El amor es de Dios.* El amor es, pues, por una parte «Dios», por otra parte «de Dios», es decir, uniendo ambos: el amor es lo mismo «Dios» que «de Dios», es «Dios de Dios». Junto a las anteriores referencias textuales parece aclararse otra vez que ese «Dios de Dios», Dios como poder de origen y de devenir, como el poder del nuevo nacimiento, del nuevo «de dónde» para los hombres, es el Espíritu Santo, y que nosotros, del mismo modo que se dice del ágape, podemos recibir luz sobre lo que es el Espíritu Santo.

---

[7] *Ibíd.*

3. El Espíritu Santo como don

El pasaje central que san Agustín toma y que presenta el término don *(donum)* como una denominación esencial del Espíritu Santo es Jn 4,7-14: el diálogo de Jesús con la samaritana, a la que él le pide el «don» del agua para revelarse en ello como el dador de un agua mejor[8]. «Si conocieras el don de Dios y quién es el que pide de beber, le pedirías tú a él y él te *daría* agua viva». Para san Agustín este texto se asocia, con lógica interna, con la promesa del agua que hace Jesús: «Quien tenga sed, que se acerque a mí; quien crea en mí, que beba. Como dice la Escritura: "De su entraña manarán ríos de agua viva"» (Jn 7,37s). En el mismo lugar el evangelista añade: «Decía esto refiriéndose al Espíritu que iban a recibir los que creyeran en él» (7,39). San Agustín encuentra la misma exégesis pneumatológica del don del agua viva en 1 Cor 12,13: «Sobre todos derramaron el único Espíritu». Del significado de esta promesa del Espíritu a través de la imagen del agua, tal y como ha sido formulada en Jn 4 y 7, se deduce para san Agustín, ante todo, la *unión de cristología y pneumatología:* Cristo es la fuente de agua viva, *el Señor crucificado es la fuente que fecunda el mundo*. La fuente del Espíritu es Cristo crucificado. Pero también todo cristiano se convierte, en Cristo y desde Cristo, en fuente del Espíritu. Es importante también que toda la fuerza de la imagen recae en la pneumatología: la última sed del hombre reclama el Espíritu Santo. Él, y sólo él, es profundamente el agua fresca sin la cual no hay vida. En la imagen de la fuente, del agua, que riega un desierto y lo transforma, que sale al encuentro del hombre como una misteriosa promesa, se hace visible de

---

[8] *Íd.*, 19, 33; cf. *De trin.*, V 14,15–15,16.

una forma inefable, e inalcanzable a través de la reflexión, el misterio del Espíritu. En la sed del hombre y en su alivio a través del agua se vislumbra aquella sed infinita y radical que no puede calmarse con otra agua. Se debe añadir, por cierto, a este respecto, que san Agustín no ha seguido explicando la relación entre teología de la cruz y teología del Espíritu, sugerida especialmente en Jn 19 (Hugo Rahner ha explicado acertadamente su amplio alcance en la teología patrística)[9].

El segundo resultado importante para san Agustín de la correspondencia entre Jn 4 y Jn 7, es la certeza de que la palabra *«don» es un nombre del Espíritu Santo* de tal forma que una teología (o más correctamente: una pneumatología) del dar y del don será posible siempre que, inversamente, también desde la idea de don, vislumbre la naturaleza de Dios como Espíritu Santo. Desde aquí, san Agustín puede aclarar en primer lugar la distinción entre Hijo y Pneuma, y por tanto responder a la pregunta: ¿cómo el Espíritu, que también es «Dios de Dios», no es también «Hijo»? ¿Qué es distinto aquí? Respuesta de san Agustín: «Él no viene de Dios como nacido, sino como donado (*non quomodo natus, sed quomodo datus*). Por eso no se llama Hijo, porque él ni es "nacido" como el engendrado, ni "creado" ... como nosotros (*neque natus ... neque factus*)»[10]. Hay que distinguir, por tanto, tres formas de procedencia de Dios: nacido - donado - creado (*natus – datus – factus*). Si la esencia del Hijo, su particular estar en el Padre, puede describirse mejor con el término «engendrar», la del Espíritu con «donar». El movimiento del donar es la específica dinámica salvífico-espiritual. Aun cuando este «donado» – *datus* – no quiere ser un nivel inter-

---

[9] H. Rahner, *Symbole der Kirche* (Salzburg 1964) 175-235 [trad. española en Ediciones Cristiandad (Madrid 2003)].
[10] *De trin.*, V 14,15.

medio entre nacido y creado (*natus* y *factus*), y de ningún modo borra la frontera entre creatura y Dios, sino que permanece en lo interior divino, sí que representa una apertura hacia la historia, hacia los hombres. San Agustín pregunta: si el Espíritu Santo sólo tiene su ser-don o su ser en general del hecho de que es «dado», ¿tiene un ser independiente del ser don y antes de que haya sido constituido don, o su ser es justamente eso, ser don de Dios? El doctor de la Iglesia de Hipona responde a esto con un sí: el Espíritu Santo siempre es ya, por naturaleza, don de Dios, Dios como dándose a sí mismo, Dios como autodonación, como don [11]. En esta forma de naturaleza del Espíritu Santo, ser *donum* y *datum*, se encuentra ya el fundamento interno de la creación y de la historia salvífica, y ciertamente desde aquí el fundamento de la historia salvífica, del pleno dar-se de Dios, que, por su parte, aparece como el fundamento interno de la creación. Así, por una parte, la doctrina trinitaria «inmanente» está totalmente abierta a la «económica», pero, inversamente, también la historia salvífica está totalmente referida a la teología: el don de Dios es Dios mismo. Él es el contenido de la oración cristiana. Él es el único don conforme a Dios: Dios no regala como Dios algo distinto de Dios, sí mismo y todo en ello. Por otra parte, la auténtica oración cristiana no implora por eso algo cualquiera, sino el don de Dios, que es Dios; implora por Él. San Agustín expresa bellamente esta relación interpretando en este lugar, con gran evidencia, la petición del Padrenuestro «danos hoy nuestro pan de cada día» desde el Espíritu Santo: él es «nuestro pan», nuestro como lo no-nuestro, como lo total y absolutamente regalado. «Nuestro» Espíritu no es nuestro Espíritu ... [12].

---

[11] *Ibíd.*, 15,16.
[12] *Íd.*, 14,15: «Spriritus ergo et Dei est qui dedit, et noster qui accipimus. Non ille

De hecho, de eso depende totalmente que Dios como don sea Dios realmente: de la divinidad del Espíritu Santo por tanto. La clásica precisión de la formulación de san Agustín apenas puede traducirse aquí tanto lingüística como prácticamente. «No existe aquí (= en Dios) una posición subordinada de lo donado y un dominio del dador, sino una armonía (*concordia*) entre donado y dador». Por lo demás, una vez más se confirma en este punto para san Agustín lo que él había concluido del nombre «Espíritu Santo»: «Porque él es el común a ambos, su nombre propio es lo que les es común». Con esta afirmación se establece la unión íntima de las denominaciones «amor» y «don» con el nombre principal «Espíritu Santo»; así se muestra una vez más su razón y, al mismo tiempo, el conjunto se funde en una unidad significativa que le es recíproca.

4. LA APERTURA HACIA LA HISTORIA DE LA SALVACIÓN

La apertura hacia la historia de la salvación resulta, como ya vimos, de los conceptos de amor y don en igual medida. Intentaré ilustrar algo más esta relación con dos textos:

a) Partamos del *De trinitate* XV 18,32, donde san Agustín desarrolla el significado escatológico del Pneuma a partir de la función judicial escatológica del amor. La *caritas* no se encuentra frente al derecho, ella misma es el juicio, ella sola y

---

Spiritus noster quo sumus, quia ipse Spiritus est hominis qui in ipso est: sed alio modo iste noster est, quo dicimus et "Panem nostrum nobis" (Matth 6,11): Quamquam et illum spiritum qui hominis dicitur, utique accepimus. "Quid enim habes", inquit, "quod non accepisti" (1 Cor 4,7)? Sed aliud est quod accepimus ut essemus, aliud quod accepimus ut sancti essemus».

precisamente ella es el juicio de Dios: ella separa entre la derecha y la izquierda (Mt 25). El que amó se sitúa a la «derecha»[13], y el que no amó es remitido al lado izquierdo. Sin ella nada «bueno» es bueno. San Agustín une como prueba los anunciadores del Evangelio que aparentemente se oponen, Pablo y Santiago, la Carta a los Gálatas y la Carta de Santiago: según Gál 5,6, en definitiva no cuenta ni la resignación ni estar circuncidado, sino sólo la fe que actúa en el amor; Pablo repite aquí sólo abreviadamente lo que había dicho de forma dramática en 1 Cor 13,1-3: sin *caritas* todo lo demás, fe, obras, no es nada, sencillamente vano. Y así se encuentran aquí Pablo y Santiago, pues remitiendo a la fe que actúa en el amor el Apóstol separa la fe salvadora, la fe pneumáticamente inspirada, de la fe que también es propia de los demonios, pero que no puede salvar (sant 2,19). Sin amor, según san Agustín, la fe puede ciertamente «ser, pero no salvar»: *esse, non prodesse,* dice el inimitable latín del obispo de Hipona.

En estas afirmaciones —la *caritas,* es decir el Pneuma, interpretada como el juicio escatológico y, con ello, como el *signo diferenciador de lo cristiano*— se funda toda la doctrina sacramentaria y la eclesiología de san Agustín, que desde aquí son religadas en la pneumatología. Desde este punto de partida llevó a cabo san Agustín la disputa con el donatismo. Los donatistas tenían los mismos sacramentos que la Iglesia católica, ¿dónde se encuentra entonces la verdadera diferencia?, ¿dónde está su carencia? La respuesta de san Agustín

---

[13] Si bien es cierto que en español el término «derecho» también tiene las acepciones de «recto» y «justo», al traducir «a la derecha» este sentido se pierde considerablemente; las comillas que el autor ha situado sobre la palabra alemana «rechts» subrayan el juego de significados «estar a la derecha» y «ser justo» que le brinda el término germano «recht», el cual significa indistintamente derecho, justo, recto (N. T.)

reza (considerando la prehistoria de la escisión y también su forma perdurable): ellos han roto el amor. Se han marchado porque situaron su idea de la perfección por encima de la unidad. Han conservado todo lo que determina la Iglesia católica, sólo han renunciado al amor junto a la unidad. Y por eso todo lo demás es vanidad. La palabra «*caritas*» recibe aquí un sentido eclesial absolutamente concreto; sí, en el lenguaje de san Agustín acontece una inteligencia completa de los conceptos al poder decir: *la Iglesia es la* caritas. Esto es en él, en cierto modo, una tesis dogmática. Como criatura del Espíritu, como Cuerpo del Señor edificado desde el Pneuma —cuerpo que se hace de Cristo a través de la «*communio*» regalada a los hombres por el Pneuma—, como criatura del Espíritu, pues, la Iglesia es el «don» de Dios en este mundo, y este «don» es el amor. Pero esta tesis dogmática tiene, sin embargo, al mismo tiempo un carácter absolutamente concreto para él: el ser cristiano no se puede construir en una secta, en la separación de los otros. Pues faltaría precisamente el alma de totalidad, aun cuando se tuvieran todas las partes individuales. Al ser cristiano pertenece justamente el aceptar a toda la comunidad de los creyentes, la humildad (*humilitas*) del amor (*caritas*), el «sobrellevarse mutuamente», pues de lo contrario falta justamente el Espíritu Santo que obra la unión. La afirmación dogmática «la Iglesia es *caritas*» no se queda, pues, simplemente en mero dogmatismo doctrinal, sino que remite al dinamismo que promueve la unidad y que se muestra en el servicio mutuo de los miembros de la Iglesia. Por ello, para san Agustín el cisma es una herejía pneumatológica que se establece en el despliegue concreto de la existencia: salir del permanecer que es el Espíritu, apartarse de la paciencia de la *caritas:* terminar el amor al concluir el permanecer, y, con ello, el rechazo del Espíritu Santo que es la fidelidad en el permanecer y en el reconciliar. Esto no significa de ninguna manera, para san Agustín, que exista algo así como un automatismo, de tal forma que aquel que permanezca en la Iglesia posea ya con ello la *caritas,* sino más bien una certeza de lo contrario: quien voluntariamente no permanece se aleja de la *caritas.* De ahí su frase: en la misma medida en que uno ama a la Iglesia tiene el Espíritu Santo. La teología trinitaria se convierte directamente en medida de la eclesiología, la denominación del Espíritu como amor en clave de la existencia cristiana y, al mismo tiempo, el amor es interpretado de forma concreta: como paciencia eclesial[14].

Para entender la eclesiología pneumatológica de san Agustín y su concentración en una disputa eclesiológica, quizá se deba añadir a esto todavía que, de ninguna manera sólo había consistido en el principio de la vanidad de la mayor perfección, sino que precisamente el aspecto de esta división estaba marcado por una carga de odio, que se impuso el diagnóstico de que el núcleo de la separación era la salida de la comunidad del amor. Para ilustrar esto cito un par de frases con las que F. van der Meer describe de forma expresiva el acontecimiento del donatismo tal y como lo presentó san Agustín: «Se contaba que ellos (= los donatistas) limpiaban los lugares donde había estado un católico. Y, lo que era aún peor, disponían de grupos violentos, bandas de proletarios amargados que quizá soñaban con un reino de Dios terrenal y que siempre atacaban granjas aisladas, casas de campo, iglesias y castillos de católicos...; que en todos los sitios donde no se les mostraba docilidad saqueaban las provisiones, "robaban las sólidas y vertían las líquidas", incendiaban las basílicas con los libros y con todo, maltrataban a los clérigos y, a veces, después de acabar con sus cosas, arrojaban a los

---

[14] Cf. la presentación de estas conexiones en mi libro: *Volk und Haus Gottes in Augustinus Lehre von der Kirche* (München 1954) 136-158.

católicos cal y vinagre a los ojos para cegarlos, "lo que ni siquiera había ocurrido con los mismos bárbaros"; tampoco olvidaban reclamar deudas, destruir contratos, chantajear la puesta en libertad de los más malvados tunantes entre los esclavos y, si era preciso, presionar cotidianamente a un señor contrario a ellos»[15].

A ello hay que añadir que la equiparación de Iglesia y amor, en su profunda fundamentación y en el plano esencial desde donde se comprende, también tiene sus peligros. La eclesialización de Espíritu y amor que resulta con ello afecta a una parte de este estado de cosas, sin duda; pero también puede conducir a un estrechamiento peligroso, tan pronto como la denominación de la Iglesia como amor no muestra su nexo de unión en el Espíritu como medida real de la Iglesia, como exigencia práctica, sino que aparece como contenido natural de la institución. Entonces surge un radicalismo que se insinúa ya en el san Agustín tardío, y que en lo sucesivo condujo a inflexibilidades peligrosas de las que la historia de la Iglesia de la Edad Media y de la Modernidad puede informar.

Quizá también está relacionado con ello que en los movimientos heréticos de la Edad Media, como también en la Reforma, el Espíritu se presenta verdaderamente como lo opuesto a la Iglesia constituída. Sin embargo, esta oposición entre Pneuma e institución, que precisamente hoy día vuelve a florecer, es expresión de un romanticismo que ya no tiene lugar en ámbito profano (Alemania experimentó precisamente en este siglo el poder destructor del espíritu y del cuerpo

---

[15] F. van der Meer, *Augustinus der Seelsorger* (Köln 1951) 113; además todo el pasaje: «Die pars Donati und die Ketzer», 109-163. Sobre la historia del donatismo: H. I. Marrou, en J. Danielou-H. I. Marrou, Geschichte der Kirche I (Einsiedeln 1953) 256-260 [trad. española en Ediciones Cristiandad]; W. H. C. Frend, «Donatismus»: «RAC» IV, 128-147.

propio de movimientos románticos), y que menos que nunca puede superar el problema Iglesia y Espíritu. Cuando hoy se presenta a la «Iglesia oficial» o a la «Iglesia católica empírica» como polo opuesto frente al «Espíritu», san Agustín negaría inmediatamente estos conceptos y los rechazaría como un error a la hora de comprender lo que es la Iglesia, un malentendido que se puede disculpar a los paganos, pero que entre los creyentes debería ser imposible. Pues la Iglesia que administra los sacramentos y que expone la palabra de Dios nunca es sólo «Iglesia católica empírica»; no se deja dividir entre «Espíritu» e «institución». Ella es, precisamente como visible, «empírica» en los sacramentos, en la palabra, en el hogar del Espíritu, y el Espíritu se ofrece precisamente en la comunidad concreta de aquellos que desde Cristo se cuidan y soportan entre sí. Para san Agustín no sería de ningún modo sostenible la idea de que el Espíritu se muestra sólo en lo provisorio, sólo en las manifestaciones ocasionales de grupos autoconstituídos. Quien busca el Espíritu sólo en el exterior, diría san Agustín, no comprende la obra fundamental del Pneuma: el amor que une en el interior del permanecer. Aquí se abre, sin embargo, una alternativa de significado determinante: ¿el Pneuma se encuentra sólo en lo esporádico o justamente en el don ofrecido?...

b) A este respecto me parece importante la interpretación que san Agustín, en el marco de su pneumatología, ha hecho de Ef 4,7-12 [16]. Aquí aborda el tema del Espíritu como liberación y el despliegue del «don» en los dones que Pablo, entre otros, llamó «carismas»; por tanto, las cuestiones que desempeñan un papel decisivo en la opción actual por el

---

[16] *De trin.*, XV, 19,34.

Pneuma en contraposición a la «institución». San Agustín parte de las palabras de la Carta a los Efesios: «Pero cada uno de nosotros hemos recibido el don en la medida en que el Mesías nos lo dio. Por eso dice la Escritura: "Al subir a lo alto llevando cautivos dio dones a los hombres"» (Ef 4,7s en relación con Sal 67,18). Para san Agustín, la voz «don» *identifica* el texto como pneumatológico. Al mismo tiempo le ofrece una pieza doctrinal enérgica para la relación entre Cristo y el Espíritu: los dones del Espíritu, en los que finalmente el mismo Espíritu es el don, son los dones de Cristo victorioso, fruto de su triunfo, de su ascensión al Padre. Para san Agustín son importantes también dos versiones aparentemente opuestas, en las que la Biblia latina reproduce el Salmo 67. Según una se dice: «Tú recibes tributos de los hombres»; según la otra, que es la que recoge el Nuevo Testamento, se dice: «Él reparte dones a los hombres». Para san Agustín, se describen en la comparación de estas variantes las dos caras del mismo misterio cristológico. Como el que ha ascendido, Cristo permanece también como el que ha descendido. Él se encuentra, igualmente, en el lado del Dios que se da y de los hombres que acogen. Él es cabeza y cuerpo, dado desde Dios y recibido en los hombres. Y esto une nuevamente eclesiología y cristología: en la Iglesia él permanece como el que ha descendido, ella es Cristo como el que ha descendido, continuación de la humanidad de Jesucristo.

En consecuencia, en esta conexión que establece san Agustín, el interés dominante está en la relación: Cristo, Espíritu e Iglesia, que aparece en ese texto. No se refiere a los dones individuales como tales que menciona el texto neotestamentario. Mucho más importante es que el don —el Espíritu Santo— se da en todos los dones. Por lo demás, con ello san Agustín sigue objetivamente, y de forma absoluta, el sentido del texto mismo, y, así, cita también acertadamente, respaldando su punto de vista, 1 Cor 12,11 como paralelo:

«Todo lo activa el mismo y único Espíritu, que lo reparte todo dando a cada individuo en particular lo que a él le parece». Si los dones, finalmente, sólo son un don en muchas formas, concretamente el Espíritu de Dios, y si el Espíritu es el don de Jesucristo que él da y que él recibe en los hombres, entonces significa la dirección hacia la meta más íntima de todos los dones: la unidad. Se comprende entonces que el pasaje de la Carta a los Efesios trate de eso, acabar en la meta para la que hemos sido destinados: que todo sea «para la edificación del cuerpo de Cristo».

Con ello, san Agustín vuelve de nuevo sobre su idea eclesiológica y pneumatológica predilecta, a la idea del edificar, del permanecer, de la unidad, del amor. Encuentra aquí una posibilidad de utilizarla de forma novedosa reflexionando adicionalmente sobre el Salmo 126,1: «Si el Señor no construye la casa...». Sitúa el salmo en la profecía postexílica, que se afana por la construcción de la casa «tras el cautiverio»; la palabra clave «cautiverio» proporciona el nexo de unión con el Salmo 67 y con Ef 4: el Señor ha aprisionado la cautividad y ha dado dones. Su don es el Espíritu, pero el Espíritu es el construir que, finalmente, puede tener lugar tras el cautiverio. Y con ello se toca ahora indirectamente el tema de la libertad: la cautividad prisionera que antes impidió la construcción es el demonio, o viceversa: el demonio es cautiverio, el estar atado el hombre, el exilio, el ser arrojado el hombre de sí mismo. En el trasfondo puede oírse el análisis antropológico completo de las *Confesiones*: el hombre, que es arrancado de sí mismo, vaga sin lugar en el vacío; justamente en esta apariencia de libertad está exiliado, prisionero, expulsado [17]. Nuevamente san Agustín no habla simplemente desde

---

[17] Cf. esp. *Conf.* VIII 5,12–12,30; esp. también 7,16: «...retorquebas me ad me ipsum, auferens me a dorso meo, ubi me posueram». Ver además el comentario

una teoría dogmática o filosófica, sino a partir de la experiencia de su historia personal. En la indeterminación de la libertad aparente de una existencia en la que todo era posible pero no oportuno, estuvo esclavizado por un espejismo de libertad: desterrado de sí mismo y falto de libertad, en una total ausencia de relación que fundó sobre el abandono de su propio ser, sobre la separación de su propia verdad. Contrariamente a esto, el don de Cristo victorioso es el ser devuelto al hogar y, de este modo, posibilita la construcción de la casa, casa que significa «Iglesia». Aquí aparece claro, por tanto, el principio del Espíritu como libertad, como liberación activa; paradójico, sin embargo, para el pensamiento actual: la libertad consiste en llegar a ser parte de la casa, en ser incluido en el edificio. Esta interpretación no resulta paradójica desde el concepto antiguo de libertad: libre es quien pertenece a la casa; libertad es oriundez [18]. San Agustín presupone este concepto social de libertad propio de la Antigüedad y lo desborda ahora de forma decisiva desde la fe cristiana: la libertad se halla en una relación insuprimible respecto a la verdad, la cual es la oriundez específica del hombre[19]. Según esto y en primer lugar, libre es el hombre cuando está en casa, es decir, cuando está en la verdad. Un movimiento que aleja al hombre de la verdad de sí mismo, de la verdad en general, jamás puede ser libertad, porque destruye al hombre, lo aleja de sí mismo y toma, de esta forma, precisamente su espacio vital,

---

de A. Solignac: «La psychologie augustinienne de la volonté», en *Oeuvres* 14, 543; también *Regio dissimilitudinis*, vol. 13, 689-693.

[18] Cf. para esto la investigación fundamental de D. Nestle, *Eleutheria. Studien zum Wesen der Freiheit bei den Griechen und im Neuen Testament*. I: *Die Griechen* (Tübingen 1967); E. Coreth, «Zur Problemgeschichte menschlicher Freiheit», en «Zeitschrift für katholische Theologie» 94 (1972), 258-289, para nuestro tema 264 y 268s.

[19] Para la relación entre libertad y verdad ver E. Coreth (*op. cit.*) 289.

el llegar-a-ser-sí-mismo. Por eso el demonio es cautiverio; por eso el Cristo elevado que incluye al hombre en la casa y lo edifica es la liberación, y por ello pueden agruparse, finalmente, los dones particulares del Espíritu, los carismas, en el concepto de construcción. En este lugar san Agustín, en el fondo, sólo toma de la doctrina de los carismas el término clave «construcción».

De nuevo deberá decirse, como ya hicimos respecto de la unión de Iglesia y amor, que tal «dirección» puede tener sus peligros. Que, además, puede llevar a disimular la diversidad de los efectos del Espíritu en favor de la fidelidad ante el orden establecido, que se puede, finalmente, *identificar* en sí mismo con el Espíritu. En este punto, estos textos no ofrecen por sí mismos una pneumatología satisfactoria ni una doctrina universal equilibrada de la espiritualidad cristiana. Pero son una contribución a ello, y, en la situación de san Agustín, también suponen un uso absolutamente apropiado de la Biblia. Pues aparte de que en el episcopado de san Agustín apenas existió una exaltación de carismas y, de esta forma, el problema se presentaba de manera distinta a como sucedió en la Corinto de San Pablo (que, por lo demás, presentaba también el construir, el amor, en definitiva, como lo que junto a la profecía y al anuncio inteligible era lo único importante y para todos los carismas importantes [20]); aparte de esto, pues, san Agustín exige, con toda razón, en una Iglesia dividida por el odio y la formación de grupos, el carisma determinante que es necesario: la edificación conjunta de la unidad de la Iglesia. Y está del lado de los apóstoles de forma

---

[20] Cf. H. Schlier, «Über das Hauptanliegen des 1. Briefes an die Korinther», en *Íd.*, *Die Zeit der Kirche* (Freiburg ²1958) 147-159; J. Ratzinger, «Bemerkungen zur Frage der Charismen in der Kirche», en G. Bornkamm / K. Rahner, *Die Zeit Jesu. Festscrift f. H. Schlier* (Freiburg 1970) 257-272.

absoluta cuando para él el Pneuma se muestra de forma determinante en lo positivo: en el sí que hace de los hombres una «casa» y termina con el «cautiverio». La «casa» es la libertad, no la dispersión. La acción del Espíritu es «la casa», la concesión de la patria, de la unidad. Pues el Espíritu es el amor.

IV

COMMUNIO

Eucaristía – Comunidad – Misión [1]

Cuando fui invitado a hablar sobre la relación entre eucaristía, comunión eclesial y misión de la «comunidad» pensé inmediatamente en el capítulo segundo de los Hechos de los Apóstoles (v. 42). Allí Lucas dice que la comunidad primitiva era constante «en la enseñanza de los apóstoles y en la comunión de vida, en la fracción del pan y en las oraciones». Este texto me parece ofrecer la clave específica para una correcta comprensión de nuestra cuestión.

---

[1] Esta ponencia —que entre tanto también ha sido publicada en J. Ratzinger, *Schauen auf den Durchbohrten. Versuche zu einer spirituellen Christologie* (Einsiedeln 1984, ²1990) 60-84— fue pronunciada en primer lugar en el marco de unas jornadas sobre la perfección del sacerdote en Collevalenza; debía ilustrar la relación entre eucaristía y «comunità». El punto de partida de mis reflexiones resultaba precisamente de esa palabra: ¿Qué es «comunità»? ¿Comunidad? *¿Communio?* ¿O pertenece todo esto al mismo grupo? El problema de nuestro lenguaje sacramental y eclesiológico me parecía similar al problema de la cosa misma. Las fijaciones de nuestro lenguaje no corresponden a la estructura lingüística y reflexiva de la Biblia y de la gran tradición: mostrar esto y desde aquí corregir tanto el hablar como el pensar fueron en sí mismos una intención central de esta ponencia. Por otra parte, de aquí resultó también la dificultad de expresar lo pensado a través de los medios de nuestro lenguaje. Ya que no disponemos de un término que responda a la síntesis bíblica de las distintas significaciones, trabajé frecuentemente con palabras como comunión o *communio* para aclarar en cierta medida las conexiones que comporta. No pude encontrar una solución plenamente satisfactoria para el problema lingüístico, y no pudo evitarse del todo una cierta arbitrariedad en la elección de términos. Espero que, no obstante, la exposición permita aclarar suficientemente lo pensado.

Sobre la temática general cf. J. Hainz, *Koinonia. «Kirche» als Gemeinschaft bei Paulus* (Regensburg); P. C. Bori, KOINWNIA [Koinonia]. *L'idea della comunione nell'ecclesiologia recente nel Nuovo Testamento* (Brescia 1972); E. Kunz, «Eucharistie – Ursprung von Kommunikation und Gemeinschaft»: «Theologie und Philosophie» 58 (1983) 321-345.

Antes, sin embargo, es preciso echar una mirada al contexto y, con ello, en general a la *intención fundamental de los Hechos de los Apóstoles* Efectivamente, en este libro Lucas bosqueja algo así como una primera eclesiología con la que quiere transmitir los criterios para toda comprensión futura de la Iglesia [2]. Desde luego que Lucas no ofrece una eclesiología en la forma de una estructura de conceptos sistemáticamente organizada. Más bien presenta lo que es la Iglesia evidenciando la dinámica de su camino en la historia. Ese camino comienza con el envío del Espíritu Santo que se da a una comunidad que está unida en la oración y cuyo centro lo constituyen María y los Apóstoles (Hch 1,12-14; 2,1).

Si proyectamos una mirada a estas afirmaciones podemos constatar que allí ya aparecen de forma inequívoca tres de las *propiedades fundamentales de la Iglesia* descritas por la tradición: la Iglesia es *apostólica*; ella es Iglesia *orante*, por tanto vuelta hacia el Señor, «santa»; y ella es *una*. El primer signo en el que se muestra el Espíritu Santo añade una cuarta propiedad: la actualidad del Espíritu se presenta en el *don de lenguas*. De esta forma *invierte lo sucedido en Babilonia*; la nueva comunidad, el nuevo pueblo de Dios, se expresa en todas las lenguas y así es presentado desde el primer momento de su existencia como «*católico*». La realización del dinamismo que descansa en este signo, y que obliga a la Iglesia a caminar hasta los límites del espacio y del tiempo, es el tema más profundo de todos los capítulos de los Hechos de los Apóstoles, que describen el paso del Evangelio de los judíos a los paganos, de Jerusalén a Roma. Roma se halla en la estructura de

---

[2] Para la cuestión de la orientación fundamental de los Hechos de los Apóstoles es de gran utilidad G. Schneider, «Apostelgeschichte und Kirchentgeschicht»: «Communio» 8 (1979) 481-485; Íd., *Die Apostelgeschichte* I (Freiburg 1980) 134-154, con abundante bibliografía.

este libro –donde concluye el mismo–, en cierto modo como concreción del mundo de los paganos en general, del universo de pueblos que se encontraban frente al antiguo pueblo de Dios. El libro de los Hechos de los Apóstoles concluye con la llegada del Evangelio a Roma; no como si el desenlace del proceso contra Pablo careciese de interés, sino sencillamente porque este libro no es ni una novela ni tampoco una biografía: con la llegada a Roma el camino comenzado en Jerusalén ha alcanzado su meta; la Iglesia universal —católica— se ha realizado, aquella que constituye la continuación del antiguo pueblo de la elección y asume su historia, su misión. En este sentido Roma, compendio del conjunto de pueblos, adquiere rango teológico en los Hechos de los Apóstoles: no se puede dejar de lado la idea lucana de la catolicidad[3].

Si al final de todas estas simples indicaciones sobre el concepto de la eclesiología lucana, queremos enunciar algunas características acerca de la comprensión de la Iglesia allí presentada, entonces podríamos decir:

Nos encontramos aquí primeramente ante una eclesiología pneumatológica: el Espíritu es el que crea la Iglesia. Nos hallamos ante una eclesiología dinámica de la historia salvífica, a la que pertenece esencialmente la dimensión de la cato-

---

[3] La idea del traspaso de Jerusalén a Roma es expuesta por K. Hofstetter, «Das Petrusamt in der Kirche des 1.-2. Jhdts.: Jerusalem – Roma», en M. Roesle – O. Cullmann (Hg.), *Begegnung der Christen* (Stuttgart 1960); cf. J. Ratzinger, *Das neue Volk Gottes* (Düsseldorf 1969) 128-131. También es importante para la cuestión V. Twomey, *Apostolikos Thronos. The primacy of Rome as reflected in the Church history of Eusebius and the historico-apologetic writings of St. Athanasius the Great* (Münster 1982). Twomey muestra que la idea del traspaso de Jerusalén a Roma sirve de base a la construcción de la historia de la Iglesia de Eusebio, la cual aparece como una tradición antigua que en la era constantiniana fue cayendo poco a poco en el olvido.

licidad. Y, finalmente, estamos ante una eclesiología litúrgica: la asamblea recibe el don del Espíritu en la oración.

1. LA CLAVE DEL TEMA: EL TÉRMINO κοινωνία (KOINONIA) – COMUNIÓN

1.1. *La descripción de la Iglesia en Hch 2,42*

Al comienzo de nuestras reflexiones habíamos constatado que Lucas nos describe las dimensiones esenciales de la Iglesia mostrándola en el camino por el que la conduce el Espíritu Santo. Sin embargo, en el tejido del texto lucano también se puede encontrar todavía otro hilo conductor que Lucas utiliza para aclarar la naturaleza de la Iglesia, concretamente cuando a través de la imagen de la *comunidad primitiva* proyecta la *forma ejemplar de la Iglesia de todos los tiempos*. Al principio del citado versículo 42 Lucas resume la esencia de esa figura. Recordemos otra vez su contenido: los primeros cristianos perseveraban, según la descripción de los Hechos de los Apóstoles, «en la enseñanza de los apóstoles y en la comunión, en la fracción del pan y en las oraciones». Nos encontramos, por tanto, ante cuatro conceptos que refieren la naturaleza de la Iglesia; si los comparamos con la historia de Pentecostés se muestra de esta forma que se corresponden con sus componentes fundamentales, los desarrollan y profundizan [4].

También aquí la unidad es una determinación característica de la Iglesia. También aquí la unidad proviene de la

---

[4] Para la interpretación de este versículo cf. F. Mussner, «Die UNA SANCTA nach Apg 2,42», en *íd. Praesentia salutis* (Düsseldorf 1967) 212-222.

comunión con los apóstoles y de dirigirse al Dios vivo en la oración. Pero lo que significa la comunión con los apóstoles se precisa ahora como «*la constancia en la enseñanza de los apóstoles*». La unidad tiene por tanto un contenido que se expresa en una doctrina. *La enseñanza de los apóstoles es la forma concreta de su presencia constante en la Iglesia.* En virtud de esta doctrina también las futuras generaciones permanecen en la unidad con los apóstoles tras su muerte y forman así la misma una y apostólica Iglesia. Para ver de forma más clara estas conexiones se tiene que incluir el discurso de despedida de Pablo a los presbíteros de Éfeso relatado en el capítulo 20 de los Hechos de los Apóstoles (20,18-35). En él se explica la idea de la «doctrina apostólica» al desarrollar Lucas aquí el pensamiento de la sucesión apostólica. La doctrina de los apóstoles —esto se muestra ahora— posee un aspecto personal y un aspecto institucional. A los «presbíteros» les corresponde la responsabilidad de portar la enseñanza de los apóstoles, mantenerla presente. Ellos son la garantía personal para el «ser constantes en la enseñanza» del origen [5].

La idea de la apostolicidad es así profundizada y concretizada en dirección hacia una estructura permanente de la Iglesia. Un segundo concepto de la eclesiología pentecostal es también ahora ampliado y aclarado: la oración de la Iglesia tiene su centro en la «fracción del pan», la eucaristía aparece ahora como el corazón de la vida eclesial. Pero aún falta un concepto de esa descripción de la Iglesia primitiva y con ello de la Iglesia en general: la palabra κοινωνία (*koinonia*), en la Vulgata: *communicatio*. Esta palabra tiene que ser, desde su amplitud semántica, el concepto propiamente clave de

---

[5] Cf. F. Mussner, *op. cit.*, 215s; H. Schürmann, *Traditionsgeschichtliche Untersuchungen zu den synoptischen Evangelien* (Düsseldorf 1967) 310-340.

nuestras reflexiones, pues significa del mismo modo «eucaristía», como también puede significar «comunión», «comunidad». Ambas realidades, que en el lenguaje hablado son totalmente separables para nosotros, eucaristía y comunidad, comunión como sacramento y comunión como dimensión social e institucional, están reunidas en este término.

Con esta observación se propone ya al mismo tiempo el camino para nuestras siguientes reflexiones. En primer lugar se trata de seguir la pista semántica del vocablo κοινωνία (*koinonia*) en sus distintas ramificaciones, para, en el espejo de este concepto, aclarar la relación entre eucaristía y comunidad, o mejor, el dinamismo eucarístico de la comunidad eclesial. Además queremos volvernos, en un segundo momento de la reflexión, hacia la figura de Jesucristo, para encontrar desde él, que es origen y centro de la comunión cristiana, una espiritualidad de la comunión eucarística que ha de estar abierta también para aquellos que no pueden participar de la comunión sacramental íntima. «Comulgar», en sentido cristiano, no es un acontecimiento grupal específico que una comunidad encierra en sí, sino que siempre es también, desde un fundamento cristológico, misión, representación, ir a los otros, a los que aún están «fuera». No necesita decirse expresamente que este programa, en el límite de un pequeño intento, sólo puede esbozarse a grandes rasgos, y no desarrollarse detalladamente. Simplemente ha de consistir en subrayar de nuevo algunos rasgos esenciales de la tradición católica y, con ello, invitar al mismo tiempo a la reflexión posterior.

1. 2. *El contenido jurídico, sacramental y práctico de la comunión en Hch 2,42 y Gál 2,9-10*

Antes de continuar con nuestro programa queremos volver otra vez brevemente sobre el resultado de nuestro análisis de Hch 2,42. Hasta ahora sólo hemos constatado de forma general que la palabra κοινωνία (*koinonia*), con su amplitud semántica, adquiere allí un puesto importante en la descripción de la naturaleza de la Iglesia. Pero todavía queda preguntar cuál es el significado exacto de este versículo. Las respuestas de los exegetas son distintas y el contexto apenas permite una opción indiscutible. Dos cosas, sin embargo, se pueden constatar en cualquier caso. Este término se halla entre los dos conceptos: «enseñanza» y «partición del pan» (eucaristía); parece en cierto modo que ambos remiten uno al otro recíprocamente, que existe una especie de puente entre los dos. Además podemos añadir que Lucas presenta los cuatro conceptos presentes en dos binomios: «enseñanza y comunión», «partición del pan y oraciones». La comunión es enlazada por tanto con la «enseñanza apostólica», forma con ella, por así decir, una unidad cerrada y, con ello, es destacada también, en cierto modo, sobre la partición del pan (eucaristía); en cualquier caso, es presentada sobrepasando el acontecimiento litúrgico y establecida sobre el hecho fundamental de la tradición establecida permanentemente y de su forma eclesial.

Este aspecto, quizá de entrada sorprendente, nos lleva de forma más clara y firme a la autodefensa de san Pablo en la Carta a los Gálatas, en la que junto a la justificación de su propia misión desarrolla al mismo tiempo su comprensión fundamental de la comunión eclesial (Gál 1,13–2,14). Pablo informa en la parte que aquí nos interesa de este importante texto que las llamadas «*columnas de la Iglesia*» –Santiago, Pedro y Juan– les dieron a él y a Bernabé «*la mano en señal de comunión* (κοινωνία / *koinonias*, según la Vulgata: *societatis*)» [6].

---

[6] Cf. H. Schlier, (*Der Brief an die Galater), (*Göttingen 1962), 78-81; F. Mussner, *Der Galaterbrief*, Freiburg 1974, 115-127 y 423; *Íd.*, «"Das Wesen des Chris-

Estas tres «columnas» eran, al parecer, la continuación eclesial primitiva de aquel grupo de tres apóstoles que Jesús había elegido como el círculo íntimo de los Doce en el acontecimiento de su transfiguración, así como en la hora del miedo mortal en Getsemaní (cf. Mc 9,2; 14,33; ver también Mc 5,37). En estas «columnas» descansaba ahora de forma evidente la responsabilidad de dirigir la Iglesia naciente; ellos decidían sobre la pertenencia y la *exclusión* [7]. Cuando Pablo y Bernabé otorgaban el derecho a la comunión esto constituía un acto de confirmación válida y vinculante de la comunión eclesial, que también era irrenunciable para Pablo, por mucho que subrayara su vocación como directamente proveniente del Señor y la forma directa de recibir su revelación. También para él es impensable la unidad de la Iglesia sin el «permanecer en la enseñanza de los Apóstoles», es decir, en la estructura apostólica de la Iglesia. Conforme a esto, el término *communio* encuentra en este lugar el contenido pleno de su significado cristiano, que comprende asimismo la dimensión sacramental y espiritual, así como la institucional y personal. Este «apretón de manos» por la communio –que se puede *identifica*r con el llamado sínodo de los Apóstoles del que se informa en los Hechos de los Apóstoles (Hch

---

tentums ist sunesqiein". Ein authentischer Comentar», en H. Rossmann-J. Ratzinger, *Mysterium der Gnade. Festschrift für J. Auer* (Regensburg 1975) 92-102.

[7] La distinción entre el grupo de los tres y el de los doce a través del simbolismo que le sirve de base era conocido también por la comunidad de Qumrán. Sobre la relación y las diferencias en la formación de la comunidad de discípulos de Jesús cf. por ejemplo: A. Vögtle, *Das öffentliche Wirken Jesu auf dem Hintergrund der Qumranbewegung* (Freiburg 1958) 15s; F. Nötscher, «Vorchristliche Typen urchristlicher Ämter? Episkopos und Mebaqqer», en W. Corsten-A. Frotz-P. Linden (eds.) *Die Kirche und ihre Ämter und Stände. Festgabe für Joseph Cardinal Frings* (Köln 1960) 315-338, esp. 328s. Me parece digno de tener en cuenta que la Iglesia, tras la muerte de Santiago el de Zebedeo, continuó también el grupo de tres creado por Jesús sustituyendo al Zebedeo por el hermano del Señor.

15,1-35)– legitimó la dirección emprendida por Pablo y Bernabé en las iglesias paganas libres de la ley judía, y sólo con ello se estableció la *communio* eclesial en sentido propio: el nuevo pueblo de judíos y paganos, acogidos ambos por los brazos abiertos de Cristo crucificado (cf. Jn 12,32).

El pasaje siguiente de la autojustificación de san Pablo muestra claramente lo difícil que fue responder justamente a la exigencia de esta decisión, y sólo así manifiesta toda su profundidad. Pues pese a la clarificación lograda, la pregunta en Antioquía sobre las prescripciones alimenticias condujo otra vez al borde de la ruptura. Esta cuestión había hecho imposible la comunidad de mesa entre dos grupos: no podían comer lo mismo, y, por tanto, tampoco podían hacerlo unos con otros, porque a los cristianos procedentes del judaísmo las prescripciones respecto a los alimentos, pertenecientes al núcleo de la observancia religiosa, les parecían irrenunciables, y, por otra parte, los cristianos provenientes del paganismo no se sentían afectados por éstas. La ruptura de la comunidad «profana» de mesa (que, por otra parte, para los cristianos judíos, desde la ley, nunca fue algo meramente «profano») tenía que deshacer también, con lógica inevitable, la comunidad eucarística. Así, en el ambiente surgió otra vez con mayor intensidad la cuestión por la que se había transitado ya en Jerusalén en aras de un acuerdo fundamental respecto a la communio: o la Iglesia sería una secta judía, como muchas de las que había, o cortaba con sus raíces, el Antiguo Testamento, del que dependía su legitimación como religión revelada. Pues no se puede tener al Hijo sin el Padre, a Jesús sin su Biblia, a la que nosotros llamamos Antiguo Testamento. Este intento, que emprendió Marción en el siglo II con un paulinismo radicalizado y que siempre vuelve a encontrar seguidores, también entre los teólogos modernos, es en sí mismo contradictorio y está condenado al fracaso. En esta situación, la vuelta al apretón de manos de Jerusalén significa: tenemos el Antiguo Testamento en Jesús, en el cual la ley llega a su cumplimiento. Significa que la fe en Cristo establece la comunión, y sólo ella. Cuando aquí Pablo exige con semejante ahínco que las columnas –o desde ahora más concretamente: Pedro– se remitan a la comunión de Jerusalén, muestra la pasión con la que insiste en que, sólo una vez más, *para la permanencia en la unidad con el Señor crucificado y resucitado es irrenunciable el signo concreto de la recta unidad, el «ser constantes en la enseñanza de los apóstoles».*

Sin embargo, tenemos que volver otra vez al informe sobre la decisión fundamental de Jerusalén para percibir aún un aspecto más de la *communio*, que de nuevo concierne por igual tanto al estar visiblemente, «institucionalmente», unos con otros como a la dimensión espiritual de la existencia cristiana. Pablo subraya que la plena libertad respecto de la ley por parte de los cristianos paganos (y de los cristianos en general) había sido aceptada sin restricciones. Pero había una obligación para los cristianos provenientes del paganismo que era, desde luego, de un cariz totalmente distinto: ocuparse de los «pobres» de Jerusalén. ¿Qué quiere decirse con esto?

Creo que se tiene que subrayar con insistencia en primer lugar el carácter social de esta prescripción: *comunión en y con el cuerpo de Cristo significa comunión de unos con otros. Comprende el aceptarse, el mutuo dar y recibir, la disposición a compartir en esencia.* Es incompatible con la comunión eclesial que unos disfruten una gran vida y otros sufran privaciones. Ella es siempre «comunidad de mesa» en el sentido más riguroso del término, cuyos miembros tienen que darse «vida» unos a otros —física y espiritualmente, pero precisamente también físicamente—. En este sentido la cuestión social está enclavada de forma totalmente central en el núcleo teológico del concepto cristiano de communio.

Pero, unido a esto, todavía aparece otro aspecto. Cuando aquí se habla de los «pobres» no se refiere solamente (y mucho menos aún primariamente) a una categoría social, sino que también significa un título mesiánico de la comunidad jerosolimitana, parecido a la denominación «santos». La colecta para los pobres es, de esta forma, igualmente un reconocimiento del rango histórico-salvífico de *Jerusalén como lugar primigenio de la unidad*, así como punto aglutinador de la historia salvífica [8]. Es expresión del primado de Jerusalén, con lo cual se tiene que tener en cuenta que esa definición se formuló para una época en la que Jerusalén era todavía el centro para los cristianos, y la transición hacia Roma aún no se había efectuado.

El motivo «Jerusalén», la idea del primado que comprende, pertenece igualmente a la figura central de la communio y es el criterio orientador del «ser constantes en la enseñanza de los apóstoles». De esta forma se vislumbran en este único texto los muchos niveles de la *communio* cristiana, que, en definitiva, remiten todos al mismo y único: a *la comunión con la Palabra encarnada de Dios, que nos hace partícipes de su vida a través de su muerte, y de esta manera también nos quiere conducir al servicio mutuo, a la comunión viva y visible.*

---

[8] Así, por ejemplo, H. O. Wendland, «Geist, Recht und Amt in der Urkirche»: «AevKR» 2 (1938) 299. También H. Schlier, *op. cit.*, 80s (cf. nota 5) muestra que el sentido de la colecta por los «pobres» tenía menos que ver con la ayuda para los necesitados que con el reconocimiento del primado de Jerusalén y de la unidad de la Iglesia. Schlier subraya, sin embargo, que aquí se estaba tratando de un primado religioso-moral, y no de un primado jurídico. Sin embargo, esta distinción sólo es exacta si se presupone un concepto moderno riguroso tanto de lo moral como de lo jurídico que corresponde a nuestras categorías mentales y a nuestros usos lingüísticos, pero que no se ajusta al modo de pensar de entonces.

1.3. *Las raíces profanas del concepto* κοινωνία *(koinonia) y su significado para la nueva realidad cristiana*

a) *La transformación del significado literal profano en el evangelio de Lucas*

Las palabras humanas, las grandes palabras fundamentales en cualquier caso, portan siempre toda una historia de experiencias humanas, del preguntar, comprender y experimentar humanos de la realidad en sí. Los grandes conceptos de la Biblia conllevan, desde la aceptación y el rechazo, las experiencias fundamentales de la humanidad en el proceso de la revelación. Así, para entender correctamente la Biblia también se ha de preguntar siempre a la historia que guardan sus palabras. Intentaremos ahora, en este sentido, explorar algo de la carga histórica del concepto κοινωνία *(koinonia)*.

Puede reconocerse una primera huella del significado profano antecedente del término en un texto del evangelio de Lucas que ilumina los comienzos de la formación de la Iglesia. Estoy pensando en aquellos primeros once versículos del capítulo 5 en los que el evangelista relata la vocación de los primeros discípulos en una escena de belleza incomparable. Tras una noche en la que los pescadores se habían afanado en vano en el lago de Genesaret, el Señor regala con la nueva mañana del Evangelio naciente una captura abundante, e invita a Pedro a convertirse junto a sus compañeros en pescadores de hombres. En el cuarto evangelio esta escena se repetirá tras la resurrección (Jn 21,1-14), tras la negación de Pedro, ahora con un envío definitivo hacia el lejano mar del mundo entero.

Me parece muy importante que en esta escena descrita por Lucas, que se encuentra allí como una visión de lo que está por venir, se halle nuestro término: Santiago y Juan son designados como koinwnoi *(koinonoi)*, lo que en castellano interpretamos de forma deficiente con «compañeros» —lo propio del término, tras cuya huella estamos, desaparece efectivamente con esa traducción—. Los tres hombres, cuya comunidad (como vimos) es continuada en las «columnas» de la Carta a los Gálatas, aparecen en los comienzos de la actividad pública de Jesús, y forman entre ellos una «comuna». Es claro que el término no tiene aquí todavía un sentido teológico; es usado sobre todo con un significado técnico general y corriente. Santiago y Juan son «compañeros», «camaradas» de Simón en el negocio de la pesca; los tres conforman una «camaradería». Son copropietarios de una pequeña empresa, a cuya cabeza se encuentra Simón [9]. Así, encontramos aquí el originario significado profano del término, que continúa siendo importante para la comprensión de su nuevo sentido religioso: κοινωνία (koinonia) remite a la propiedad común, a la tarea común, a los valores comunes. En las palabras de Jesús «tú serás pescador de hombres», la hasta entonces profesión de Simón se convierte en una alegoría de lo que está por venir; de esta forma, sin embargo, se vislumbra también en esta cofradía de pesca *la nueva «compañía», la nueva* communio. Los cristianos serán la «cofradía de esta pequeña barca que es la Iglesia»: serán uno por la llamada procedente de Jesús, uno por el milagro de la gracia que proporciona la riqueza del mar tras noches sin esperanza. Siendo uno en el don serán uno también en la misión que es la gracia.

La Iglesia antigua ha reconocido también en la meditación retrospectiva de este texto el fundamento más profundo de la unidad de esa «cofradía»: en último término es una por

---

[9] Cf. J. Hamer, *L'Église est une comunion* (Paris 1962) 176; F. Hauck, «κοινωνία», en *Theologischer Wörterbuch des Neuen Testaments* IV, 804; H. Schürmann, *Das Lukasevangelium* I (Freiburg 1969) 270s.

la misteriosa pesca, el Señor resucitado, que en lo profundo del mar —en la noche de la muerte— es elevado, se dejó prender por nosotros y para nosotros, para ser para nosotros alimento de vida eterna. Nosotros somos la barca de Pedro y en ella los llamados por el Señor; somos los compañeros de Pedro, pero no somos la compañía de Pedro, sino la *communio* del Señor mismo, que nos proporciona lo que no somos capaces de obtener por nosotros mismos. La acogida precede a la actuación, o, como expresa J. Hamer: en la *communio* (κοινωνία) la dimensión horizontal resulta de la vertical, y sólo desde ésta se puede entender aquélla [10].

b) *La raíz judía*

Como no podía esperarse de otro modo, el término griego del Nuevo Testamento, cuya comprensión estamos tratando de alcanzar, tiene también y sobre todo una raíz hebrea. La palabra hebrea *haburah* corresponde a la griega κοινωνία (koinonia), y designa, como ésta, una compañía, una «cooperativa». Pero, evidentemente, en el vocablo se reflejan las situaciones específicas de la sociedad hebrea y proporcionan los tintes particulares a su aplicación.

Se trata ante todo de tres aspectos. Ya en el primer siglo antes de Cristo se designa al grupo de los fariseos como *haburah*. A partir del siglo II después de Cristo se usa también esta denominación para los rabinos. Finalmente, también los grupos que se reúnen para la celebración de la Pascua (al menos de 10 personas) son *caracterizados* con este término [11]. En este

---

[10] *Op. cit.*, 176.
[11] Hauck, *op. cit.*, 802s. Cf. J. Ratzinger, *Schauen auf den Durchbohrten*, 87-92: «Das Pascha Jesu und die Kirche».

último uso de la palabra se muestra de forma totalmente directa la transparencia hacia el misterio de la Iglesia: ella es la *haburah* de Jesús en un sentido muy profundo: la *comunidad de su Pascua,* la familia en la que se cumple su eterno requerimiento de comer la Pascua con nosotros (cf. Lc 24,15). Esta Pascua suya es, sin embargo, *mucho más que una comida: es amor hasta más allá de la muerte. Es, por consiguiente, parte y participación de su propia vida, que en la muerte es levantada para todos.* Se comparte en la libre anticipación de la muerte, que se realiza cuando dice: "tomad y comed todos de él, éste es mi cuerpo entregado por vosotros. Tomad y bebed todos de él, éste es el cáliz de mi sangre derramada por muchos".

Aquí hallamos con una claridad singular lo *específico del Nuevo Testamento,* aquello por lo que lo Nuevo se sitúa frente a la anterior historia de la alianza, que, de esta forma, vendrá a ser el Antiguo Testamento. También en el Antiguo Testamento la intención del sacrificio y de la comida sacrificial apunta a la comunión entre Dios y su pueblo. Pero la palabra *haburah* —*communio*— jamás se emplea para designar la relación Dios-hombre; sirve exclusivamente para expresar las relaciones interpersonales. Entre Dios y hombre no existe «communio»; la trascendencia del Creador permanece insuperable. Por ello, la relación real entre Dios y hombre, que es esencial para el Antiguo Testamento, no es descrita con el término comunión, sino con la palabra «alianza» (*berit*) [12]. Esta terminología asegura la grandeza de Dios, el único que puede establecer la relación de la creación consigo mismo; de esta forma, en ello se encuentra al mismo tiempo la distancia que permanece en la relación. A

---

[12] Hauck, *op. cit.,* 801s.

partir de este resultado, algunos exegetas incluso consideran falso traducir *berit* por «alianza», porque esta palabra supone una cierta igualdad del «partner» de la alianza que, según la perspectiva veterotestamentaria, no se puede dar en la relación Dios-hombre. No necesitamos profundizar aquí más en esta cuestión; para nosotros es importante la siguiente constatación: *el Antiguo Testamento no conoce ninguna «comunión» (haburah,* κοινωνία) *entre Dios y hombre; el Nuevo Testamento es esa comunión en y por la persona de Jesucristo.*

c) *La raíz griega y el problema de la helenización del cristianismo*

Una tercera raíz del término cristiano la encontramos en la filosofía griega, cuya perspectiva —como se mostrará inmediatamente—es fundamentalmente contrapuesta al pensamiento de la Biblia hebrea. Así, a partir de nuestro particular estado de la cuestión, se nos abre aquí al mismo tiempo una mirada hacia el discutido problema de una «helenización» del cristianismo.

El Antiguo Testamento contrapone al politeísmo pagano la trascendencia y la unidad de Dios; de aquí resulta, como ya vimos, el rechazo de la idea de una «comunión» verdadera entre Dios y hombre. Para el mundo pagano, en cambio, esta idea se halla en el centro de la búsqueda religiosa. Así, Platón habla en el *Banquete* de la comunión recíproca entre dioses y hombres (ἡ περὶ Θεοὺς καὶ ἀνθρώπους κοινωνία). Según él la comunión con los dioses la realiza también la comunión entre los hombres. Constata que esta comunión es la última intención y el contenido más profundo de todo sacrificio, del culto en general. A este respecto acuña una expresión maravillosa, que, verdaderamente, podría servir como una pregustación del misterio eucarístico, cuando dice que el *culto* no consiste en otra cosa que en *la salvación y la curación del amor*[13]. Añadamos que también para la mística helena la comunión entre divinidad, hombres y todos los seres racionales es una idea central. Pero el verdadero anhelo de esta mística no es la comunión, sino la unión; al final no hay para ella relación, sino identidad[14]. Cuando Filón se separa de la terminología hebrea tradicional y, en el esquema mental de la mística helena, habla ahora también por su parte de «comunión» entre Dios y los devotos en el culto, se puede hablar justamente de una «helenización» del pensamiento hebreo. Algo totalmente distinto sucede, sin embargo, cuando en el Nuevo Testamento la Iglesia es comunión, comunión no sólo de los hombres entre sí, sino, por la muerte y resurrección de Jesús, comunión con Cristo, el Hijo hecho hombre, y, así, comunión con el amor eterno, trinitario, de Dios. Porque esto no es ahora resultado de una nueva síntesis del pensamiento, sino fruto de una nueva realidad antes no existente. El Dios uno, trascendente, del Antiguo Testamento desvela su vida íntima; muestra que él es en sí mismo diálogo de amor eterno. Como él es en sí mismo relación —palabra y amor—, puede hablar, sentir, responder, amar. Como él es relación, puede abrirse y lograr la relación de su creación para consigo mismo. En la encarnación de la Palabra eterna se realiza aquella comunión entre Dios y el ser del hombre, de su criatura, que antes parecía incompatible con la trascendencia del único Dios.

La afirmación de Platón, en la que se refiere la cuestión del culto a la comunión entre los dioses y el ser del hombre y en la que se ordena todo esto a la *salvación y curación del*

---

[13] «Symposion», 188 b-c: ...οὐ περὶ ἄλλο τι ἐστὶν ἢ περὶ Ἔρωτος φυλακήν τε καὶ ἴασιν. Cf. Hauck, *op. cit.*, 800.

[14] *Ibíd.*

amor, esa afirmación adquiere ahora *un nuevo significado.* Observamos que Platón no habla de Dios, sino de los dioses, y que también la mística helena prefiere hablar de la divinidad antes que hablar de Dios. En Jesús, sin embargo, se realiza el nuevo acontecimiento de la entrada real en comunión por parte del Dios único con los hombres, encarnándose en la naturaleza humana. Naturaleza divina y naturaleza humana se compenetran —«sin confusión y sin separación»— en la persona de Jesucristo. Sería total y manifiestamente absurdo hablar aquí de una «helenización» de lo cristiano y anhelar un retorno a las formas originarias hebreas. Semejante operación significaría simplemente la renuncia a lo específico cristiano, a la novedad cristiana. En la práctica, la encarnación es la nueva síntesis que se ha desarrollado a partir de Dios mismo: ella supera, de forma precisa, los límites del Antiguo Testamento cuya herencia asume y salvaguarda al abrirse y complementarse con la riqueza de las otras culturas; encarnación es, al mismo tiempo, reconciliación, comunión *(communio)* de aquellos que anteriormente estaban enfrentados entre sí —judíos y paganos— (cf. Ef 2,11-22); esto vale también en el ámbito del pensamiento. El reproche de helenización y el purismo, que reclama la vuelta a lo hebreo inamovible, demuestra en realidad una ceguera para con la esencia del cristianismo.

2. Eucaristía – cristología – eclesiología: el centro cristológico del tema

2.1. Eucaristía y cristología

El análisis del proceso interno de formación del concepto cristiano de *communio* desde la asunción y la transformación de la herencia precristiana, nos ha conducido ahora desde sí mismo hasta el centro de la *communio* cristiana. Podemos constatar ahora que su fuente originaria hay que buscarla en la cristología: el Hijo encarnado es la «comunión» entre Dios y los hombres. Ser cristiano no es en realidad otra cosa que tomar parte en el misterio de la encarnación, o, con otra fórmula de san Pablo: la Iglesia, en cuanto Iglesia, es «cuerpo de Cristo» (es decir, justamente participación de los hombres en la comunión entre hombre y Dios que es la encarnación de la Palabra). Supuesto esto, así de manifiesta es también la inseparabilidad de Iglesia y eucaristía, de la comunión sacramental y la *communio* de la comunidad.

A la luz de estos razonamientos se desarrollan también las palabras fundamentales de san Pablo para nuestra cuestión que se hallan en la primera Carta a los Corintios:

> «Esa copa de la bendición que bendecimos, ¿no significa solidaridad (κοινωνία, Vulgata: *communicatio*) con la sangre del Mesías? Ese pan que partimos, ¿no significa solidaridad (κοινωνία, Vulgata: *participatio*, Neovulgata: *communicatio)* con el cuerpo del Mesías? Como hay un solo pan, aun siendo muchos formamos un solo cuerpo, pues todos y cada uno participamos de ese único pan» (1 Cor 10,16ss).

Estos versículos se convirtieron para san Agustín en el centro de su pensamiento teológico; sus homilías de la Vigilia Pascual, que eran sus catequesis eucarísticas para los neófitos, giran en torno a esas palabras. Comiendo el único pan nosotros mismos seremos aquello que comemos, dice él además [15]. Este pan –expone en *Las Confesiones*– es el alimento

---

[15] Cf. J. Ratzinger, *Volk und Haus Gottes in Augustinus Lehre von der Kirche* (München 1954, St. Ottilien ²1992).

de los fuertes [16]. Los alimentos normales son menos fuertes que el hombre, le sirven a él: son tomados para ser asimilados en el cuerpo del hombre y desarrollarle. Sin embargo, este alimento especial –la eucaristía– se encuentra, justamente al contrario, por encima del hombre, es más fuerte que él, y, de esta forma, es también el acontecimiento al que tiende todo inversamente: el hombre que toma este pan es asimilado *por él*, es asumido por él, es fundido en ese pan y se convierte en pan como Cristo mismo. «Como hay un solo pan... formamos un solo cuerpo». La consecuencia de esta reflexión es clara: la eucaristía nunca es simplemente un acontecimiento para dos, un diálogo entre Cristo y yo. La *comunión eucarística* tiende a una transformación total de la propia vida. Ella *abarca todo el yo del hombre y crea un nuevo nosotros. La comunión con Cristo es también necesariamente comunicación con todos los que son suyos: con ello yo mismo seré parte de ese nuevo pan que él crea en la transubstanciación de toda la realidad terrena.*

En este punto se puede ver la estrecha relación que existe entre el concepto *communio* y la comprensión de la Iglesia como «cuerpo de Cristo»; del mismo modo pertenecen a la misma relación imágenes como la de Cristo como vida verdadera. Todos estos conceptos bíblicos iluminan nuevamente la procedencia de la comunión cristiana con Cristo. La «comunidad» cristiana no puede entenderse de una forma horizontal, esencialmente sociológica. La relación al Señor, la procedencia de él y el estar remitidos a él es la condición de posibilidad de su existencia; sí, verdaderamente se puede decir: «la Iglesia es, por su esencia, relación, una relación fundada por el amor de Cristo que, por su parte, funda también

---

[16] *Conf.* VII 10,16.

una nueva relación de los hombres entre sí». Con las bellas palabras de Platón con las que nos encontramos hace un momento, podemos decir: la eucaristía es, en efecto, la «salvación de nuestro amor».

2.2. La comunión del ser Dios y del ser hombre en Cristo

En un segundo paso tenemos que determinar ahora de forma aún más clara el fundamento cristológico de la existencia cristiana, para, de esta manera, alcanzar tanto el núcleo de la espiritualidad eucarística como el correspondiente a una espiritualidad de la Iglesia. Jesucristo, según hemos podido comprobar en las anteriores reflexiones, abre el camino hacia lo imposible, hacia la comunión entre Dios y hombre, porque él, la Palabra encarnada, es esa comunión. En él encontramos realizada aquella «alquimia» que refunde al ser humano en el interior del ser de Dios. Recibir al Señor en la eucaristía significa por consiguiente entrar en la comunión de ser con Cristo, entrar en aquella apertura del ser humano hacia Dios, que es, al mismo tiempo, la condición de la apertura íntima de los hombres entre ellos. El camino hacia la comunión de los hombres entre sí pasa por la comunión con Dios. Para comprender el contenido espiritual de la eucaristía hemos de entender, por tanto, la tensión espiritual del hombre-Dios: sólo en una cristología espiritual se abre también la espiritualidad del sacramento.

La teología occidental, debido al conjunto de sus intereses mayormente metafísicos e históricos, ha descuidado algo este punto de vista que, en realidad, representa de hecho precisamente el nexo entre las distintas partes de la teología, así como entre la reflexión teológica y el desarrollo concreto y espiritual del cristianismo. El Concilio III de Constantinopla (cuyo 1.300 aniversario en 1981 pasó casi desapercibido junto a la conmemoración del Concilio I de Constantinopla y el Concilio de Éfeso) ofrece para ello los puntos de referencia determinantes que, según mi parecer, son imprescindibles también para una interpretación correcta del Concilio de Calcedonia. Una exposición detallada de los problemas existentes en este Concilio es, por supuesto, imposible; intentaremos comprender, al menos brevemente, el que nos encontramos aquí [17]. Calcedonia ha descrito el contenido ontológico de la encarnación con su conocida fórmula de las dos naturalezas en una persona. El Concilio III de Constantinopla, sin embargo, se encontró —tras toda la disputa que esa ontología había desencadenado— ante la pregunta: ¿Cuál es el contenido espiritual de esta ontología?, o, más concretamente, ¿qué significa a nivel de praxis y de existencia «una persona en dos naturalezas»? ¿Cómo puede vivir una persona con dos voluntades y doble intelecto? Todo esto no consistía de ningún modo en cuestiones propias de una mera curiosidad teorética; se trata aquí también de nosotros mismos, de la pregunta concreta: ¿Cómo podemos vivir como bautizados, para quienes, según Pablo, ha de valer: «Ya no vivo yo, sino que es Cristo quien vive en mí» (Gál 2,20).

Como es sabido, entonces —en el siglo VII— se ofrecieron, de forma parecida a hoy día, dos soluciones, siendo ambas igualmente inaceptables. Los unos decían: en Cristo no hay, en efecto, voluntad humana. El Concilio III de Constantinopla rechaza esta imagen de Cristo como la imagen de un «Cristo falto de voluntad y de fuerza». La otra solución imaginó, exactamente a la inversa, dos esferas de voluntad completamente separadas. Pero de esa forma se desemboca en una especie de esquizofre-

---

[17] Texto completo en: Alberigo et al. (eds.), *Conciliorum oecumenicorum decreta*, (Bologna ³1973) 124-130; cf. la 6ª tesis de la colaboración: «Christologische Orientierungspunkte», en J. Ratzinger, *Schauen auf den Durchbohrten*, 33-37.

nia, en una representación monstruosa e inaceptable al mismo tiempo. La respuesta del Concilio reza: la *unión* ontológica de dos capacidades de voluntad que permanecen independientes en la unidad de la persona significa, en el plano de la existencia, *comunión* (κοινωνία) de dos voluntades. Con esta interpretación de la unión como comunión, el Concilio desarrolla una ontología de la libertad. Las dos «voluntades» están unidas de tal forma que puedan unirse voluntad y voluntad en un sí conjunto a un valor común. Dicho de otro modo: por ambas, la voluntad está unida en un sí de la voluntad humana de Cristo a la voluntad divina del Logos. Así, ambas voluntades vienen a ser de forma concreta —existencialmente— una única voluntad, y persisten en el ámbito ontológico dos realidades independientes. Dice además el Concilio: como la carne del Señor ha de ser llamada carne de la Palabra, así debe ser también designada su voluntad humana como voluntad propia del Logos.

De hecho, el Concilio aplica aquí el modelo trinitario (de la diferencia analógica) a la cristología: la más alta unidad que existe —la unidad de Dios— no es una unidad de lo indivisible y de lo indistinguible, sino una unidad a la manera de la comunión, unidad que el amor es y crea. De esta forma, el Logos asume el ser del hombre Jesús en sí mismo y con su propio yo habla de ello: «No he bajado del cielo para realizar un designio mío, sino el designio del que me envió» (Jn 6,38) [18]. En la obediencia del Hijo, en el llegar a ser una ambas voluntades a través de un único sí a la voluntad del Padre, se realiza la comunión entre ser humano y divino. El «intercambio maravilloso», la «alquimia del ser», se realiza aquí como comunicación liberadora y reconciliadora que se convierte en comunión entre creador y

---

[18] *Op. cit.*, 128,30ss.

criatura. En el dolor de ese intercambio, y sólo allí, se desarrolla la única conversión salvadora y fundamental que transforma las condiciones del mundo; aquí nace la comunión, aquí surge la Iglesia. El acto de participar de la obediencia del Hijo como la verdadera conversión del hombre es, igualmente, el único acto eficaz y capaz de la renovación y el cambio de la sociedad y del mundo en general: sólo donde este acto tiene lugar acontece la conversión para la salvación en el reino de Dios [19].

Aún me parece importante otra observación para completar nuestras reflexiones. Hasta ahora habíamos determinado: la encarnación del Hijo crea la comunión entre Dios y hombre y abre así también la posibilidad de una nueva comunión de los hombres entre sí. Esta comunión entre Dios y hombre, que se ha realizado en la persona de Jesucristo, por su parte, sólo viene a ser comunicable en el acontecimiento pascual, es decir, en la muerte y resurrección del Señor. La eucaristía es nuestra participación en el acontecimiento pascual, y, de esta forma, constituye la Iglesia, el cuerpo de Cristo. Desde aquí se percibe la necesidad salvífica de la eucaristía. La necesidad de la eucaristía es idéntica a la necesidad de la Iglesia y viceversa. En este sentido hay que entender las palabras del Señor: «Si no coméis la carne del Hijo del hombre y no bebéis su sangre no tendréis vida en vosotros» (Jn 6,53). Sin embargo, con ello se

---

[18] *Op. cit.*, 128,30ss.
[19] Máximo el Confesor facilitó el intenso trabajo teológico del Concilio III de Constantinopla; cf. F.-M. Lethel, *Théologie de l'agonie du Christ* (Paris 1979); F. Heinzer, *Gottes Sohn als Mensch. Die Struktur des Menschseins Christi bei Maximus Confessor* (Freiburg 1980); K. H. Uthemann, «Das anthropologische Modell der hypostatischen Union bei Maximus Confessor. Zur innerchalkedonischen Transformation eines Paradigmas», en F. Heinzer – Chr. Schönborn (eds.), *Maximus Confessor* (Freiburg 1982) 223-233; L. Weimer, *Die Lust an Gott und seiner Sache* (Freiburg 1981) 101-106.

muestra también aquí ahora la necesidad de una Iglesia visible y de una unidad visible, concreta (institucional, se podría decir). Se puede acceder al misterio íntimo de la comunión entre Dios y hombre en el sacramento del cuerpo del resucitado; por su parte, y a la inversa, el misterio reclama así nuestro cuerpo y se transforma de nuevo en un *cuerpo*. La Iglesia, que ha sido edificada a partir del cuerpo de Cristo, tiene que ser también por su parte un cuerpo, y, concretamente, un único cuerpo en correspondencia a la unicidad de Jesucristo, que aparece de nuevo en la unidad y en el permanecer en la doctrina apostólica.

2.3. El problema de las excomuniones

Pero, ¿qué debemos decir, cuando así ocurre, de los muchos cristianos que creen y esperan en el Señor, tienen añoranza por el don de su cuerpo pero no pueden recibir el sacramento? Me refiero a todas las formas distintas de estar excluido de la comunión sacramental. Aquí existe, en primer lugar, la imposibilidad fáctica de la recepción del sacramento en tiempos de persecución o por falta de sacerdote. Por otra parte, existen formas de exclusión de la comunión establecidas por derecho, como en el caso de los divorciados vueltos a casar. En cierto sentido esto afecta también al problema ecuménico, a la falta de comunión entre los cristianos separados. Naturalmente, es imposible en el marco de nuestro tema aclarar tan diferentes y numerosas cuestiones. Pero omitirlas simplemente sería una falta de honradez. Aunque aquí es imposible una contestación, quisiera, al menos, aludir a algunos puntos de vista importantes. J. Hamer expone en su libro «L'Église est une communion», que la teología medieval, que igualmente no podía pasar por alto el problema de los excomulgados, lo ha afrontado de una forma muy cuidadosa. Para los pensadores de la Edad Media, como en la época de los Padres, no se podía *identificar* sencillamente la pertenencia a la comunión visible de la Iglesia con la relación con el Señor. Graciano había escrito: «Queridos, un cristiano que es excluido de la comunión por los sacerdotes está entregado al diablo. ¿Por qué? Porque fuera de la Iglesia está el demonio, así como dentro de la Iglesia está Cristo»[20]. Los teólogos del siglo XIII, por el contrario, se encontraban ante la tarea, por una parte, de salvaguardar la imprescindible ligazón entre lo interno y lo externo, entre símbolo y realidad, entre cuerpo y espíritu, pero, al mismo tiempo, también tenían que sostener la diferenciación entre ambos. Así, encontramos por ejemplo en Guillermo d'Auvergne la distinción según la cual están relacionadas entre sí comunión externa y comunión interna, así como entre símbolo y realidad. Guillermo d'Auvergne explica, pues, que la Iglesia nunca quiere privar a nadie de la comunión interna. Cuando emplea la espada de la excomunión, es únicamente para salvar con esa medicina la comunión espiritual. Él añade al mismo tiempo una idea consoladora y estimulante. Es consciente —así dice— de que para no pocos la carga de la exclusión de la comunión es tan pesada de llevar como el martirio. Pero, según dice, a veces uno, como excomulgado, progresa más en la paciencia y en la humildad que en la situación de participación en la comunión externa[21].

Buenaventura continuó profundizando en estas ideas. Contra la exclusión canónica de la Iglesia encontró una objeción absolutamente moderna que dice así: excomunión es separación de la comunión. Pero la comunión cristiana con-

---

[20] *Op. cit.* 184; *Decr. Grat.*, C XI q 3 c 32.
[21] *De sacramento Ordinis*, c. 12 (Venecia 1591) 519 A-C; cf. J. Hamer, *op. cit.*, 187.

siste, según su esencia, en el amor, es comunión de amor. Nadie, empero, tiene el derecho de excluir a alguien del amor, por tanto tampoco existe ningún derecho de excomulgar a alguien [22].

Buenaventura responde a esto con la diferenciación de tres niveles de comunión; de esta forma puede retener la disciplina eclesiástica y el derecho canónico y, al mismo tiempo, en su plena responsabilidad como teólogo, decir: «Constato que nadie puede ni debe ser excluido de la comunión del amor mientras viva en la Tierra. La excomunión no es exclusión de esta comunión» [23].

Evidentemente, no se debe concluir de estas consideraciones, que tendrían hoy que asumirse y profundizarse de otra forma, que la comunión sacramental concreta de la comunidad sea superflua o menos importante. El «excomulgado» está sostenido, en efecto, por el amor del cuerpo vivo de Cristo, por el sufrimiento de los santos que se suman tanto a *su* sufrimiento como a su hambre espiritual, mientras ambos, comunidad terrena y comunidad celestial, son abrazados por el sufrimiento, el hambre, la sed de Jesucristo, que nos lleva y soporta el peso de todos nosotros. Por otra parte, el sufrimiento del excluido, su tender hacia la comunión (del sacramento y de los miembros vivos de Cristo), es el vínculo que le mantiene unido al amor salvador de Cristo. Desde ambas partes, pues, el sacramento y la comunión eclesial visible construida a partir de él están presentes y son irrenunciables. De esta forma, aquí también se lleva a cabo «la curación del amor», la intención definitiva de la cruz de Cristo, del sacramento, de la Iglesia. Se comprende así cómo la imposi-

---

[22] IV *Sent.*, d 18 p t a un q 1 contr 1; Hamer, 187s.
[23] *Ibíd.*, ad 1; Hamer, 188.

bilidad de la comunión sacramental puede conducir paradójicamente al progreso espiritual en el sufrimiento de la distancia, en el dolor de la nostalgia y del amor que surge de ella, mientras que la rebelión —como dice con razón Guillermo d'Auvergne— disuelve necesariamente el sentido positivo, edificante, de la excomunión. Rebelión no es curación, sino destrucción del amor.

A este respecto, se me impone una reflexión pastoral de forma más genérica. Cuando san Agustín sintió que se aproximaba su muerte, se «excomulgó» a sí mismo, cargó sobre sí la penitencia eclesiástica. En sus últimos días se solidarizó con los pecadores públicos que buscaban el perdón y la gracia sufriendo la renuncia a la comunión [24]. Quería salir al encuentro de su Señor con la humildad de aquellos que tienen hambre y sed de justicia, hambre y sed de él, del justo y misericordioso. En el trasfondo de sus predicaciones y escritos, que describen de forma admirable el misterio de la Iglesia como comunión con el cuerpo de Cristo y como cuerpo de Cristo a partir de la eucaristía, este gesto tiene en sí algo de conmovedor. Cuanto más a menudo reflexiono sobre ello tanto más pensativo me deja. ¿No tratamos hoy a menudo superficialmente la recepción del santo sacramento? ¿No sería a veces provechoso e incluso necesario tal ayuno espiritual para una profundización y renovación de nuestra relación con el cuerpo de Cristo?

La Iglesia antigua conoció una práctica expresiva más alta en esta dirección: ya desde los tiempos apostólicos el ayuno eucarístico del viernes santo perteneció a la comunión espiritual de la Iglesia. Precisamente la renuncia a la comunión en uno de los días sagrados del año litúrgico que se

---

[24] Cf. F. van der Meer, *Augustinus der Seelsorger* (Köln 1951) 324.

hubiera celebrado sin misa y sin comunión de los fieles era una forma especialmente profunda de participación en la pasión del Señor: el dolor de la novia a la que le ha sido arrebatado su prometido (cf. Mc 2,20) [25]. Pienso que también hoy tendría su buen sentido, si se piensa y si también se experimenta, un ayuno eucarístico de este tipo en determinadas ocasiones elegidas cuidadosamente, quizá en días penitenciales (¿por qué no, por ejemplo, otra vez el viernes santo?), o, de forma totalmente especial, también en grandes misas públicas en las que la cantidad de participantes no permite a menudo una distribución digna del sacramento, de manera que la renuncia pudiera expresar verdaderamente más veneración y amor hacia el sacramento, como una actuación que se halla en contradicción con la grandeza del acontecimiento. Tal ayuno —que, naturalmente, no puede ser arbitrario, sino que tiene que ordenarse bajo la guía espiritual de la Iglesia— podría ayudar a una profundización de la relación personal con el Señor en el sacramento; podría ser también un acto de solidaridad con todos aquellos que añoran el sacramento pero que no pueden recibirlo. Me parece que el problema de los divorciados vueltos a casar, pero también el problema de la intercomunión (por ejemplo en los matrimonios mixtos), supondría una carga mucho menor si tal ayuno espiritual voluntario pudiese reconocer y afirmar de forma igualmente visible que todos nosotros dependemos de aquella «curación del amor» que el Señor ha efectuado en la última soledad de la cruz. Por supuesto que no pretendo proponer con ello un retorno a un cierto tipo de jansenismo:

---

[25] Cf. para la cuestión del ayuno cristiano en referencia a Mc 2,20: R. Pesch, *Das Markusevangelium* I (Freiburg 1976) 175s; sobre el problema del ayuno eucarístico suscitado escatológicamente: J. Blank, *Meliton von Sardes. Vom Passa. Die älteste christliche Osterpredigt* (Freiburg 1963) 26-41.

el ayuno presupone la situación normal del comer en la vida tanto espiritual como biológica. Pero, con todo, necesitamos una medicina contra la caída en la mera rutina y su pérdida de sentido espiritual. A veces necesitamos el hambre —física y espiritual— para entender de nuevo los dones del Señor y para comprender el sufrimiento de nuestros hermanos que tienen hambre. El hambre, tanto espiritual como física, puede ser un vehículo del amor.

Nota conclusiva

Intentaremos un resumen que ha de servir al mismo tiempo para una última consideración. El término bíblico y patrístico κοινωνία (koinonia) reúne en sí ambos significados: «eucaristía» y «comunidad». Con esta síntesis semántica no se remite meramente al centro de toda eclesiología comprendida rectamente; se clarifica con ello, al mismo tiempo, la *síntesis necesaria de iglesia particular e Iglesia universal*. Pues la celebración eucarística se desarrolla de hecho en un lugar determinado, y construye allí una célula de fraternidad de cristianos. La «comunidad» local crece a partir del presente vivo y actuante del Señor en la eucaristía. Pero igualmente es cierto que el Señor es uno solo en todos los lugares y en cada eucaristía. La actualidad indivisible del único y mismo Señor, que es al mismo tiempo la Palabra del Padre, presupone por ello que cada comunidad particular se encuentra en todo el amor único de Cristo; únicamente así puede celebrarse la eucaristía. Junto a ello está igualmente incluido, como ya vimos, el estar en la «enseñanza de los apóstoles», cuya actualidad encuentra su símbolo y su garantía en la institución de la «sucesión apostólica». Fuera de esa gran red, la «comunidad» está vacía, un gesto romántico de la exigencia de seguridad en el pequeño grupo, al que, de hecho, le falta el contenido[26]. Únicamente una potestad y un amor que son más fuertes que todas nuestras iniciativas particulares pueden construir una comunidad fructífera y fiable, y dotarla con la dinámica de la misión eficaz. La unidad de la Iglesia, que está fundada sobre el amor del único Señor, no destruye lo propio de las comunidades particulares, sino que las levanta y las mantiene como comunión real con el Señor y entre sí. El amor de Cristo, que está presente para siempre en el sacramento de su cuerpo, despierta nuestro amor, sana nuestro amor: la eucaristía es el fundamento tanto de la comunidad como de la misión, día a día.

---

[26] Cf. para las cuestiones aquí formuladas: J. Ratzinger, *Teoría de los principios teológicos* (Herder, Barcelona 1985) 340-355.

V

EUCARISTÍA Y MISIÓN [1]

Consideración previa sobre eucaristía y misión

Una antigua leyenda sobre el origen del cristianismo en Rusia cuenta que al príncipe Vladimiro de Kiev, que estaba a la búsqueda de la religión correcta para su pueblo, le presentaron representantes del Islam provenientes de Bulgaria, representantes del Judaísmo y un enviado del Papa procedente de Alemania, que le ofrecieron sus respectivos credos como los verdaderos y mejores. El príncipe, sin embargo, quedó descontento con todas estas ofertas. La decisión fue tomada cuando sus enviados regresaron de una celebración litúrgica solemne en la que habían participado en la iglesia de Sofía en Constantinopla. Llenos de entusiasmo habían informado al príncipe: «Llegamos donde los griegos y fuimos conducidos a donde sirven a su Dios ... No sabemos si hemos estado en el cielo o en la tierra ... Hemos experimentado que allí Dios se encuentra entre los hombres ...» [2].

Este relato, ciertamente, no es histórico como tal. La conversión de Rusia al cristianismo y la decisión definitiva para sus lazos con Bizancio tuvo ante sí un largo y complicado proceso que, hoy día, los historiadores creen poder reprodu-

---

[1] El tema «eucaristía come genesi della missione» fue la idea central del Congreso Eucarístico de la diócesis de Como, en cuyo marco fueron expuestas las siguientes reflexiones el 10 de septiembre de 1997. Con escasas modificaciones repetí la conferencia el 25 de septiembre de 1997 en el Congreso Eucarístico nacional celebrado en Bolonia.
[2] Cf. P. B. I. Bilaniuk, *The Apostolic Origin of the Ukrainian Church* (Toronto 1988).

cir en sus líneas esenciales [3]. Pero, como siempre, esta leyenda contiene también un profundo núcleo de verdad. Pues la fuerza interna de la liturgia ha jugado sin duda un papel fundamental en la expansión del cristianismo. Más allá de esa relación general de liturgia y misión, la leyenda del origen litúrgico del cristianismo ruso nos dice todavía, sin embargo, algo más concreto sobre su correspondencia interna. Pues la liturgia bizantina, que trasladó al cielo a los visitantes extranjeros y buscadores de Dios, no fue misionera de por sí. No fue interpretación anunciante de la fe hacia fuera, para los no creyentes, sino que estaba establecida de forma absoluta en el interior de la fe. La noticia de Hch 20,7 de que Pablo celebró la eucaristía con los cristianos de Tróade en la «estancia superior» fue vinculada a la Iglesia primera de forma totalmente natural con el relato según el cual, tras la ascensión del Señor, los discípulos junto con María recibieron el Espíritu Santo mientras oraban en el piso superior (Hch 1,13). Esta estancia superior fue *identificada* —de forma histórica—, por otra parte, con la sala de la Cena en la que Jesús había comenzado con los Doce la primera eucaristía. Para la asamblea interna de los creyentes el piso superior se convirtió en símbolo del ser arrancados en la eucaristía de la cotidianidad del día a día. Pasó a ser expresión del «misterio de la fe» (1 Tim 3,9; cf. 3,16), en cuyo núcleo íntimo se encuentra la eucaristía. Cuando la liturgia romana ha incorporado esta advocación de *misterio de la fe* en la oración eucarística y la ha hecho parte integrante del acontecimiento central eucarístico, con ello ha interpretado correctamente la herencia cristiana primitiva. La liturgia eucarística no está dirigida como tal a los no creyentes, sino que, como misterio, pre-

---

[3] Cf. H. Jedin (ed.) *Handbuch der Kirchengeschichte* III, 1: *Die mittelalterliche Kirche* (Freiburg 1966) 275-278 (escrito por J. Kempf); en las páginas 268s hay una detallada referencia bibliográfica.

supone una «iniciación»: a ella sólo puede acceder quien ya no conoce a Cristo simplemente desde fuera, como «la gente», de cuyas opiniones informa Pedro al Señor antes de la confesión mesiánica en Cesarea de Filipo (Mc 8,28). Sólo puede comulgar con Cristo en el sacramento quien es introducido en la comunión de la fe con él en íntimo acuerdo y entendimiento.

Volvamos a nuestra leyenda: lo que contaron los enviados del príncipe ruso acerca de la verdad de la fe celebrada en la liturgia ortodoxa no fue una forma de persuasión misionera, cuyos argumentos les hubiesen parecido más convincentes que los de las otras religiones. Lo que ellos experimentaron fue precisamente el misterio como tal, que justamente en el desbordamiento de la disputa de la razón dejó aparecer el poder de la verdad. Una vez más y dicho de otro modo: la liturgia bizantina no se proponía, ni se propone, indoctrinar a otros o mostrárseles complaciente y entretenida. Lo que podía impresionar de ella era, precisamente, su pura gratuidad, el que era celebrada para Dios, y no para los espectadores; que su única pretensión era ser ante Dios y para Dios «εὐάρεστος - εὐπρόσδεκτος» (Rom 12,1; 15,16): agradar a Dios como el sacrificio de Abel había agradado a Dios. Justamente esa abnegación de estar ante Dios y de contemplarle era la luz de Dios penetrando en el acontecimiento, y también llegó a dejarse sentir a los de fuera.

Con ello, hemos logrado ya para nuestra pregunta anterior un primer resultado importante. El lenguaje introducido por la liturgia misionera en la década de 1950 es, al menos, equívoco y problemático [4]. En algunos círculos de liturgistas

---

[4] En el ámbito de lengua alemana de la década de 1950, el representante principal del pensamiento de la «liturgia misionera» fue J. Hofinger; cf. J. Hofinger (ed.) *Mission und Liturgie. Der Kongress von Nimwegen 1959* (Mainz 1960); J. Hofinger-J. Kellner, *Liturgische Erneuerung in der Weltmission* (Innsbruck 1957).

llevó a convertir, de una forma totalmente inadecuada, el elemento didáctico de la liturgia y su comprensibilidad, también para los que están fuera de la Iglesia, en criterio primordial de la organización litúrgica. También la convicción de que la elección de las formas litúrgicas debe hacerse a partir de perspectivas «pastorales» sugiere el mismo error antropocéntrico. La liturgia, entonces, es realizada totalmente para los hombres, o sirve para la transmisión de contenidos o, tras el cansancio del racionalismo surgido con ello y de su banalidad, para la formación de la comunidad, que ahora vuelve a no estar orientada a toda costa hacia contenidos comprensibles, sino a actuaciones en las que los hombres se acerquen unos a otros y vivan la comunión. De esta forma, habían sido tomadas y han sido tomadas ahora propuestas de organización, siempre unilateral y exclusivamente, a partir de modelos profanos, por ejemplo del desarrollo de una asamblea o, también, de ritos de socialización arcaicos y modernos. Dios no desempeña aquí propiamente ningún papel; todo consiste en el logro o satisfacción de los hombres y de sus pretensiones. Justamente así, por cierto, no se llama a la fe, pues la fe tiene que ver con Dios, y sólo donde se acoge su proximidad, sólo donde las intenciones humanas retroceden frente a la veneración a Él debida, surge aquella credibilidad que merece la fe. No necesitamos discutir aquí los distintos caminos y posibilidades de la misión, la cual, sin duda, ha de comenzar a menudo con sencillos contactos humanos, pero siempre iluminados por el amor a Dios. Para nosotros es suficiente por de pronto la siguiente constatación: la eucaristía, como tal, no está dirigida directamente al despertar misionero de la fe. Ante todo se halla en el interior de la fe y la alimenta; mira primariamente hacia Dios e implica a los hombres en esta mirada, los implica en la bajada de Dios que será su ascensión hacia la comunión con Dios. Quiere agradar a Dios y conducir a los hombres a que contemplen esto también como el criterio de su vida. Y, en esto, ella es, desde luego, en sentido profundo, origen de la misión.

1. LA TEOLOGÍA DE LA CRUZ COMO PRESUPUESTO Y FUNDAMENTO DE LA TEOLOGÍA EUCARÍSTICA

Tras esta anticipación de respuesta a nuestra pregunta, que nos ha posibilitado la antigua leyenda de la conversión de Rusia, tenemos que intentar penetrar algo más profundamente en las conexiones que hasta ahora han sido perceptibles sólo por alusión. Quiero centrarme para ello en el testimonio de la Sagrada Escritura y, de nuevo aquí, en el texto central de san Pablo para delimitar bien el tema. Si intentamos, en consecuencia, comprender la relación entre eucaristía y fe según Pablo, encontramos, en primer lugar, que hay tres estratos diferentes en la exposición del tema que están relacionados estrechamente entre sí en sus raíces y en sus intenciones. Así, en primer lugar está la *interpretación de la muerte de Cristo en la cruz con categorías cultuales,* interpretación que constituye *el presupuesto interno de toda teología eucarística.* Apenas llegamos a vislumbrar todavía el alcance de este acontecimiento. Un suceso en sí mismo profano, la ejecución de un hombre de la manera más cruel de todas las posibles, es descrito como liturgia cósmica, como el abrirse del cielo cerrado; como el acontecimiento en el que aquello que, definitivamente y en vano, se había querido y buscado en todos los cultos, se realiza finalmente de forma real. Pablo ha logrado el texto fundamental para esta interpretación en Rom 3,24-26 a partir de la utilización de antiguas fórmulas prepaulinas [5]. Esto sólo fue posible, sin embargo, porque

---

[5] Cf. H. Schlier, *Der Römerbrief* (Freiburg 1977) 106-116.

Jesús mismo en la Última Cena había asumido y consumado previamente su muerte, y la había transformado desde dentro en un acontecimiento de entrega y de amor. Desde aquí Pablo pudo caracterizarla como *hilasterion*, término con el que en el Antiguo Testamento era designado el punto central del Templo, la superficie que descansaba sobre el Arca de la Alianza. Fue llamada *kapporeth*, que se tradujo al griego como *hilasterion*, y se consideró como el lugar sobre el que Dios apareció en una nube. Este *kapporeth* era rociado con sangre de la expiación, de tal forma que, así, Dios mismo vendría lo más cerca que fuera posible [6]. Lo que ahora Pablo dice sobre Cristo como ese centro del Templo que se fue perdiendo a partir del Exilio, el lugar propio de la expiación, el verdadero *kapporeth*, ha sido presentado por la exégesis moderna como reinterpretación del culto antiguo, y, así, de hecho, como la superación del culto, como su sustitución por lo espiritual y lo ético. Pero el caso es lo contrario: para Pablo, el Templo no es la verdadera realidad del culto y lo otro una forma de alegoría, sino que sucede al contrario. Los cultos humanos, incluido el veterotestamentario, sólo son «imágenes», ensombrecimientos de la verdadera adoración de Dios, que no tiene lugar precisamente en los sacrificios de animales. Cuando en el libro del Éxodo se dice acerca de la tienda de la Alianza, que era el modelo del Templo, que Moisés había organizado todo según la imagen de lo que había visto en Dios, los Padres creyeron encontrar expresado en ello el carácter de mera imagen respecto del culto del Templo [7].

---

[6] Cf. H. Gese, *Zur biblischen Theologie. Alttestamentliche Vorträge*, München 1977, 85-106, esp. 105s; B. Lang, «kippaer-kapporaet etc.», en Botterweck-Ringgren-Fabry, *Theologisches Wörterbuch zum Alten Testament* IV (Stuttgart 1984) 303-318.

[7] Cf. Ex 25,8.40; 26,30; 27,8; cf. También Ex 39,43; 40,23.29; además Heb 8,5. Cf. san Ireneo, *Adv. haer.*, IV 14,3 (SC 100, p. 548; *Fontes Christiani* 8/4, pp. 109-111).

Y, de hecho, los animales y los objetos de sacrificio sólo son siempre intentos desvalidos de representación del hombre, que debía darse a sí mismo, no en la cruel forma de sacrificios de personas, sino en la totalidad de su ser. Pero precisamente de esto no es capaz. Así es claro para Pablo, como para toda la tradición cristiana, que la *entrega voluntaria de Jesús no es una disolución alegórica del concepto de culto,* sino que aquí *se harán realidad definitivamente las intenciones de la fiesta de la reconciliación,* como lo ha expuesto detalladamente la Carta a los Hebreos. Pensar que los asesinos de Cristo ofrecen un sacrificio sería una perversión. Cristo glorifica a Dios entregándose él mismo e introduciendo al ser humano en la propia naturaleza de Dios. H. Gese ha interpretado así el significado de Rom 3,25: «El crucificado representa al Dios reinante y nos une a él a través de la entrega vital de la sangre humana. Dios nos es accesible, se nos presenta en el crucificado. La expiación no parte del hombre a través de un rito sustitutivo consistente en un sacrificio cruento, en una entrega de la vida, sino que parte de Dios. Dios establece la unión con nosotros ... La cortina ante el Santísimo Sacramento se ha desgarrado, Dios se nos hace totalmente cercano, se hace presente para nosotros en la muerte, en el sufrimiento, en el morir»[8].

Pero aquí surge la pregunta: ¿Cómo podría interpretarse la cruz de Jesús de tal forma que se viera como la realización de lo que se había pretendido en los cultos del mundo, y especialmente del Antiguo Testamento, como cumplimiento de lo que con frecuencia se había distorsionado y nunca se había llegado a lograr realmente? ¿Qué posibilitó, en suma, una transformación espiritual tan enorme de este aconteci-

---

[8] Gese, *op. cit.,* 105.

miento, que hizo que éste, en apariencia, hecho profano por excelencia se convirtiera en la suma de toda la teología cultual veterotestamentaria? Ya apunté antes la respuesta: Jesús mismo había anunciado su muerte a los discípulos y la había interpretado con las categorías proféticas que le eran ofrecidas, sobre todo, en los cantos del siervo de Dios del Deutero-Isaías. Con ello se estaban evocando ya los motivos de expiación y sustitución, que pertenecen al ámbito mayor del pensamiento cultual. En la estancia de la última cena, Jesús profundiza esto a través de la fusión de teología del Sinaí y teología profética, a partir de las cuales se forma ahora el sacramento en el que asume y anticipa su muerte, y que, al mismo tiempo, actualiza como culto sagrado para todos los tiempos [9]. Sin tal fundamento esencial en la vida y en la actuación del mismo Jesús es impensable la nueva comprensión de la cruz; nadie habría podido interpretar la cruz posteriormente del mismo modo. Así, la cruz se ha convertido en *síntesis de fiestas, días de reconciliación, y pascua del Antiguo Testamento, partida hacia una nueva Alianza* [10].

Así las cosas, puede decirse que la teología de la cruz es teología eucarística y viceversa. Sin la cruz, la eucaristía quedaría convertida en un mero ritual; sin eucaristía, la cruz por

---

[9] He expuesto estas relaciones algo más detenidamente en mi pequeño libro: *Die Vielfalt der Religionen und der Eine Bund* (Hagen 1998), 47-79.

[10] A. Feuillet ha mostrado, en su importante obra *Le sacerdoce du Christ et ses ministres* (Paris 1972), que Jn 17 está enraizado totalmente en la liturgia judía de la fiesta de la reconciliación, especialmente pp. 39-63. El evangelio de Juan se relaciona, en este sentido, con la Carta a los Hebreos, que, asimismo, comprende la cruz de Cristo totalmente desde la liturgia del Yom Kippur. Por otra parte, Juan, al igual que los sinópticos, une la cruz con la liturgia y la teología pascual judía. Th. Maertens, en su obra *Heidnisch-jüdische Wurzeln der christlichen Feste* (del francés; Mainz 1965), muestra en las páginas 59-72 que también se han introducido elementos de la liturgia y de la teología de la fiesta de los tabernáculos en la teología pascual cristiana.

sí sola sería un cruel acontecimiento profano [11]. Con esto se muestra algo más: *la estrecha ligazón entre la existencia vivida y sufrida y las realizaciones cultuales sagradas* De ello resulta, pues, el tercer estrato de la teología eucarística del que tendremos que hablar: cómo la cruz de Cristo otorga a la liturgia eucarística su correspondencia real y la eleva más allá de lo mero simbólico y ritual; cómo la convierte en el verdadero culto del mundo, de tal forma que impulsa una y otra vez a la eucaristía más allá del ámbito meramente cultual, realizándose más allá de éste para que, precisamente así, llegue a ser totalmente ella misma y ella misma permanezca. Tendremos que considerar una lista de textos paulinos en los que el martirio, la vida cristiana y, finalmente, el servicio apostólico particular del anuncio de la fe son descritos con categorías rigurosamente cultuales por tanto, marchar verdaderamente en una línea junto a la cruz misma de Cristo, aparecer como el continuado hacerse real de lo representado en la eucaristía, y, así, mantener también durante todo el tiempo de la Iglesia la imbricación de vida y sacramento que se encuentra en el origen de éste y que, en general, lo constituye como tal. *De esta forma, los tres niveles: teología de la cruz, teología de la*

---

[11] Por eso se ha de criticar el que, cuando en las explicaciones litúrgicas del proceso de formación de la eucaristía se emplean —con razón— presupuestos de las ciencias de la religión, así como también se investigan sus raíces veterotestamentarias y judías, sin embargo, la *cruz*, al no poderse clasificar como un hecho litúrgico, es dejada de lado. Con ello se pierden desde el principio el realismo singular y lo nuevo específico de la liturgia cristiana, que la une, efectivamente de forma inesperada, con las liturgias de las religiones del mundo. ¿A quién se le ocurriría explicar la liturgia de la pascua judía sin partir del acontecimiento fundante expuesto en Ex 12? Desgraciadamente hay que elevar también este reproche contra la interpretación, ejemplar en muchos aspectos, de H. B. Meyer: *Eucharistie. Gottesdienst der Kirche. Handbuch der Liturgiewissenschaft* IV (Regensburg 1989), donde en el pequeño apartado «Zeichen der Lebenshingabe» no figura la palabra cruz (pp. 70s).

eucaristía como sacramento y teología del martirio y del anuncio como teología del sacrificio, forman un conjunto inseparable, y sólo en su mutua correspondencia se aprende a comprender qué significa la eucaristía.

2. LA TEOLOGÍA EUCARÍSTICA EN LA PRIMERA CARTA A LOS CORINTIOS

Por lo que respecta a la teología de la cruz, me conformo con las indicaciones hechas anteriormente; consideremos ahora los otros dos niveles. De nuevo ha de hacerse una elección; para la teología eucarística en sentido estricto quiero limitarme a la primera Carta a los Corintios, que es especialmente fecunda respecto a este tema. Cuatro lugares que vamos a analizar brevemente de forma sucesiva hablan aquí, de manera más o menos expresa y detallada, del sacramento del cuerpo y de la sangre del Señor.

2.1. *1 Cor 5,6: la pascua cristiana*

En primer lugar 1 Cor 5,6-8:

«... ¿No sabéis que una pizca de levadura hace fermentar toda la masa? Haced buena limpieza de la levadura del pasado para ser una masa nueva, conforme a lo que sois, panes sin levadura. Porque Cristo, nuestro cordero pascual, ya fue inmolado; ahora a celebrar la fiesta, pero no con levadura del pasado, no con levadura que es maldad y perversidad, sino con panes sin levadura, que son candor y autenticidad».

Aquí aparecen los dos elementos esenciales de la pascua veterotestamentaria: el *cordero sacrificado* y el *pan ácimo*;

aparece así el *fundamento cristológico* y la *consecuencia antropológica, para la vida* del sacrificio de Cristo. Así como el cordero prefigura a Cristo, el pan se convierte en símbolo de la existencia cristiana. Lo que es ácimo se convierte en signo para el nuevo comienzo: el ser cristiano es representado a partir de la nueva vida como fiesta permanente. Podríamos hablar de una interpretación al mismo tiempo cristológica y existencial de la pascua veterotestamentaria, en la que, de trasfondo, se percibe también la temática del Éxodo: el sacrificio de Cristo viene a ser la apertura y la introducción hacia el interior de una nueva vida, cuya sencillez e integridad se representan en el símbolo del pan ácimo. La traducción alemana, por lo demás, oscurece desgraciadamente un aspecto de la totalidad: donde escribe «suprimid la levadura del pasado» aparece en griego «haced buena limpieza de la levadura del pasado». La antigua categoría cultual de la pureza se convierte ahora en una categoría de vida: no se piensa en purificaciones rituales, sino en la apertura a una nueva vida. La eucaristía misma no es nombrada en el texto, pero sí que se vislumbra como el fundamento vital permanente de los cristianos, como el poder configurador de su existencia. Todo el texto deja muy claro de forma insistente que la eucaristía es mucho más que liturgia y rito, pero también manifiesta, a la inversa, que la vida cristiana es más que esfuerzo moral, que éste vive en lo más profundo de aquel que se ha hecho cordero para nosotros y se ha sacrificado.

2.2. *1 Cor 6,12-19: unirse al Señor*

Para nuestra cuestión es muy importante el segundo texto: 1 Cor 6,12-19, del cual sólo quiero destacar los versículos 15-17:

«¿Se os ha olvidado que sois miembros de Cristo?, y ¿voy a quitarle un miembro al Mesías para hacerlo miembro de una prostituta? ¡Ni pensarlo! ¿No sabéis que unirse a una prostituta es hacerse *un* cuerpo con ella? Lo dice la Escritura: "Serán los dos un solo ser". En cambio, estar unido al Señor es ser *un* Espíritu con él...».

Aquí se encuentra formulado a modo de criterio el contenido más profundo de la piedad eucarística cristiana e, igualmente, se describe el núcleo de la mística cristiana: no se basa en mecanismos humanos de superación o de vaciamiento que buscan tener a todo trance su utilidad; consiste en el «*mysterion*», es decir, en el descenso y la autodonación de Dios que recibimos en el sacramento. Por ello deberíamos recordar que sacramento es la traducción de *mysterion*, y que la palabra «mística» tiene aquí su soporte semántico. Recibir la eucaristía quiere decir según este texto: *fusión de existencias,* profunda analogía espiritual respecto a lo que acontece entre el hombre y la mujer cuando llegan a ser uno a nivel físico, psíquico y espiritual. Se cumple aquí el sueño de la fusión de divinidad y humanidad, de hacer saltar los límites de la criatura —ese sueño, que recorre toda la historia de la humanidad y que se esconde también, en versiones profanas, en las ideologías ateas de nuestro tiempo, así como en los excesos embriagadores de un mundo sin Dios, es soñado de nuevo—. Los intentos prometeicos del hombre de superar él mismo los límites, de construir por su propia capacidad la torre en la que pueda ascender hasta el ser de Dios, terminan siempre necesariamente en caída y desengaño, sí, en desesperación. *La fusión ha sido posible porque Dios ha descendido en Cristo, ha asumido él mismo los límites del ser humano, ha padecido y, en el amor infinito del crucificado, ha echado abajo la puerta de lo infinito.* El *telos* más profundo y propio de la creación y, correspondientemente, del ser humano querido por el Creador es justamente este *llegar a ser* Dios todo en todo». El *eros* de la criatura es tomado por el *ágape* del Creador y, así, llevado hacia aquel plenificador abrazo sagrado del que habla san Agustín. La Carta a los Efesios ha tomado las ideas de este lugar de 1 Corintios y las ha desarrollado. Cita la profecía de Adán de llegar a ser una sola carne íntegra entre hombre y mujer y, al igual que la visión del misterio contenida al comienzo de la humanidad y, al mismo tiempo, permanentemente actuante, el *eros* entre hombre y mujer constituye para ello la analogía real fundamental [12].

Todavía hay algo importante en este texto de 1 Corintios para nuestra cuestión: aquí nos encontramos igualmente con el punto de partida de la denominación de la *Iglesia como cuerpo de Cristo*, con el entrelazamiento de eucaristía y eclesiología. El discurso sobre la Iglesia como cuerpo de Cristo es más que cualquier tipo de comparación tomada de la sociología antigua entre un cuerpo real y una corporalidad de muchos hombres. La expresión tiene su fundamento en el sacramento del cuerpo y la sangre de Cristo, y de ahí que sea más que una imagen, expresión de la verdadera naturaleza de la Iglesia. *En la eucaristía recibimos el cuerpo del Señor y seremos así un solo cuerpo con él;* todos nosotros recibimos el mismo cuerpo y de ahí que lleguemos a ser incluso «uno en Cristo» (Gál 3,28). La eucaristía nos conduce fuera de nosotros mismos hacia el interior de él, de tal forma que podemos decir con Pablo: ya no vivo yo, vive en mí Cristo (Gál 2,20). Yo ya no soy yo, un nuevo Yo mayor se forma que se llama el cuerpo del Señor, la Iglesia. *La Iglesia se construye en la eucaristía; sí, la Iglesia es eucaristía. Comulgar quiere decir llegar a ser*

---

[12] Cf. H. Schlier, *Der Brief an die Epheser* (Düsseldorf ²1958) 252-280, esp. el gran excursus «Hieros Gamos», 264-276.

Iglesia porque significa llegar a ser un solo cuerpo con Él. Desde luego que este «ser un solo cuerpo» hay que interpretarlo en el sentido del ser uno de hombre y mujer: una carne y de hecho dos, dos y de hecho una. La diferenciación no es superada, pero sí asumida en una unidad mayor.

2.3. 1 Cor 10,1-22: un cuerpo en Cristo, pero ninguna certeza salvífica mágica

La mismas ideas vuelven a aparecer en el tercer texto eucarístico de la primera carta a los Corintios, en 10,1-22, siendo aquí de nuevo profundizadas y, al mismo tiempo, completadas. En la segunda parte del texto se contrapone la eucaristía a los sacrificios idolátricos: quien sacrifica a los ídolos se hace uno con ellos, se entrega a ellos, pertenece, en definitiva, a su ámbito y a su poder. Es cierto que dioses como tales no existen, pero sí poderes que endiosamos y sometiéndonos de esta forma a ellos, dejándonos guiar y configurar por ellos. Así como el servicio a los ídolos nos inserta en el espacio de poder de los falsos ídolos, de forma análoga y totalmente contraria ocurre en el sacrificio de Cristo:

> «El pan que partimos ¿no significa solidaridad con el cuerpo del Mesías? Como hay un solo pan, aun siendo muchos formamos un solo cuerpo, pues todos y cada uno participamos de es único pan» (10,16s)».

De nuevo aparecen fundidas entre sí la piedad eucarística y la piedad eclesial: *el pan uno nos hace un solo cuerpo; la Iglesia no es justamente otra cosa que la unidad de los muchos en el único y por el único Cristo resultante de la comunión eucarística.*

Esta sección de la carta de Pablo, en la que aparecen la esperanza y la dimensión de la existencia cristiana, está precedida por una pequeña catequesis que subraya *el peligro del hombre cristiano*. Podemos ser breves en la presentación porque el contenido esencial del texto se inscribe en la interpretación del cuarto testimonio eucarístico de nuestra carta. Pablo compara a los cristianos con la generación israelita del desierto, de la cual dice que todos gustaron la misma comida espiritual, bebieron la misma bebida espiritual que provenía de la roca espiritual que les seguía. «La roca representaba al Mesías» (10,4). Y sin embargo, prosigue Pablo, «la mayoría no agradó a Dios, y la prueba es que fueron abatidos en el desierto». Pablo aplica esto a los cristianos: si ellos —al igual que la generación israelita del desierto— tientan a Dios o murmuran contra él, se encontrarán en el mismo peligro. Tres cosas son importantes aquí. Por una parte, Pablo habla de la actualidad universal de Cristo: él también caminó por el desierto con Israel, y, de forma misteriosa, les ha dado de comer y de beber el Espíritu Santo: se les ha dado sacramentalmente, es decir, ofrecido en comida y bebida externas. El segundo aspecto importante es que la existencia del cristiano, de la Iglesia, es caracterizada como peregrinación. La teología del pueblo de Dios peregrinante, que aquí no tiene «ciudad estable», sino que sólo haciendo camino se encuentra en la tierra futura, en lo propio, tiene aquí un punto de apoyo fundamental. La eucaristía es alimento para la peregrinación, Cristo la roca espiritual que camina con nosotros. Y finalmente, de esto resulta lo tercero: la eucaristía no otorga una certeza salvífica cuasi-mágica; siempre reclama nuestra libertad. Y, por ello, siempre existe el peligro de la pérdida de la salvación, persiste la mirada necesariamente hacia el juicio futuro.

2.4. 1 Cor 11,17-33: la institución de la eucaristía y su correcta celebración

Con ello llegamos al último y más importante texto eucarístico de la primera carta a los Corintios, que comprende, al mismo tiempo, el relato paulino de la institución de la eucaristía: 11,17-33. Aquí es importante, en primer lugar, la *relación de eucaristía y asamblea,* con lo cual recordaremos que, desde el Antiguo Testamento, el término *ecclesia* / iglesia es la expresión clásica para la asamblea del pueblo de Dios, cuyo prototipo y criterio era la asamblea del Sinaí, la asamblea a los pies del Dios que habla, cuya palabra convoca y reúne a los hombres. Pero la asamblea del Sinaí va más allá de la palabra: en el acuerdo de la alianza une a Dios y al hombre de una forma representada simbólicamente como comunidad de sangre, parentesco de sangre, que es el núcleo de la «alianza». Porque la eucaristía es la Nueva Alianza, por eso es la asamblea renovada del Sinaí, por ello crea al pueblo de Dios a partir de la palabra, del cuerpo y la sangre de Cristo. Pero vayamos por partes. La eucaristía reúne, crea comunidad de cuerpo y de sangre de los hombres con Jesucristo, así como con Dios y los hombres entre sí. Pero para que esta posibilidad mayor de reunión pueda tener lugar ha de preceder, por así decirlo, un nivel más sencillo de asamblea: los hombres tienen que salir de su mundo privado y reunirse entre ellos. El reunirse de los hombres a la llamada del Señor es la condición para que el Señor pueda convocarlos a ellos mismos en una nueva forma de asamblea. La mirada del Apóstol está orientada aquí en primer lugar hacia la comunidad local de Corinto, que perdió el verdadero sentido de asamblea, mientras que en el ser unos para otros los grupos permanecen, sin embargo, separados. Pero el horizonte se extiende desde lo local hacia toda la Iglesia: *todas las asambleas eucarísticas juntas son una sola asamblea, porque el cuerpo de Cristo es sólo uno y, por ello, el pueblo de Dios sólo puede ser* uno. Por eso, la exhortación para una comunidad local vale para todas las comunidades de la Iglesia al completo: tienen que celebrar la eucaristía de tal forma que se reúnan en ella todos juntos, desde Cristo y por Cristo. Quien no celebra la eucaristía con todos sólo consigue una caricatura de eucaristía. *La eucaristía, o se celebra con el Cristo uno y, desde aquí, con toda la Iglesia, o no se celebra en absoluto.* Quien sólo busca en la eucaristía su propio grupo, quien en ella y por ella no entra en la Iglesia toda y no supera lo propio, hace exactamente lo que les es censurado a los corintios. Se sitúa, por decirlo de algún modo, dando la espalda a los otros y destruye con ello la eucaristía para sí mismo y la dificulta para los otros. Sólo obtiene, pues, su propia comida y desprecia a la Iglesia de Dios (1 Cor 11,21s). Cuando la asamblea eucarística conduce, primeramente, fuera del mundo hacia la «estancia superior», hacia el espacio interior de la fe, como hemos visto, entonces esta estancia superior se convierte en el espacio de un encuentro universal de todos los que creen en Cristo más allá de todas las fronteras, y se convierte así en el lugar del cual tiene que surgir un amor universal que supera todas las fronteras: cuando otros pasan hambre no podemos vivir en la opulencia. La eucaristía se extiende totalmente, por una parte, hacia el interior y hacia arriba, pero sólo desde la profundidad de lo interior y de la altura de lo que verdaderamente está arriba proviene la fuerza que supera las fronteras y transforma el mundo.

Tendremos que volver sobre esto. En primer lugar consideremos todavía las implicaciones de la asamblea. El ir unos con otros en la comunidad de la celebración litúrgica cristiana no presupone todavía para Pablo un lugar sagrado exterior; esto no hubiera sido posible bajo las condiciones de la cristiandad que está formándose. Pero conlleva, sin embargo, la separación de lo sagrado de lo profano. La comida profana y la eucaristía son diferenciadas claramente. «¿No tenéis casas para comer y beber?» (v. 22). «Si uno está hambriento, que coma en su casa, para que vuestras reuniones no acaben con una sanción» (v. 34). *En la eucaristía la gloria de Dios se introduce en medio de nosotros.* Así, ella misma constituye el espacio de lo sagrado y exige de nosotros respeto ante el misterio del Señor. A comienzos del siglo II en la *Didaché*, a la distribución de los dones sagrados precede ya la advertencia: «Quien sea santo, ¡ése debe acercarse! Quien no lo sea ha de hacer penitencia» (X, 6)[13]. En apoyo del encargo de Jesús de reconciliarse antes del sacrificio, dice el texto: «Cuando estéis reunidos (συναχθέντες), partid el pan y dad gracias después de que hayáis confesado previamente vuestras infracciones, para que *vuestro sacrificio sea puro*. Que nadie que tenga una disputa con su prójimo se reúna con vosotros hasta que se hayan reconciliado de nuevo, para que *vuestro sacrificio no sea impuro*. Sobre esto el Señor ha dicho: «En todo lugar y tiempo me es ofrecido un sacrificio puro, pues yo soy un gran rey, dice el Señor, y mi nombre es admirable entre los pueblos» (XIV,1-3)[14]. Estas normas litúrgicas transpiran espíritu paulino. *Reunirse significa reconciliarse con los hombres y con Dios.* La conciencia de que un lugar es sagrado porque el Señor está entre nosotros tendría que hacer surgir entre nosotros nuevamente, aquella conciencia que estremeció a Jacob cuando se despertó de la visión que se le había permitido tener, en la cual, sobre la piedra en la que dormía se había extendido una escalera sobre la que los ángeles de Dios subían y bajaban: «Lleno de reverencia, añadió: "Qué terrible es este lugar: es nada menos que la morada de Dios y

---

[13] *Didaché. Doctrina de los doce apóstoles* (*Fontes Christiani* 1, 124-127).
[14] *Ibíd.*, 132-135.

la puerta del cielo" (Gn 28,17)». La veneración es una condición fundamental de la eucaristía verdadera, y precisamente porque Dios se ha hecho tan pequeño y humilde, se nos ha entregado y se da en nuestras manos, nuestra veneración tiene que aumentar y no nos debe tentar ni la pérdida de memoria ni el enseñoramiento. Si reconocemos que Dios existe y nos comportamos según ello, entonces también los otros pueden descubrirlo en nosotros, como los enviados del príncipe de Kiev que experimentaron el cielo en medio de la tierra.

El auténtico relato de la última cena es introducido por Pablo con casi las mismas palabras con las que también presenta el mensaje de la resurrección (15,1ss): «Lo que os transmití fue, ante todo, lo que yo había recibido».

La estructura del recibir, entregar y transmitir está formulada por Pablo en este relato central de la fe con gran rigor. En la doctrina eucarística y respecto al mensaje de la resurrección se sitúa con toda firmeza en la *obediencia a la tradición*, que le une hasta con las palabras propias, porque en ellas lo sagrado y lo propio que conlleva viene a nosotros. San Pablo, espíritu creador impetuoso que, desde su encuentro con el Resucitado y a partir de la experiencia de su fe y su servicio ha abierto el cristianismo a nuevos horizontes, es, en el relato central de la fe, el verdadero administrador que no «trafica» (2 Cor 2,17) con la palabra, sino que la transmite como don precioso de Dios, que ha retirado *nuestra arbitrariedad*, y, precisamente así, nos ha enriquecido a todos. La eucaristía nos une al Señor, y justamente por ello actúa de tal forma que une a él. Sólo así seremos libres de nosotros mismos. Por eso son falsas y profundamente opuestas al mensaje bíblico las especulaciones cuando hoy se nos dice que los dones del espacio mediterráneo fueron el pan de trigo y el vino, y que, entonces, en otras culturas deberían cambiarse como materia del sacramento por lo que fuese característico de esa cultura. La encarnación, a la que se alude con ello, no es, sin embargo, algún tipo de principio general filosófico, según el cual, lo espiritual habría de expresarse siempre materializado y, respectivamente, dependiendo de las situaciones. La encarnación no es una idea filosófica, sino un acontecimiento histórico que precisamente en su unicidad y en su verdad es la irrupción de Dios en la historia y el lugar de nuestro contacto con él. Cuando se trata, como le corresponde según la Biblia, no como principio, sino como acontecimiento, entonces, la conclusión final es exactamente la contraria: Dios mismo se ha comprometido con un punto histórico totalmente determinado, con todas sus limitaciones, y quiere que su humildad sea la nuestra. Dejarse asociar a la encarnación significa asumir esta auto-unión de Dios: precisamente estos dones extraños a otros espacios culturales —también a los germánicos— serán para nosotros el signo de su actuación única y singular, su figura histórica única. Son el signo de su volverse a nosotros, que para nosotros es el extraño y que se hace cercano a nosotros a través de sus dones. La respuesta al descenso de Dios sólo puede ser la obediencia humilde que en la tradición recibida y en la fidelidad a ella recibe como regalo la certeza de su cercanía.

No quiero entrar aquí en una interpretación del relato de la institución; esto superaría los límites de mi exposición. Hemos visto ya que las palabras de la institución son teología de la cruz y teología de la resurrección, descienden a lo interno del acontecimiento histórico, ascienden hacia la interioridad de Jesús que rebasa el tiempo, de tal forma que este interior esencial del acontecimiento se extiende ahora hacia el interior del acontecimiento en todos los tiempos: este interior se convierte ahora en el punto en el que el tiempo se abre hacia la eternidad de Dios. Por eso, la «memoria» celebrada en la eucaristía es más que un recuerdo de lo que ha sido: es un *introducirse en aquel interior que ya no pasa*. Y, por ello, también el «anuncio» de la muerte de Cristo es más que una mera palabra; es una *proclamación que conlleva una realidad*. En las palabras de Jesús confluyen, como ya vimos, todas las corrientes del Antiguo Testamento —ley y profetas— hacia una nueva unidad antes no vista. Las palabras que sólo aguardaban a su portador, como el canto del Siervo de Yahvé, se harán realidad. Podemos incluso continuar todavía y decir: finalmente se encuentran aquí una tras otra todas las grandes corrientes de la historia de las religiones, pues el más profundo saber de los mitos había sido que el mundo se había hecho sobre el sacrificio, y, de algún modo, frecuentemente entre oscuras sombras, se había enseñado que entonces, al final, Dios mismo tuvo que hacerse víctima, para que así el amor venciese sobre el odio y la mentira [15]. El Apocalipsis, con su visión de la liturgia cósmica, en cuyo centro se encuentra el cordero, ha reproducido el contenido esencial del sacramento eucarístico de una gran forma, según la cual tiene que medirse toda liturgia local. Lo esencial de la liturgia eucarística es, según el Apocalipsis, su participación en la liturgia celestial; de aquí proviene necesariamente su unidad, su catolicidad y su universalidad [16].

Tras el relato de la institución, Pablo vuelve otra vez sobre el tema de la no-profanidad, de la sacralidad de la celebración cristiana, e insiste en el examen personal que tienen que hacer los que se acercan a la comunión: «Porque quien come y bebe sin discernir el cuerpo del Señor, come y bebe su propia condenación» (v. 29).

---

[15] Cf. a este respecto el mito veda de Purusa: a partir del sacrificio del gigante primordial Purusa surge la creación; el mundo descansa sobre el sacrificio. Ver J. Gonda, *Die Religionen Indiens* I. *Veda und älterer Hinduismus* (Stuttgart 1960) 187s.
[16] Cf. J. Ratzinger, *Ein neues Lied für den Herrn* (Freiburg 1995) 165ss.

Quien quiere un cristianismo sólo como mensaje de alegría en el que no debe darse la amenaza del juicio lo adultera. La fe no confirma la altanería de la certeza que dormita, el enseñoramiento de aquellos que convierten sus propios deseos en norma de su vida, y que, con ello, refunden la gracia en una depreciación de Dios y del hombre, porque Dios, de todos modos, sólo puede y debe decir que sí a todos. Sin embargo, los hombres que sufren y que luchan están seguros de que «por encima de nuestra conciencia está Dios» (1 Jn 3,20) y de que en todo fallo debo tener plena confianza, pues Cristo ha sufrido también por mí y ha pagado por mí por adelantado.

3. Martirio, vida cristiana y servicio apostólico como realización de la eucaristía

Tras este intento de estudiar a grandes líneas la dimensión propiamente sacramental de la teología eucarística del Nuevo Testamento, y concretamente en la primera carta a los Corintios, tenemos que echar una mirada, al menos brevemente, al tercer nivel, que yo he querido llamar «existencial», para extraer conclusiones finales para el tema eucaristía y misión. Quiero presentar tres textos: Flp 2,17, después del cual aludiremos otra vez brevemente 2 Tim 4,6; y, además, Rom 12,1 y 15,16.

3.1. *El martirio como el hacerse eucaristía del cristiano*

En la carta a los Filipenses, Pablo, que está en prisión y aguarda su proceso, habla de la posibilidad del martirio, y lo hace, asombrosamente, en lenguaje litúrgico:

«Y aun suponiendo que mi sangre haya de derramarse, rociando el sacrificio litúrgico que es vuestra fe, yo sigo alegre y me asocio a vuestra alegría...».

La muerte testimonial del apóstol tiene *carácter litúrgico*, es un vaciamiento de la vida como don sacrificial, un dejarse-vaciar-a sí mismo por los hombres [17]. En ello consiste el *identificar*se con la donación de Jesucristo, con su gran acto de amor que, como tal, constituye la verdadera adoración de Dios. El martirio del apóstol participa del misterio de la cruz de Cristo y de su dignidad teológica. Se hace liturgia viva que es reconocida en la fe como tal, y es ella misma servicio para la fe. Porque es liturgia real, por eso origina también aquello hacia lo que tiende toda liturgia: alegría, aquella alegría que sólo puede surgir del contacto entre Dios y hombre, del desbordamiento de la existencia terrena.

Lo que Pablo quiere significar aquí en una única y breve frase está reflexionado hasta el final en el relato sobre el *martirio de san Policarpo*. Todo el martirio es descrito como liturgia, como el hacerse eucaristía del mártir, que se introduce en la comunión plena con la pascua de Jesucristo, y, así, se hace eucaristía con él. Primero se cuenta cómo es encadenado el gran obispo y cómo le atan las manos a la espalda. De esta forma parecía «un noble *morueco (cordero)* que es conducido desde el gran rebaño hacia Dios, *una ofrenda agradable a Dios, dispuesta para él»*. El mártir, que entre tanto es colocado y atado sobre la pila de leña, entona una especie de alabanza: da gracias por el conocimiento de Dios que ha podido compartir a través

---

[17] Cf. P. Bonnard, «Mourir et vivre avec Jesus-Christ selon Saint Paul»: «Revue d'histoire et de philosophie religieuse» 36 (1956) 101-112.

de su querido Hijo Jesucristo. Alaba a Dios porque ha sido honrado con la participación del cáliz de Jesucristo para obtener la resurrección. Finalmente, pide con palabras del libro de Daniel, que muy pronto fueron asumidas en la liturgia cristiana, «ser presentado hoy ante ti como *víctima pingüe y agradable...*». El texto termina con una gran doxología, como lo hacen las oraciones litúrgicas. Una vez que Policarpo pronunció el amén, los siervos prendieron fuego a la pila de leña y, en este momento, se narra un triple milagro en el que se presenta una vez más el carácter litúrgico del acontecimiento en su diverso significado. En primer lugar, el fuego toma la forma de una vela que rodea al santo por todas partes. La pila de madera ardiendo aparece como un barco con las velas hinchadas que lleva al mártir más allá de los límites de la tierra hacia los brazos de Dios. Su cuerpo en llamas, sin embargo, no parecía, así se dice, carne quemada, sino *pan horneado*. Y, finalmente, no despide el olor de la carne quemada, sino que los presentes percibieron un dulce aroma, «como de incienso o aromas exquisitos». El *buen olor* corresponde tanto en el Antiguo como en el Nuevo Testamento a los elementos fijos de la teología del sacrificio. Para Pablo, este buen olor es expresión de una vida purificada de la que ya no emana el hedor de la mentira y de la corrupción, el olor putrefacto de la muerte, sino el aire refrescante de la vida y del amor, la atmósfera que es adecuada a Dios y salva a los hombres. Así, la imagen del buen olor va unida a la del hacerse pan: el mártir se ha hecho como Cristo; su vida se ha convertido en ofrenda. De él no viene el veneno de la descomposición de los que están vivos por el poder de la muerte, de él surge la fuerza de la vida, él crea la vida como el pan bueno que nos permite vivir. La introducción en el cuerpo de Cristo ha vencido al poder de la muerte: el mártir vive y da vida, justamente por su muerte, y, así, él mismo es introducido en el misterio eucarístico. El martirio es fuente de la fe [18].

La representación de esta teología eucarística del martirio que se ha hecho más popular la encontramos en la historia de san Lorenzo y su muerte en la parrilla, que ya en época temprana fue considerada como imagen de la existencia cristiana en general: los apuros de la vida pueden llegar a ser para algunos fuego purificador que nos transforma en el día a día, de tal forma que nuestra vida sea don para Dios y para los hombres. En nuestro tiempo el martirio de san Maximiliano Kolbe se ha convertido en el ejemplo más recurrente de todo esto. Él muere por los otros; muere entre himnos de alabanza; es quemado y vaciado: toda su vida es disuelta, y precisamente así se culmina la entrega, el deshacerse de sí: el que se reserva, se pierde, pero el que se da, se encuentra...

3.2. *El culto conforme al logos: la vida cristiana como eucaristía*

Escuchemos finalmente los dos magníficos textos de la carta a los Romanos que antes mencioné. En 12,1 el apóstol exhorta a los romanos a ofrecer su cuerpo, esto es, a ellos mismos, «como sacrificio vivo, consagrado y agradable a Dios, como vuestro culto auténtico».

Contemplemos primeramente la última expresión algo más de cerca, porque propiamente es intraducible. En griego está escrito λογικὴ λατρεία – culto conforme al Logos. Ésta es una expresión forjada en el espacio de encuentro entre la

---

[18] Texto bilingüe greco-alemán en A. Lindmann-H. Paulsen, *Die Apostolischen Väter* (Tübingen 1992) 258-285; cf. también G. Buschmann, *Das Martyrium des Polykarp* (Göttingen 1998) (*Kommentar zu den Apostolischen Vätern*, Bd 6).

piedad judía y la griega, aproximadamente en el tiempo de Cristo [19]. Frente al sacrificio ritual externo de animales y cosas, se dice ahora —tras la constructiva experiencia del tiempo del exilio de Israel— que el verdadero sacrificio para Dios es la interioridad del hombre, que se convierte en sí mismo en adoración. La palabra es la víctima, el sacrificio ha de ser oral (logikon), pero se piensa naturalmente en la palabra en la que se resume y se expresa todo el espíritu del hombre. En la mística griega del primer siglo después de Cristo creció la idea de que el *Logos divino reza en el hombre mismo*, y así introduce al hombre en su propia pertenencia a Dios [20]. Encontramos la misma expresión también en el canon romano, donde directamente antes de la consagración se reza para que nuestro sacrificio sea *rationabilis*. Sí que es equivocado, al menos, traducirlo por: «para que sea razonable». Antes bien pedimos para que sea un sacrificio conforme al Logos. En este sentido pedimos por la conversión de los dones, y tampoco

---

[19] El artículo clásico de O. Casel, «Die λογικὴ λατρεία der antiken Mystik in der christlichen Umdeutung»: «JWL» 4 (1924) 37-47, suprime —en consonancia con la tendencia fundamental contrapuesta más bien negativa de Casel respecto al Antiguo Testamento— totalmente este concepto de la procedencia greco-helenista. No es ciertamente una casualidad, que idea y concepto aparezcan primeramente en el espacio de encuentro entre judaísmo, helenismo y cristianismo, como puede verse en Filón, en las Odas de Salomón y las oraciones judías de los libros 7 y 8 de las Constituciones Apostólicas. De hecho, la idea como tal había sido ya madurada en el interior del Antiguo Testamento: hay que pensar en Os 14,3, en Sal 50 (49), 8-14: «No aceptaré un novillo de tu casa ... Si tuviera hambre no te lo diría ... ¿Comeré yo carne de toros, beberé sangre de machos cabríos? Sea tu sacrificio a Dios confesar tu pecado». Sal 51 (50), 18s: «Los sacrificios no te satisfacen... Sacrificio para Dios es un espíritu contrito». Sal 68 (67), 31s; Sal 119 (118), 108: «Acepta, Señor, los votos que pronuncio». Se puede decir fundamentalmente que el concepto sacrificio-oral se debe al Antiguo Testamento y, de esta forma, deja abierta la puerta para el concepto cristiano de sacrificio, así como para nuevos desarrollos en el encuentro con el espíritu griego.

[20] Cf. los textos y su interpretación en H. Schlier, *Der Römerbrief, op. cit.*, 356ss.

sólo por esto, sino que la petición va en la dirección que piensa la carta a los Romanos: pedimos para que el Logos, Cristo, que *es* el verdadero sacrificio, nos incluya a nosotros mismos en su sacrificio, nos haga «logos», nos haga «conformes a la palabra», verdaderamente más razonables, de tal forma que su sacrificio sea el nuestro y sea tomado por Dios como nuestro, se nos pueda imputar. Pedimos que su actualidad nos lleve consigo, de tal forma que lleguemos a ser con él «un cuerpo y un espíritu»[21]. Pedimos para que su sacrificio no nos sea presente sólo de forma externa, y parezca, por decirlo así, un sacrificio material que, entonces, nosotros podríamos considerar como el sacrificio real de otros tiempos. De esta forma no seríamos concernidos en absoluto por la Nueva Alianza. Pedimos, sobre todo, que nosotros mismos lleguemos a ser con Cristo eucaristía y, así, seamos agradables a Dios. Lo que Pablo dice en la primera carta a los Corintios sobre la adhesión al Señor a través de llegar a ser nosotros con él una única existencia espiritual, eso precisamente es lo que quiere decirse.

Estoy convencido de que el canon romano, con su petición, ha acertado también con la verdadera intención de la exhortación paulina de Rom 12. La aplicación del lenguaje cultual a la vida cristiana no es una alegoría moralizante; no es indiferente a la cruz y a la eucaristía, sino que sólo se entiende correctamente cuando es leído a la luz de la teología de la cruz y de la eucaristía. Para ello son importantes las correcciones que se hacen a la mística helena y que nos permiten reconocer la verdadera naturaleza de la mística cristiana. La *identifica*ción mística en la que se funden el Logos y la interioridad del hombre es desbordada por una mística cristológica: *el Logos, que es el Hijo, nos hace hijos en la*

---

[21] Cf. J. A. Jungmann, *Missarum sollemnia*, II (Freiburg 1952) 236s.

comunión sacramental viva. Y cuando nosotros nos hacemos sacrificio, nos hacemos conformes al Logos; esto no es un acontecimiento limitado al espíritu, que deje al cuerpo tras de sí como algo lejano a Dios. El Logos mismo se ha hecho carne, se nos da en su cuerpo. Por eso somos exhortados *a ofrecer nuestros cuerpos como culto conforme al Logos, es decir, con nuestra entera existencia corporal incluidos en comunión corporal con Cristo, en comunidad de amor con Dios*[22].

Parece que en los siguientes versículos Pablo dice: significa nuestra «metamorfosis», nuestra transformación más allá de los esquemas del mundo, a partir de la participación en aquello que «se» piensa, dice y hace según la voluntad de Dios. De esta forma entramos dentro de lo que es bueno, agradable a Dios y pleno. La conversión de los dones que han de extenderse sobre nosotros —así el canon romano según la carta a los Romanos— tiene que llegar a ser un proceso de transformación para nosotros mismos: más allá de la estrecha voluntad personal hacia la unidad con la voluntad de Dios. La voluntad personal, sin embargo, es, en realidad, sumisión a los esquemas de un tiempo y esclavitud frente a la apariencia; la voluntad de Dios es verdad y, por ello, el entrar en Él supone la irrupción de la libertad. No creo que sea

---

[22] Cf. H. Schlier, *loc. cit.*, 355s. Muy aclaradora es la interpretación de Rom 12,1-2 del comentario de E. Peterson editado ahora definitivamente por B. Nichtweiss y F. Hahn: *Der Brief an die Römer*, Schriften Bd 6. (Würzburg 1997) 331s. Peterson subraya enérgicamente la relación con la muerte en cruz de Cristo entendida como acto cultual, así como el significado cultual de todo el versículo. Resalta también la polémica implícita respecto al sacrificio de animales: «... el que sacrifica su cuerpo, sacrifica conforme al logos, como el que ofrece animales a Dios» (332). Subraya, finalmente, a partir de aquí, la constitución y determinación del culto cristiano según el Logos, lo que el autor llama *Logos-Charakter* respecto del culto cristiano: «En ello puede reconocerse la caracterización de la fe cristiana según el Logos (*Logos-Charakter*) frente a todo racionalismo».

casualidad que en los siguientes versículos 4 y 5 se hable de que *todos nosotros* hemos de ser *un cuerpo* en Cristo. *Los cuerpos, es decir, los hombres mismos, serán eucaristía, ya no estarán unos junto a otros, sino que serán uno con y en un único cuerpo y en el único Cristo vivo.* Así, aparece claramente el trasfondo eclesiológico y eucarístico de todo este orden de ideas.

3.3. *La misión como servicio de la liturgia cósmica*

Para nuestra cuestión sobre la eucaristía y la misión es aún más importante el último texto que tenemos que abordar, Rom 15,16. Pablo justifica ahora su atrevimiento de escribir una carta a los romanos, cuya comunidad, ni la ha fundado él, ni la conoce de cerca. El motivo que Pablo aduce aquí para la carta a los Romanos es profundamente rico: su comprensión del ministerio apostólico, del encargo apostólico que le ha llegado, aparece aquí de una forma tan profunda como no figura en ningún otro lugar tan claramente, a pesar de todas las grandes declaraciones sobre el apostolado. Pablo dice que él ha escrito la carta, «para ser celebrante del Mesías Jesús para con los paganos: mi función sacra consiste en anunciar la buena noticia de Dios, para que la ofrenda de los paganos, consagrada por el Espíritu Santo, le sea agradable» (15,16).

La carta a los Romanos, su palabra escrita y, por tanto, para anunciarla, es una misión apostólica; aún más: es un acontecimiento litúrgico, cultual. Lo es porque ayuda a convertirse al mundo de los gentiles, que, como humanidad renovada, se convertirá en liturgia cósmica, en la que la adoración de la humanidad llegará a ser esplendor de la gloria de Dios. Cuando el apóstol transmite el Evangelio a través de la carta, no quiere decir que se trate de propaganda religiosa o filosófica, como tampoco de una misión social ni de una empresa personal carismática, sino, como Heinrich Schlier expresa, «realización del mandato autorizado, legitimado y delegado en el apóstol por Dios». Es una acción sacrificial sacerdotal, el desempeño de un servicio escatológico: cumplimiento y consumación del culto sacrificial veterotestamentario. Pablo se presenta en este versículo, como dice Schlier de nuevo, «como sacerdote sacrificial del cosmos escatológico»[23].

Al presentar el martirio en la carta a los Filipenses como acontecimiento litúrgico y situarla en relación con la teología de la cruz y con la teología eucarística, y al decir lo mismo de Rom 12 acerca de la vida cristiana como tal, aparece ahora, de esta forma, el servicio apostólico específico del anuncio de la fe como acción sacerdotal, como realización de la nueva liturgia universal abierta al mundo fundada por Cristo. La relación con la pascua de Jesucristo y su actualidad en la Iglesia a través de la eucaristía no se puede reconocer aquí directamente; y no puede deducirse de aquí. Finalmente, aquí es irrenunciable también como fundamento espiritual, la «adhesión al Señor», que nos une con él en una existencia corpóreo-espiritual. Pues, sin esa real cohesión cristológica todo caería, precisamente, en una mera comunión del pensar, del querer y del hacer, reducido por tanto a unas referencias morales y racionales. A lo que Pablo quiere hacer frente a través del discurso litúrgico, con

---

[23] Schlier, *op. cit.*, 430s; Peterson, *op. cit.*, 367 se refiere a la relación del texto con Is 66,20: «Y de todos los países, como ofrenda al Señor, traerán a todos vuestros hermanos». Peterson añade: «Pablo se siente como el ejecutor de esta promesa hecha para el final de los tiempos». También hay una referencia a Is 66,20 en J. A. Fitzmyer, *Romans* (Doubleday, 1993) 712. Fitzmyer subraya también la relación con Flp 2,17 y Rom 12,1.

el cual muestra que la misión es más que esto, que está fundada sacramentalmente, que es un hacerse uno con Jesucristo sacrificado y vivo eternamente por la resurrección. De esta forma son asumidas y profundizadas las ideas que surgieron de la reflexión sobre Rom 12. La eucaristía, que simplemente permanecía frente a nosotros, habría sido desplazada a una cosificación, y no se alcanzaría la verdadera dimensión cristiana. Y viceversa: una existencia cristiana que no participara de la pascua del Señor, que no fuese ella misma eucaristía, se quedaría en un moralismo de nuestro actuar, y, de esta forma, se perdería la totalidad de la nueva liturgia establecida por la cruz. Así, la obra misionera del apóstol no se encuentra junto a la liturgia, sino que ambas conforman una totalidad de muchas dimensiones.

4. Consideración final: la eucaristía como origen de la misión

¿Qué significa esto, en definitiva, para la relación de eucaristía y misión? ¿En qué sentido se puede caracterizar la eucaristía como origen de la misión? Como hemos visto, no se puede decir en el sentido de que la eucaristía fuese una forma de campaña publicitaria a través de la cual se busca ganar personas para el cristianismo. Cuando esto se hace se pierde tanto la eucaristía como la misión. Antes, podemos entender la eucaristía (si la palabra puede entenderse) como centro místico del cristianismo, en la que Dios, misteriosamente, sale de sí mismo una y otra vez y nos acoge en su abrazo. La eucaristía es el cumplimiento de las palabras de promesa del primer día de la gran semana de Jesús: «Cuando yo sea levantado de la tierra, atraeré a todos hacia mí» (Jn 12,32). De ahí que la misión sea más que propaganda de unas determinadas ideas o publicidad para una comunidad concreta; para que provenga de Dios y conduzca a él tiene que surgir de una profundidad mayor que la de los planes activos y las acciones estratégicas formadas por ellos. Tiene que tener un origen que sea más profundo y más alto que la publicidad y la persuasión. «No la obra de la persuasión, sino algo realmente grande es el cristianismo», dice una vez bellamente Ignacio de Antioquía (Rom 3,3). La forma y la manera como santa Teresa de Lisieux es patrona de la misión nos puede ayudar a entender en qué sentido se piensa esto. Teresa jamás pisó una tierra de misión, nunca pudo ocuparse directamente de actividades misioneras. Pero ella comprendió que la Iglesia tiene un corazón, y que ese corazón es el amor. Comprendió que los apóstoles no pueden seguir evangelizando y que los mártires no pueden seguir derramando su sangre si ese corazón no sigue encendido. Comprendió que el amor lo es todo, que supera el tiempo y el espacio. Y entendió que ella misma, la monjita, tras las verjas de un Carmelo en una ciudad de una provincia francesa podía estar presente en todos sitios, porque ella, como enamorada, estaba con Cristo en medio de la Iglesia [24]. El cansancio de la misión en los últimos treinta años, ¿no reside precisamente en que sólo hemos pensado en las acciones externas y nos habíamos olvidado de que toda esa actuación tiene que alimentarse de un núcleo *más profundo*? Ese núcleo, al que Teresa llama sencillamente «*corazón*» y «*amor*», es la *eucaristía*. Porque ella no sólo es la actualidad permanente del amor humano-divino de Jesucristo, que constituye siempre el origen de la Iglesia, sin el cual se hunde y sería vencida por las puertas de la muerte. Ella, como presencia del

---

[24] Thérèse de Lisieux, *Ouvres complètes* (Cerf et Desclée, Paris 1992). «Manuscrit B (Lettre à soeur Marie du Sacré-Coeur)» 225s. Una profunda interpretación del texto se encuentra en U. Wickert, *Leben aus Liebe. Therese von Lisieux* (Vallendar-Schönstatt 1997) 15-40.

amor humano-divino de Jesucristo, supone también continuamente el paso del hombre Jesús a los hombres que serán sus «miembros», que serán eucaristía ellos mismos, y, con ello, «corazón» y «amor» para la Iglesia. Como dice Teresa: si ese corazón no late, entonces los apóstoles no podrían evangelizar más, las religiosas no podrían consolar y curar, los laicos no podrían conducir el mundo hacia el reino de Dios. El corazón tiene que continuar siendo corazón para que los otros órganos puedan funcionar correctamente a partir de él. Precisamente, cuando la eucaristía es celebrada «en la estancia superior», en el espacio interior de la fe respetuosa sin otras intenciones que agradar a Dios, entonces la fe nace de ella: aquella fe, que es el lugar dinámico del origen de la misión, será en el mundo ofrenda viva, ciudad santa en la que ya no hay ningún templo, porque Dios mismo todopoderoso es su templo y el cordero. «La ciudad no necesita sol ni luna que la alumbre, pues la gloria de Dios la ilumina y su lámpara es el cordero» (Ap 21,22s).

VI

LA ECLESIOLOGÍA DE LA CONSTITUCIÓN
LUMEN GENTIUM

En tiempos de la preparación del Concilio Vaticano II y también durante el propio Concilio, el cardenal Frings contaba a menudo un pequeño suceso que, por lo visto, le había impresionado profundamente. El papa Juan XXIII no se había decidido por ningún tema concreto para el Concilio, sino que invitó a los obispos del mundo a exponer sus prioridades, de tal forma que, a partir de las experiencias vivas de la Iglesia universal, brotara la temática de la que se debía ocupar el Concilio. Conforme a eso, también en la Conferencia Episcopal Alemana se deliberó sobre los problemas que se debían proponer en la reunión de los obispos. No sólo en Alemania, sino en gran parte de toda la Iglesia católica reinaba el parecer de que el tema debía ser la Iglesia: el Concilio Vaticano I, interrumpido anticipadamente por la guerra franco-alemana, no había podido exponer su síntesis eclesiológica, sino dejar un fragmento eclesiológico. Retomar nuevamente el hilo de entonces y buscar así una visión global de la Iglesia parecía ser la tarea más urgente del próximo Concilio Vaticano II. Esto venía también sugerido por el clima espiritual de la época: el final de la primera Guerra Mundial trajo consigo una profunda revolución teológica. La teología liberal, estructurada de forma totalmente individualista, se había consumido por sí misma, había despertado un nuevo sentido para la Iglesia. No sólo Romano Guardini habló de un despertar de la Iglesia en las almas; el obispo evangélico Otto Dibelius acuñó la fórmula del siglo de la Iglesia, y Karl Barth le dio a su dogmática, elaborada sobre la tradición reformada, el título de «Dogmática eclesiástica»: la dogmática presupone la Iglesia, explicaba, sin Iglesia no puede existir. Por ello, entre los miembros de la Conferencia Episcopal Alemana reinaba un acuerdo creciente acerca de que la Iglesia debía ser el tema. El anciano obispo Buchberger de Regensburg, que como creador de los diez volúmenes del *Lexikon für Theologie und Kirche*, del cual ha aparecido actualmente la tercera edición, adquirió renombre más allá de su diócesis, pidió la palabra –según me contó el arzobispo de Colonia– y dijo: «queridos hermanos, en el Concilio tenéis que hablar sobre todo de Dios. Esto es lo más importante». Los obispos estuvieron de acuerdo; no podían sustraerse a la seriedad de aquella palabra. Ciertamente no fueron capaces de decidirse a proponer sencillamente el tema Dios. Pero, al menos en el cardenal Frings, quedó una inquietud interior que arrojaba siempre la pregunta sobre cómo podríamos responder a ese imperativo.

Esta historia me vino de nuevo a la memoria cuando leí el texto de la lección con la que Johann Baptist Metz se despidió en 1993 de su cátedra en Münster. De aquel importante discurso quiero citar al menos algunas frases significativas. Metz dice allí: «La crisis que afecta al cristianismo europeo no es ya primaria o definitivamente una crisis eclesial... La crisis es más profunda: no está fundada de ninguna manera en la situación de la Iglesia: la crisis se ha convertido en una crisis de Dios». «La expresión clave es "religión, sí, Dios, no", donde ese "no", no está pensado categorialmente en el sentido de los grandes ateísmos. Ya no hay grandes ateísmos. El ateísmo de hoy puede igualmente llevar a Dios en la boca una vez más —destruido o abandonado—, pero sin pensar en él realmente...». «También la Iglesia tiene su concepto de inmunización contra la crisis de Dios. Hoy ya no habla —como por ejemplo todavía en el Concilio Vaticano I— de Dios, sino sólo —como en el concilio más reciente— del Dios anunciado por la Iglesia. La crisis de Dios se ha cifrado eclesiológicamente»¹. Tales palabras en los labios del creador de la teología política deben llamar nuestra atención. Nos recuerdan en primer lugar, y con razón, que el Concilio Vaticano I no fue sólo un concilio eclesiológico, sino que, primeramente y ante todo, habló de Dios, y esto no lo hizo a nivel meramente intracristiano, sino dirigido al mundo: habló del Dios que es el Dios de todos, que a todos salva y que es accesible a todos. El Concilio Vaticano II, ¿ha aprovechado siquiera, como parece significar Metz, la mitad de la herencia del concilio anterior? Justamente una ponencia dedicada a la eclesiología del concilio tiene que hacerse esa pregunta.

Quiero adelantar ya mi tesis fundamental: el Concilio Vaticano II quiso a todo trance subordinar e incluir el tema de la Iglesia en el tema de Dios, quiso mostrar propiamente una eclesiología teológica, pero, hasta ahora, la recepción del concilio ha omitido este presupuesto determinante de las afirmaciones eclesiológicas particulares, se ha precipitado sobre claves particulares, y, con ello, se ha quedado detrás de las grandes perspectivas de los padres conciliares. Por lo demás, algo parecido se puede constatar frente al primer texto que el Vaticano II aprobó —frente a la Constitución sobre la Sagrada Liturgia—. El que estuviera al principio respondía ante todo a motivos pragmáticos. Pero retrospectivamente ha de decirse que esto tiene un sentido acertado en la arquitectura del concilio: lo primero es la adoración. Y Dios con ella. Este comienzo se corresponde con la máxima de la regla de san Benito (XLIII): *Operi Dei nihil praeponatur*. La Constitución sobre la Iglesia, que fue el segundo texto del Concilio,

---

¹ J. B. Metz, «Gotteskrise. Versuche zur "geistigen Situation der Zeit"», en *Diagnosen zur Zeit* (Düsseldorf 1994) 76-92; cita en 77s.

debía verse comprendida en el interior de la que le antecede. La Iglesia se guía a partir de la adoración, desde la misión de glorificar a Dios. Por su naturaleza, la eclesiología tiene que ver con la liturgia. Y por eso es también lógico que la tercera Constitución hable de la palabra de Dios que convoca a la Iglesia y en todo tiempo crea cosas nuevas. La cuarta Constitución muestra cómo se presenta la glorificación de Dios en el *ethos*, cómo la luz acogida por Dios es introducida en el mundo y sólo así será total la glorificación de Dios. En la historia posterior del Concilio ya no se volvió a comprender la Constitución sobre la Liturgia a partir del primado fundamental de la adoración, sino, realmente, como un recetario sobre lo que podemos hacer con la liturgia. Entre tanto, algunos expertos en liturgia, que precipitaban sus consideraciones sobre cómo se puede hacer la liturgia más atractiva, más comunicativa, de manera que cada vez más gente participe activamente, han llegado casi de forma absoluta a la conclusión de que la liturgia ha sido «hecha» propiamente para Dios, y no para nosotros mismos. Sin embargo, cuanto más la hacemos para nosotros mismos, menos atractiva resulta, porque todos sienten claramente que lo esencial se pierde cada vez más.

En lo que ahora se refiere a la eclesiología de la *Lumen gentium*, en primer lugar han permanecido algunos apuntes en la memoria: el concepto de pueblo de Dios, la colegialidad de los obispos como revalorización del ministerio del obispo frente al primado del Papa, la nueva valoración de las iglesias locales frente a la Iglesia en su conjunto, la apertura ecuménica del concepto de Iglesia y la apertura al mundo de las religiones; finalmente la pregunta por el lugar específico de la Iglesia católica, que se concreta en la fórmula de la Iglesia una, santa, católica y apostólica de la que habla el Credo, «*subsistit in Ecclesia catholica*» : en un primer momento dejo sin traducir aquí esta famosa expresión, porque, como hemos visto antes, conlleva significados contradictorios: de la interpretación de que aquí se expresa la unicidad de la Iglesia católica unida al Papa, a la interpretación de que con ello se consigue una equiparación con todas las demás Iglesias cristianas, y que la Iglesia católica ha renunciado a su pretensión específica. En una primera fase de recepción del Concilio dominaba junto al tema de la colegialidad, el *concepto de pueblo de Dios*, que poco después se entendería totalmente desde el uso lingüístico político general de la palabra pueblo; en el ámbito de la teología de la liberación se entendió bajo el uso marxista de la palabra pueblo como polo opuesto a las capas dominantes y, en general, además, en el sentido de la soberanía popular, del pueblo soberano, y que ahora, finalmente, se utilizaba para la Iglesia. Esto, por otra parte, dio lugar a abundantes debates en los que, según la situación, la «democratización» era interpretada más occidentalmente o más en el sentido de las «democracias populares» del este. Poco a poco los «fuegos de artificio del lenguaje» (N. Lohfink) sobre el concepto de pueblo de Dios caían encendidos, por una parte, y de forma principal, porque este juego de dominio se había desenmascarado a sí mismo y tenía que hacer lugar al trabajo prosaico en el día a día de la Iglesia; por otra parte, sin embargo, también porque el trabajo teológico sólido puso de manifiesto de forma indiscutible lo insostenible de tal politización de un concepto que en sí mismo es totalmente distinto. Como resultado de cuidadosos análisis exegéticos, el exegeta de Bochum, Werner Berg, por ejemplo, constata: «Pese al número reducido de lugares que contienen el giro "pueblo de Dios" —siendo "pueblo de Dios" un raro concepto bíblico—, puede constatarse, sin embargo, algo común: la expresión "pueblo de Dios" manifiesta el "parentesco" con Dios, la relación con Dios, la solidaridad de Dios para con los designados como "pueblo de Dios", por tanto, una "dirección vertical". El giro es menos apropiado para describir la estructura jerárquica de esa comunidad, sobre todo si el "pueblo de Dios" es descrito como "semejante" de los ministros ordenados ... Desde la comprensión bíblica, tampoco es adecuado el giro para una llamada de protesta contra los ministros: "nosotros somos el pueblo de Dios"» [2]. El teólogo fundamental de Paderborn, Josef Meyer zu Schlochtern, cierra la disputa acerca del concepto de pueblo de Dios con la advertencia de que la Constitución del Vaticano II sobre la Iglesia concluye el capítulo sobre esta expresión diciendo que «denomina la estructura trinitaria como fundamento de la determinación definitiva de la Iglesia...» [3]. De esta forma, el debate es reconducido de nuevo hacia el punto esencial: *la Iglesia no existe para sí misma, sino que debería ser instrumento de Dios para reunir a los hombres en Él, para preparar el momento en el que Dios será «todo en todas las cosas» (1 Cor 15,28)*. Precisamente el concepto de Dios se había abandonado debido a los «fuegos de artificio» sobre esta expresión y, con ello, se le había despojado totalmente de su sentido. Pues una Iglesia que sólo existe para sí misma, está de más. Y los hombres perciben esto antes o después. La crisis de la Iglesia, como se refleja en la crisis del concepto de pueblo de Dios, es «crisis de Dios»; resulta del abandono de lo esencial. Lo que queda es sólo una lucha todavía por el poder.

---

[2] W. Berg, «"Volk Gottes" – ein biblischer Begriff?», en W. Geerlings – M. Seckler (eds.) *Kirche sein. Nachkonziliare Theologie im Dienst de Kirchenreform (Festschrift für H. J. Pottmeyer)* (Herder, Freiburg i. B. 1994) 13-20, cita en p. 20. También del trabajo de Berg extraigo la expresión de N. Lohfink «fuegos de artificio del lenguaje» (19).

[3] J. Meyer zu Schlochtern, «"Das neue Volk Gottes" – Rückfrage nach einer umstrittenen Bestimmung der Kirche», en J. Ernst – St. Leimgruber (eds.) *Surrexit Dominus vere. Die Gegenwart des Auferstandenen in seiner Kirche. Festschrift für Erzbischof J. J. Degenhardt*, (Paderborn 1995) cita en p. 224s.

De lo cual ya hay suficiente en otras partes del mundo, para ello no necesitamos a la Iglesia.

Se puede decir que aproximadamente desde el Sínodo Extraordinario del año 1985, que debía intentar una especie de balance de los veinte años posteriores al Concilio, domina un nuevo intento de resumir la totalidad de la eclesiología conciliar en un concepto fundamental: en la expresión *eclesiología de comunión* [4]. He celebrado este nuevo centro de la eclesiología y he intentado profundizar en él dentro de mis posibilidades. En primer lugar, hay que conceder ciertamente que el término *communio* no ocupó un lugar central en el Concilio. Sin embargo, correctamente interpretado, puede servir como síntesis de los elementos esenciales de la eclesiología conciliar. Todos los elementos esenciales del concepto cristiano de *communio* se encuentran reunidos en la cita significativa de 1 Jn 1,3, que se puede ver como criterio directriz de toda comprensión cristiana auténtica de la *communio*: «lo que hemos visto y oído os lo anunciamos para que también vosotros estéis en comunión con nosotros. Nosotros estamos en comunión con el Padre y con su Hijo, Jesucristo. Os escribimos estas cosas para que nuestro gozo sea completo». Aquí aparece el punto de partida de la *communio*: el encuentro con el Hijo de Dios encarnado, Jesucristo, que vie-

---

[4] De la abundante bibliografía sobre el significado de *communio* y eclesiología de comunión, quiero mencionar solamente: P. J. Cordes, *Communio. Utopie oder Programm?* (Quaestiones disputatae 148) (Herder, Freiburg i. B. 1993); W. Kaspers, «La Iglesia como *communio*. Consideraciones sobre la idea eclesiológica directriz del concilio Vaticano II», en *íd.*, *Teología e Iglesia* (Herder, Barcelona 1989) 376-400. Sobre el proceso de formación de la Constitución sobre la Iglesia en el concilio: G. Alberigo (ed.), *Storia del Concilio Vaticano II*, vol. 4: La chiesa come comunione (il Mulino, Bologna 1999), esp. 19-118 (J. A. Komonchak, «L'ecclesiologia di comunione»).

ne a los hombres en el anuncio de la Iglesia. Así surge la comunión de los hombres entre sí, que, por su parte, se basa en la comunión con el Dios uno y trino. *La comunión con Dios viene mediada por la comunión de Dios con los hombres que es Cristo en persona; el encuentro con Cristo crea comunión con él mismo y, así, con el Padre en el Espíritu Santo; desde ahí une a los hombres entre sí. Todo esto apunta hacia el gozo pleno*: la Iglesia lleva en sí una dinámica escatológica. En la expresión del gozo pleno se halla la referencia al discurso de despedida de Jesús y, por tanto, al misterio pascual y a la nueva venida del Señor en perspectiva pascual, que tiende hacia su venida plena en el nuevo mundo: «Vosotros estaréis tristes, pero vuestra pena acabará en alegría... Cuando volváis a verme os alegraréis... Pedid y recibiréis, así vuestra alegría será completa» (Jn 16,20.22.24). Si se compara la última frase citada con Lc 11,13 —la invitación a pedir en Lucas— puede verse que «alegría» y «Espíritu Santo» son equivalentes, y que tras la palabra alegría se esconde en 1 Jn 1,3 el en apariencia silencioso Espíritu Santo. A partir de este núcleo escriturístico la palabra *communio* tiene carácter teológico, cristológico, histórico-salvífico y eclesiológico. Con ello lleva en sí también la dimensión sacramental que aparece en Pablo de forma totalmente explícita: «El cáliz de bendición que bendecimos, ¿no nos hace entrar en comunión con la sangre de Cristo? Y el pan que partimos, ¿no nos hace entrar en comunión con el cuerpo de Cristo? El pan es *uno solo*, por eso todos formamos *un solo* cuerpo...» (1 Cor 10,16s). La eclesiología de comunión es desde su interior *eclesiología eucarística*. Está así muy cerca de la eclesiología eucarística que en nuestro siglo han desarrollado de forma impresionante teólogos ortodoxos [5]. En ellos, la

---

[5] N. Afanasieff-A. Schmémann et al., *La primauté de Pierre dans l'église orthodoxe*, Neuchâtel 1960; J. Freitag-P. Plank, «Eucharistische Ekklesiologie»: «LThK³»

eclesiología se concreta totalmente, y permanece al mismo tiempo totalmente espiritual, trascendente y escatológica. En la eucaristía, Cristo construye la Iglesia presente en el pan y en el vino y dándose siempre de nuevo, como su cuerpo, y nos une al Dios uno y trino y entre nosotros a través de su cuerpo resucitado. La eucaristía acontece en lugares concretos y, sin embargo, es igualmente siempre universal, porque sólo hay un Cristo y un cuerpo de Cristo. La eucaristía comprende el ministerio sacerdotal de la *repraesentatio Christi,* y, con ello, la red del servicio, la complementariedad de unidad y pluralidad que ya se da a entender en la palabra *communio.* Así, se puede decir sin lugar a dudas, que este concepto conlleva una síntesis eclesiológica que une el discurso sobre la Iglesia al discurso sobre Dios y a la vida desde y con Dios, una síntesis que asume todas las intenciones fundamentales de la eclesiología del Vaticano II y las refiere unas a otras de manera correcta.

Por todos estos motivos estaba contento y agradecido cuando el sínodo de 1985 puso en el centro de la reflexión el concepto de *communio.* Pero los años siguientes mostraron que ninguna expresión está libre de malentendidos, ni siquiera la mejor y más profunda. En la medida en que *communio* se convirtió en el lema usual, se fue adulterando y perdiendo en trivialidades. Como sucedió con el concepto de pueblo de

---

III 969-972. Mientras en Afanasieff la eclesiología eucarística es comprendida rigurosamente desde la Iglesia local, L. Hertling abrió las puertas ya en 1943 a una eclesiología de comunión pensada de forma totalmente católica con su trabajo, publicado primeramente en Roma en 1943 en la Miscellanea Historiae Pontificiae, «Communio und Primat – Kirche und Papsttum in der christlichen Antike», que más tarde, en vísperas del Concilio, fue publicada de nuevo por mí en «Una sancta» 17 (1962), 91-125, como clave de lectura. Cf. J. Ratzinger, *Das neue Volk Gottes* (Düsseldorf 1969) 75-89. Desde esta perspectiva, H. de Lubac, H. U. von Balthasar y el resto de cofundadores, dimos el título de «Communio» a la revista internacional que, finalmente, pudimos poner en marcha en 1972.

Dios, se pudo observar también aquí una creciente horizontalización, la omisión del concepto de Dios. La eclesiología de comunión comenzó a reducirse a la temática de la relación entre iglesia local e Iglesia universal, que de nuevo se perdió cada vez más en la cuestión sobre el reparto de competencias entre una y otra. Naturalmente, se amplió también de nuevo el motivo equiparador según el cual en la *communio* sólo puede darse plenamente lo mismo. Con ello, se está remitiendo de nuevo exactamente a la lucha de los discípulos por el rango, que parece no querer cesar en ninguna generación. Marcos es el más insistente acerca de esto. En el camino hacia Jerusalén, Jesús habló por segunda vez a sus discípulos sobre su futura pasión. Llegados a Cafarnaún les preguntó sobre lo que discutían por el camino. Pero «ellos callaban», porque por el camino habían discutido sobre quién de ellos era el más importante, una forma de discusión sobre el primado (Mc 9,33-37). ¿No ocurre hoy lo mismo? Mientras el Señor camina hacia la pasión, mientras la Iglesia sufre y en ella él mismo lo hace, nosotros estamos ocupados con nuestro tema favorito, con la cuestión sobre nuestras prerrogativas. Y si Él volviese a nosotros y nos preguntase acerca de lo que hemos discutido, cómo nos ruborizaríamos y enmudeceríamos.

Esto no quiere decir que en la Iglesia no tenga que plantearse la discusión por el ordenamiento correcto y la distribución de responsabilidades. Y, sin duda alguna, habrá siempre de nuevo perturbaciones del equilibrio que exigen correcciones. Naturalmente, puede existir un centralismo romano desbordante que, como tal, ha de ser señalado y corregido. Pero tales cuestiones no pueden apartar a la Iglesia de su misión específica: la Iglesia no tiene que hablar primariamente de sí misma, sino de Dios, y sólo cuando esto ocurre claramente, existen también correcciones eclesiásticas internas por las que la coordinación del discurso sobre Dios y sobre el servicio común tiene que proporcionar la dirección a seguir.

Finalmente, no vuelve en vano a la tradición de los evangelios la palabra de Jesús, según la cual los últimos serán los primeros y los primeros de nuevo últimos en distintos contextos, como un espejo, que devuelve todo continuamente.

En vista del estrechamiento que sufrió visiblemente el concepto *communio* en los años posteriores a 1985, la Congregación para la Doctrina de la Fe creyó oportuno elaborar una *Carta a los obispos de la Iglesia católica sobre algunos aspectos de la Iglesia como communio,* que fue publicada el 28 de junio de 1992. Ya que hoy día, por parte de teólogos que se dan importancia, verdaderamente parece que se ha convertido en una obligación valorar negativamente los documentos de la Congregación para la Fe, se abatió sobre este texto una lluvia tal de críticas que apenas pudo dejar en él algo bueno. Sobre todo fue criticada la frase que dice que la Iglesia toda es en su misterio esencial una realidad que precede ontológica y temporalmente a las iglesias particulares. Esto fue fundamentado brevemente en el texto con la advertencia de que la Iglesia una y única, según los Padres, precede a la creación y dio a luz las iglesias particulares [6]. Los Padres continúan con ello la teología rabínica que había concebido la Torá e Israel como preexistentes: la creación era entonces concebida de tal forma que en ella había un espacio para la voluntad de Dios; esta voluntad necesita, sin embargo, un pueblo, que viva para la voluntad de Dios y le convierta en la luz del mundo. Ya que los Padres estaban convencidos de la identidad definitiva entre la Iglesia e Israel, no podían ver en la Iglesia algo accidental surgido en hora tardía, sino que reconocían en esta reunión de pueblos bajo

---

[6] Congregazione per la dottrina della fede, *Communionis notio. Lettera e commenti*, (Libreria Editrice Vaticana, 1994) n. 9, p. 28.

la voluntad de Dios la teología interior de la creación. Desde la cristología se amplía y se profundiza la imagen: la historia es interpretada —de nuevo en conexión con el Antiguo Testamento— como historia de amor entre Dios y el hombre. Dios encuentra y prepara la prometida del Hijo, la única prometida que es la Iglesia una. A partir de las palabras del Génesis, según las cuales hombre y mujer serán los dos «una sola carne» (Gn 2,24), la imagen de la novia se fundió con la idea de la Iglesia como cuerpo de Cristo, que, por su parte, tiene en la piedad eucarística su punto de referencia sacramental. El cuerpo uno de Cristo es preparado; Cristo y la Iglesia serán «los dos una sola carne», *un* cuerpo, y, así, Dios será «todo en todas las cosas». Esta precedencia ontológica de la Iglesia universal, de la Iglesia una y del cuerpo uno, de la novia una de la cual dimanan las realizaciones empíricas concretas en las iglesias particulares, me parece tan notoria que me cuesta comprender las protestas en contra de ella[7]. Sólo me parecen posibles de algún modo si de hecho no se quiere o no se puede ver más a la Iglesia —quizá por la desesperación provocada por su insuficiencia terrena— como la gran idea de Dios; ella aparece ahora como fanatismo teológico, y sólo resta la figura empírica de las iglesias en sus alianzas y en sus enfrentamientos. Pero esto significa que se suprime del todo la Igle-

---

[7] A este respecto puede ser de utilidad remitir a Rudolf Bultmann, al que nadie le reprocharía el ser partidario del centralismo o platonismo romano, como se ha hecho frente al texto de la Congregación para la Fe. Según Bultmann «la organización eclesiástica ha nacido primariamente de la conciencia de que la comunidad total existe antes que las comunidades particulares. Es síntoma de ello el lenguaje que se emplea: ἐκκλησία significa en primer lugar no la comunidad particular, sino el "pueblo de Dios" ... La concepción de la prioridad de la Iglesia universal respecto de las iglesias particulares se pone de manifiesto de nuevo en la equiparación de la ἐκκλησία con el σῶμα Χριστοῦ, que comprende a todos los creyentes...» (*Teología del Nuevo Testamento* [Sígueme, Salamanca ²1987] 141-142).

sia como tema teológico. Si sólo puede verse la Iglesia todavía como una organización humana, entonces sólo queda de hecho la desesperación. Pero, entonces, no sólo se ha abandonado la eclesiología de los Padres, sino también la del Nuevo Testamento y la idea de Israel del Antiguo Testamento. Por lo demás, en el Nuevo Testamento no necesita esperarse a las deutero-paulinas y al Apocalipsis para encontrar la prioridad ontológica de la Iglesia universal respecto de las iglesias particulares afirmada por la Congregación para la Fe. En el corazón de las grandes cartas paulinas, en la carta a los Gálatas, nos habla el apóstol de la Jerusalén celestial, y, concretamente, no desde una dimensión escatológica, sino precedente: «La Jerusalén de arriba... es nuestra madre» (Gál 4,26). H. Schlier observa que para Pablo, así como para la tradición judía análoga, la Jerusalén de arriba es el nuevo eón. Para el apóstol, sin embargo, este nuevo eón está ya presente «en la Iglesia cristiana. Ésta es para él la Jerusalén celestial con sus hijos»[8].

Si la prioridad ontológica de la Iglesia una es absolutamente innegable, en cambio, la cuestión respecto a la precedencia temporal es sin duda alguna algo más compleja. La carta de la Congregación para la Fe remite aquí a la imagen lucana del nacimiento pentecostal de la Iglesia del Espíritu Santo. No hay que debatir aquí la cuestión sobre la historicidad de este relato. Se trata de la afirmación teológica a la que Lucas llega. La Congregación para la Fe quiere con ello llamar la atención sobre el hecho de que la Iglesia comienza con la comunidad reunida en torno a María en el año 120, especialmente con la comunidad renovada de los Doce, que no son miembros de una iglesia local, sino apóstoles que lleva-

---

[8] H. Schlier, *Der Brief an die Galater* (Göttingen [12]1962) 219-226, cita en 223. Cf F. Mussner, *Der Galaterbrief* (Herder, Freiburg i. B. 1974) 325ss.

rán el Evangelio hasta los confines de la tierra. Para clarificar más esto se puede añadir que ellos, con su número doce, son al mismo tiempo el antiguo y el nuevo Israel, el Israel uno, que, ahora –como estaba comprendido fundamentalmente desde el principio en el concepto de pueblo de Dios– se extienden hacia todas la naciones y establece en todos los pueblos el pueblo uno de Dios. Esta indicación es reforzada por otros dos aspectos: en esta hora de su nacimiento la Iglesia habla ya en todos los idiomas. Los Padres de la Iglesia han significado con razón este relato del prodigio de las lenguas como una anticipación de la catolicidad —la Iglesia está desde el primer momento en *kat'holon*: extendida a todo el universo—. A esto corresponde el que Lucas describa a la multitud de los oyentes como peregrinos de toda la tierra con motivo de una mesa para una docena de pueblos, cuyo sentido es dar a entender la universalidad de la audiencia; Lucas ha enriquecido esta mesa helenística de los pueblos con un nombre que hace el número trece: los romanos, con lo que sin duda quería subrayar otra vez la idea del orbe [9]. No se interpreta correctamente del todo la opinión del texto de la Congregación para la Fe cuando Walter Kasper comenta que la comunidad primitiva jerosolimitana había sido de hecho, Iglesia universal y particular al mismo tiempo y, así, continúa: «Ciertamente esto representa una construcción lucana; pues desde un punto de vista histórico probablemente hubo desde el principio más comunidades: junto a la comunidad de Jerusalén también comunidades en

---

[9] Cf. los distintos comentarios a los Hechos de los Apóstoles, p. ej. G. Schneider, *Die Apostelgeschichte* I (Herder, Freiburg i. B., 1980) 252-255; R. Pesch, «Die Apostelgeschichte»: «EKK» V/1 (Benziger - Neuekirchener Verlag, Zürich-Düsseldorf 1986) 105s; J. Zmijewski, *Die Apostelgeschichte* (Regensburg 1994) 110-113.

Galilea»[10]. No se trata aquí de la pregunta que nosotros definitivamente no podemos contestar: cuándo y dónde surgieron primeramente comunidades cristianas, sino del comienzo interno de la Iglesia en el tiempo que Lucas quiere describir y que, más allá de todo lo material, él atribuye al Espíritu Santo. Pero, ante todo, no se hace justicia al relato lucano cuando se dice que la «primitiva comunidad jerosolimitana» había sido al mismo tiempo Iglesia universal y local. Lo primero en el relato de san Lucas no es una comunidad primitiva jerosolimitana, sino que en los Doce el antiguo Israel, que es uno, se renueva, y que este Israel uno de Dios se muestra ahora sólo a través del prodigio de las lenguas, antes que la imagen de una iglesia local en Jerusalén, como una unidad que comprende todo espacio y tiempo. En los peregrinos que están presentes, provenientes de todos los pueblos, se alude directamente también a todos los pueblos del mundo. Quizá no haya que sobrevalorar la cuestión sobre la precedencia temporal de la Iglesia universal que Lucas describe claramente en su relato. Lo importante es que, desde el principio, la Iglesia de los Doce ha nacido del Espíritu para todos los pueblos, y de ahí que, también desde el primer momento, está orientada a expresarse en todas las culturas y, precisamente así, a ser el pueblo uno de Dios: no es una comunidad local la que se extiende poco a poco, sino que la levadura está ordenada hacia la totalidad y, por ello, lleva en sí la universalidad desde el primer momento.

La oposición frente a la afirmación de la precedencia de la Iglesia universal respecto de las iglesias particulares es teológicamente difícil de entender o, incluso, incomprensible.

---

[10] W. Kasper, «Zur Theologie und Praxis des bischöflichen Amtes», en W. Schreer – G. Steins (eds.) *Auf neue Art Kirche sein. Festschrift für Bischof Homeyer* (München 1999) 32 - 48.

Sólo es comprensible desde una sospecha que de forma concisa se ha formulado así: «Llega a ser completamente problemática la fórmula cuando la Iglesia una universal es identificada bajo cuerda con la iglesia romana, *de facto* con el Papa y la curia. Si esto sucede, entonces no se entenderá el escrito de la Congregación para la Fe como ayuda para aclarar la eclesiología de comunión, sino como su despedida y como un intento de restauración del centralismo romano»[11]. En este texto se presenta la identificación de la Iglesia universal con el Papa todavía como mera hipótesis, como peligro, pero, después, parece imputar a la carta de la Congregación para la Fe que da la impresión de restauración teológica y, con ello, la caída del concilio Vaticano II. Sorprende este salto interpretativo, pero responde sin duda alguna a una sospecha todavía mayor; formula una queja totalmente perceptible, y también expresa una incapacidad creciente de figurarse algo concreto tras la imagen de la Iglesia universal, tras la Iglesia una, santa, católica. Como único elemento representativo quedan el Papa y la curia, y si se les otorga un rango teológico elevado se vuelven amenazantes[12].

De esta forma, tras un *excursus* sólo aparente, aquí de lo que se trata de forma totalmente concreta es de la interpreta-

---

[11] W. Kasper, *op. cit.*, 44. Ya antes en la página 43: «Esta determinación conciliar ha experimentado tras el concilio un desarrollo ulterior a través del trabajo de la Congregación para la doctrina de la Fe *Escrito a los obispos de la Iglesia católica sobre algunos aspectos de la Iglesia como comunión,* que, en la práctica, conlleva en mayor o menor medida un giro».

[12] A las preguntas que aquí se hacen respondió entre tanto el cardenal Kasper en StdZ vol. 218 (diciembre 2000) 795-804, con un trabajo con el título «La relación entre Iglesia universal e iglesia local. Confrontación amistosa respecto a la crítica del cardenal J. Ratzinger», que se ha publicado también traducida al inglés en la revista de los jesuitas «America» (vol. 185, n.º 4), al que yo, por mi parte, reaccioné con una breve réplica *(ibíd.,* n. 16). El intercambio de opiniones condujo, gracias a Dios, a un acercamiento progresivo de las distintas posturas.

ción del concilio. La pregunta que se nos hace ahora reza así: ¿qué concepto de Iglesia universal tiene propiamente el concilio? Que la carta de la Congregación para la Fe no identifique «bajo cuerda a la Iglesia universal con la iglesia romana, *de facto* con el Papa y la curia» no tendría que llegar a decirse expresamente. Esa tentación surge cuando ya previamente se habían identificado la iglesia local de Jerusalén y la Iglesia universal, es decir, cuando el concepto de Iglesia se había reducido prácticamente a las comunidades visibles y se perdía de vista su profundidad teológica. Es bueno volver con esta pregunta sobre el texto mismo del Concilio. Ya la primera frase de la Constitución sobre la Iglesia aclara que el Concilio no considera la Iglesia como una realidad cerrada en sí misma, sino que la contempla desde Cristo: «Cristo es la luz de los pueblos. Por eso este sacrosanto Sínodo, reunido en el Espíritu Santo, desea vehementemente iluminar a todos los hombres con la luz de Cristo, que resplandece sobre el rostro de la Iglesia...» [13]. En el trasfondo identificamos la imagen de la teología de los Padres, que ve en la Iglesia a la luna, que no tiene luz propia por sí misma, sino que transmite la luz del sol que es Cristo [14]. La eclesiología aparece dependiente de la cristología, perteneciente a ella. Pero ya que nadie puede hablar verdaderamente de Cristo, del Hijo, sin hablar al mismo tiempo del Padre, y ya que nadie puede hablar auténticamente del Padre y del Hijo sin prestar atención al Espíritu Santo, se ensancha la perspectiva cristológica de la Iglesia en una eclesiología trinitaria [15]. El discurso sobre la Iglesia es el discurso sobre Dios, y sólo así es verdadero. En esta obertura

---

[13] *Lumen gentium* I, 1.
[14] Cf. H. Rahner, *Symbole der Kirche. Die Ekklesiologie der Väter* (Salzburg 1964) 89–173 [trad. española en Ediciones Cristiandad].
[15] *Lumen gentium* I, 2-4.

trinitaria, que ofrece la clave para la lectura correcta de todo el texto, aprendemos a conocer qué es la Iglesia una y santa desde y en todas las realizaciones históricas concretas, qué significa la «Iglesia universal». Esto se aclara aún más cuando, acto seguido, la dinámica interna de la Iglesia se muestra desde el Reino de Dios. Precisamente porque hay que entender la Iglesia teo-lógicamente, se supera siempre a sí misma; ella es concentración para el Reino de Dios, la partida hacia él. A continuación se explican brevemente las representaciones particulares de la Iglesia, todas las que piensan en la Iglesia una, ya se trate de la prometida, de la casa de Dios, de su familia, del templo, de la ciudad santa, de nuestra madre, de la Jerusalén de arriba o del rebaño de Dios, etc.

Finalmente esto se concreta más. Encontramos una respuesta concreta a la pregunta: ¿Qué es la Iglesia universal que precede ontológica y temporalmente a las iglesias locales? ¿En qué consiste? ¿Dónde la podemos ver actuar? La Constitución responde a esto hablándonos de los sacramentos.

Primeramente está el *bautismo*: es un acontecimiento trinitario, es decir, totalmente teológico, mucho más que una socialización eclesiológica local, como desgraciadamente hoy se ha malinterpretado con frecuencia. El bautismo no proviene de la comunidad particular, sino que en él se nos abren las puertas a la Iglesia una, es la presencia de la Iglesia una, y sólo puede venir de ella —desde la Jerusalén de arriba, desde la nueva madre—. El conocido teólogo ecuménico Vinzenz Pfnür ha dicho brevemente sobre esto: el bautismo implica abrirse «hacia el Cuerpo *uno* de Cristo ofrecido por nosotros en la cruz (cf. Ef 2,16), en *el* que nosotros (y los demás) fuimos bautizados por el mismo Espíritu (1 Cor 12,13), que esencialmente es más que el acostumbrado anuncio del bautismo de algunos lugares: hemos... tomado de nuestras comunidades —y hemos sido hechos *sus* miembros—, lo que no es intercambiable por el ser miembros de una iglesia local, y hemos participado del *mismo* pan (cf. 1 Cor 10,17), que no es el pan específico de una iglesia local, hemos sido introducidos en el ministerio episcopal *uno,* en el que se participa con Cipriano sólo en comunión con los obispos»[16]. En el bautismo, la *Iglesia universal* precede siempre a la iglesia local y la establece. De ahí que la carta de la Congregación para la Fe pueda decir sobre la *communio* que *no hay nadie extraño en la Iglesia: en todas partes cada uno se encuentra en casa y no es simplemente un invitado. Siempre se trata de la Iglesia una, la una y misma. Quien es bautizado en Berlín, se encuentra tan en su casa en la iglesia de Roma o de Nueva York o de Kinshasa o de Bengala como en la iglesia donde fue bautizado. No necesita volver a darse de alta, se trata de la Iglesia una.* El bautismo proviene de ella y da a luz en ella.

Quien habla del bautismo trata igualmente también de la *palabra de Dios*, que es una para toda la Iglesia y que la precede en todos los lugares, la convoca y la edifica. Esta palabra está sobre la Iglesia, y se le ha encomendado a ella como sujeto vivo. La palabra de Dios necesita, para estar presente en la historia de forma eficaz, ese sujeto, pero ese sujeto, por su parte, no puede existir sin la fuerza vivificante de la palabra que la convierte en sujeto en primer lugar. Cuando hablamos de la palabra de Dios pensamos también en el Credo, que se encuentra en el centro de la celebración bautismal; es la manera en la que la Iglesia acoge la palabra y se dedica al mismo tiempo, en cierto sentido, a la palabra y a la respuesta. También aquí está la Iglesia universal, la Iglesia una y totalmente concreta y tangible.

---

[16] V. Pfnür, «Communio und excommunicatio», en B. Hilberath-D. Sattler (eds.) *Vorgeschmack. Ökumenische Bemühungen um die Eucharistie. Festschrift für Th. Schneider* (Mainz 1995) 277-292, cita en la página 292.

El texto conciliar parte del bautismo y procede a continuación hacia la *eucaristía*, en la que Cristo ofrece su cuerpo y nos hace su cuerpo. Este cuerpo es uno, y, de esta forma, la eucaristía vuelve a ser de nuevo para cada iglesia local el lugar de la inserción en el Cristo uno, *el hacerse uno de todos los comulgantes en la communio universal, que une cielo y tierra, vivos y muertos, pasado, presente y futuro, y da paso a la eternidad*. La eucaristía no surge de la iglesia local y no concluye en ella. Ella siempre significa que Cristo llega a nosotros desde fuera a través de nuestras puertas cerradas; ella viene siempre sobre nosotros desde fuera, desde el cuerpo uno y total de Cristo, y nos conduce hacia él.

Este *extra nos* del sacramento se pone de manifiesto de nuevo en el *ministerio del obispo y del sacerdote*: que para la eucaristía se precisa del sacramento del servicio sacerdotal se basa, precisamente, en que la comunidad no puede darse a sí misma la eucaristía; tiene que recibirla del Señor a través de la mediación de la Iglesia una. La sucesión apostólica, que constituye el ministerio sacerdotal, comprende al mismo tiempo tanto el aspecto sincrónico como el diacrónico del concepto de Iglesia: la pertenencia a toda la historia de la fe desde los apóstoles y el estar en comunión con todos los que son reunidos por el Señor en su cuerpo. La Constitución de la Iglesia, como es sabido, trata el ministerio episcopal en el tercer capítulo, y aclara su significado a partir del concepto fundamental de *collegium*. Este concepto, que en la Tradición aparece sólo marginalmente, sirve para expresar la unidad interna del ministerio episcopal. No se es obispo como particular, sino a través de la pertenencia a un cuerpo, a un colegio que, por su parte, significa la continuidad histórica del *collegium apostolorum*. De ahí que el obispo provenga de la Iglesia una y esté orientado hacia ella. Justamente aquí puede verse que teológicamente no hay contradicción entre la iglesia particular y la Iglesia universal. El obispo representa en la iglesia local a la Iglesia una, y él construye la Iglesia una edificando la iglesia local y suscitando sus dones particulares en provecho de todo el cuerpo. El ministerio del sucesor de Pedro es un caso particular del ministerio episcopal, y está referido de forma especial a la responsabilidad hacia la unidad de toda la Iglesia. Pero este ministerio de Pedro y su responsabilidad no podría existir en absoluto si no le precediese la Iglesia universal. Entonces caería en el vacío y representaría una pretensión absurda. Indudablemente que la correspondencia entre episcopado y primado ha de buscarse siempre de forma renovada a través del trabajo duro y del sufrimiento. Pero sólo se aplica correctamente este luchar cuando se contempla el primado desde la misión particular de la Iglesia y siempre ordenado y subordinado a ella: a la misión de llevar a Dios a los hombres, a los hombres hacia Dios. El para qué de la Iglesia es el Evangelio, y por eso en ella todo tiene que girar en torno a él.

En este lugar quisiera terminar con el análisis del término *communio*, y, al menos brevemente, mostrar aún mi parecer respecto al que es quizá el punto más controvertido de la *Lumen gentium*: sobre el significado de la frase ya mencionada de la *Lumen gentium* 8, acerca de que la única Iglesia de Cristo, que en el Credo confesamos como la una, santa, católica y apostólica, «subsiste» en la Iglesia católica que es dirigida por Pedro y por los obispos en comunión con él. En el año 1985, la Congregación para la Fe se vio en la necesidad de tomar una postura sobre este texto tan discutido, con motivo de un libro de Leonardo Boff, en el que el autor exponía la tesis de que así como la Iglesia una de Cristo subsiste en la católico-romana, del mismo modo lo hace también en otras Iglesias cristianas [17]. Sobra decir que la declaración

---

[17] «Notificazione sul volume: "Chiesa: Carisma e potere. Saggio di Ecclesiologia militante" del P. Leonardo Boff OFM», en Congregatio pro doctrina fidei, *Documenta*

de la Congregación para la Fe fue cubierta de críticas mordaces y, consecuentemente, dejada a un lado. En el intento de reflexionar acerca de dónde nos encontramos hoy respecto a la recepción de la eclesiología conciliar, la cuestión sobre la interpretación del «*subsistit*» resulta ineludible y, por ello, la única declaración oficial del magisterio después del Concilio sobre esta palabra, justamente la mencionada *Notificatio*, no puede ser pasada por alto. En el intervalo de 15 años se muestra más claramente que entonces que no se trata aquí tanto de un único teólogo, sino de una visión de la Iglesia que circula con distintas variaciones que todavía hoy es absolutamente actual. La declaración de 1985 expuso detalladamente el contexto de la tesis de Boff, precisamente reproducida brevemente. No necesitamos volver aquí sobre estos detalles, porque tratamos de algo más fundamental. La tesis, cuyo representante de entonces fue Boff, se podría caracterizar de relativismo eclesiológico. Se basa en la opinión de que el mismo «Jesús histórico» no pensó en una Iglesia, y mucho menos la fundó. La figura real de la Iglesia sólo surgió tras la resurrección en el proceso de la escatologización a partir de las férreas necesidades sociológicas de la institucionalización, y, al principio, no hubo tampoco de ningún modo una Iglesia universal «católica», sino sólo distintas iglesias locales con diferentes teologías, ministerios, etc. Por tanto, ninguna Iglesia institucional puede afirmar que sea la Iglesia de Jesucristo querida por el mismo Dios; todas las for-

---

inde a Concilio Vaticano secundo expleto edita (1966-1985) (Libreria Editrice Vaticana, 1985) 286-294. Las declaraciones aquí presentadas se corresponden en gran parte con lo que expliqué en 1999 en el encuentro de Vallombrosa (san Francisco-California): «Deus locutus est nobis in Filio: Some reflections on Subjectivity, Christology and the Church», en *Proclaiming the truth of Jesus Christ. Papers from the Vallombrosa Meeting* (Washington DC 2000) 13-29; para esto: 23-29.

maciones institucionales se han originado, pues, por necesidades sociológicas, y, por ello, como tales, todas las formaciones humanas, bajo nuevas circunstancias, pueden también, o incluso deben, cambiar radicalmente. En su calidad teológica se diferencian entre sí mayormente de forma secundaria, y, por ello, se puede decir que en todas ellas, o en cualquier caso en muchas, subsiste la «Iglesia una de Cristo», con lo que la pregunta es con qué razón se puede hablar en general bajo esta perspectiva de una Iglesia de Cristo.

Frente a esto, la tradición católica ha optado por otro punto de partida: confía en los autores de los evangelios, cree en ellos. Entonces es claro que Jesús, que anunció el Reino de Dios, reunió en torno a sí discípulos para llevarlo a cabo; que no sólo les transmitió su palabra como interpretación del Antiguo Testamento, sino que, en el sacramento de la comunión, les dio un nuevo medio unificador, a través del cual todos los que le confiesan serán uno con él de una forma totalmente nueva; de tal forma que Pablo pudo designar esta comunión como ser-un-cuerpo con Cristo, como unidad corporal pneumática. Entonces también es claro que la promesa del Espíritu Santo no alude a un anuncio impreciso, sino a la realidad de Pentecostés, al hecho, pues, de que la Iglesia no ha sido ideada y hecha por hombres, sino que ha sido creada por el Espíritu y es y continúa siendo criatura del Espíritu Santo.

Pero, entonces, en la Iglesia, institución y Espíritu se encuentran confrontados entre sí, como las corrientes mencionadas que nos quieren hacer creer. Entonces, la institución no es simplemente un andamiaje cualquiera desmontable y reorganizable que, como tal, no tendría absolutamente nada que ver con la cuestión de la fe. Entonces, esa forma de corporalidad pertenece a la Iglesia misma. La Iglesia de Cristo no se puede ocultar de forma inalcanzable tras las múltiples formaciones humanas, sino que existe realmente como Iglesia misma que se manifiesta en el Credo, en los sacramentos y en la sucesión apostólica.

El Vaticano II quiso expresar con la fórmula del *subsistit* —fiel a la tradición católica— justamente lo contrario del «relativismo eclesiológico»: existe la Iglesia de Jesucristo. Él mismo la quiso, y el Espíritu Santo la creó contra todo fracaso humano a partir de Pentecostés y la conserva en su identidad esencial. La institución no es una formalidad inevitable pero teológicamente irrelevante o en absoluto perjudicial, sino que pertenece en su núcleo esencial a la concreción de la encarnación. El Señor mantiene su palabra: «El poder del abismo no la hará perecer».

En este lugar es necesario indagar de forma algo más precisa sobre el término *subsistit*. El Concilio diferencia con esta expresión la fórmula de Pío XII, que en su encíclica *Mystici Corporis Christi* había dicho: la Iglesia católica «es» (*est*) el cuerpo uno místico de Cristo. En la diferencia entre *subsistit* y *est* descansa todo el problema ecuménico. La palabra *subsistit* proviene de la filosofía antigua reelaborada por la Escolástica. Corresponde al término griego *hypostasis*, que en la cristología desempeña un papel central a la hora de describir la unidad de naturaleza humana y divina en la persona de Cristo. *Subsistere* es un caso especial de *esse*. Es el ser en la forma de un sujeto independiente. Exactamente de eso se trata aquí. El Concilio nos quiere decir que la Iglesia de Jesucristo se puede encontrar en la Iglesia católica como *sujeto concreto* en este mundo. Esto sólo ocurre una vez, y la representación de que hay que multiplicar el *subsistit* equivoca precisamente lo pensado. Con el término *subsistit* el Concilio quería expresar lo específico e irrepetible de la Iglesia católica: existe la Iglesia como sujeto en la realidad histórica[18].

---

[18] Los padres conciliares, que fueron educados en la teología y la filosofía neoescolásticas, sabían bien que *subsistere* es un concepto más estricto que *esse*: mientras

La diferencia entre *subsistit* y *est* comprende, sin embargo, el drama de la división de la Iglesia: aunque la Iglesia es sólo una y existe realmente, hay ser a partir del ser de la Iglesia, realidad eclesial también fuera de la Iglesia una. Al ser el pecado una contradicción, lógicamente esta diferencia entre *subsistit* y *est* no se puede solucionar finalmente de forma plena. En la paradoja de la diferencia entre unicidad y concreción de la Iglesia, por una parte, y realidad eclesial consistente fuera del sujeto uno, por otra parte, se refleja lo contradictorio del pecado humano, lo contradictorio de la división. Tal división es algo absolutamente distinto de la dialéctica relativista arriba expuesta en la que la separación de los cristianos pierde su dolor y, propiamente, deja de ser división para convertirse en una representación de las diversas variaciones de un tema en el que todas las variaciones de algún modo tienen y no tienen razón. No hay, entonces, propiamente una necesidad interna para la búsqueda de la unidad, porque, de todos modos, la Iglesia una está en todas partes y en ninguna. El cristianismo sólo puede existir en suma en variaciones dialécticamente opuestas unas a otras. Y el ecumenismo consiste en que todos se reconozcan mutuamente de algún modo, porque todos son sólo fragmentos de lo cristiano. El ecumenismo es el conformarse con una dialéctica relativista, porque el Jesús histórico pertenece al pasado y, de todos modos, la verdad permanece oculta.

La perspectiva del Concilio es totalmente otra: que en la Iglesia católica está presente el *subsistit* del sujeto uno que es la Iglesia, que no es en absoluto logro de los católicos,

---

esse comprende en la *analogia entis* todo el ámbito del ser en todas sus formas y maneras, *subsistere* es la forma de existencia de un ser subsistente en sí, como se produce de forma especial en el «sujeto».

sino únicamente la obra de Dios que Él mantiene firme frente a los despropósitos permanentes de los responsables humanos. No pueden vanagloriarse de ello, sino sólo avergonzarse de su propio pecado y, al mismo tiempo, admirarse plenamente agradecidos por la fidelidad de Dios. Sin embargo puede verse la obra de su propio pecado: todo el mundo puede observar el espectáculo de las comunidades cristianas separadas y enfrentadas, cómo se arrojan unas a otras sus pretensiones de verdad, y, así, echan a perder en apariencia la oración de Cristo en la tarde de su pasión. Mientras la división sea posible como realidad histórica para todo el mundo, la permanencia estable de la Iglesia una en la figura concreta de la Iglesia católica como tal sólo podrá percibirse en la fe.

Porque el Concilio Vaticano II ha comprendido esta paradoja, el ecumenismo es explicado como obligación de buscar la unidad real, y la Iglesia del futuro se ha puesto en camino.

Concluyo. Quien quiera entender el hilo conductor de la eclesiología conciliar no puede omitir los capítulos 4-7 de la Constitución, en los cuales se trata de los laicos, de la vocación general a la *santidad,* de los religiosos y de la determinación escatológica de la Iglesia. En estos capítulos aparece nuevamente el porqué interno de la Iglesia, lo más fundamental de su existencia: se trata de la santidad, es decir, de la conformidad con Dios; por eso, porque en el mundo habrá espacio para Dios éste podrá vivir en él y, así, el mundo será su «reino». La santidad es más que una cualidad moral. Es el «ser con» de Dios con los hombres, de los hombres con Dios, el «acampar» de Dios en nosotros y en nosotros (Jn 1,14). Se trata del nuevo nacimiento, que no procede de la carne y de la sangre, sino de Dios (Jn 1,13). El destino hacia la santidad es idéntico al destino escatológico de la Iglesia, y, de hecho, sólo es fundamental para la Iglesia a partir del mensaje de Jesús. La Iglesia existe para que Dios habite en el mundo y para que llegue la «santidad»: por ello, la rivalidad en la Iglesia no debería consistir en tener más o menos prerrogativas, en el sentarse en los primeros puestos. Todo esto se resume una vez más en el último capítulo de la Constitución sobre la Iglesia, que trata de la madre del Señor.

A primera vista, la inclusión que ha llevado a cabo el Concilio de la *mariología* en la eclesiología podría parecer más bien ocasional. Históricamente es cierto que, de hecho, una mínima mayoría de Padres se decidió por esa inclusión. Pero, desde el interior, esta decisión se corresponde totalmente con el hilo conductor de toda la Constitución: sólo cuando se ha entendido esta conexión se ha entendido verdaderamente la imagen de la Iglesia que el Concilio quería esbozar. Para esta decisión fueron de gran utilidad las investigaciones de H. Rahner, A. Müller, R. Laurentin y Karl Delahaye, a través de las cuales fueron renovadas y profundizadas en la misma medida la mariología y la eclesiología[19]. Ha sido Hugo Rahner ante todo quien ha mostrado a partir de las fuentes que toda la mariología ha sido diseñada y preformada por los Padres primeramente como eclesiología: la Iglesia es virgen y madre, es concebida sin mancha y lleva el peso de la historia, padece y, ya ahora, es acogida en el cielo. Poco a poco se muestra en el curso del desarrollo que la Iglesia está anticipada en María, está en la persona de María, y que, inversamente, María no se encuentra clausurada en sí misma

---

[19] H. Rahner, *Maria und die Kirche* (Innsbruck 1951) [trad. española en Ediciones Cristiandad]; A. Müller, *Ecclesia - Maria. Die Einheit Marias und der Kirche* (Freibourg 1955); R. Laurentin, *Court traité de théologie mariale* (Paris 1953); K. Delahaye, *Erneuerung der Seelsorgsformen aus der Sicht der frühen Patristik* (Herder, Freiburg i. B. 1958). Debo referirme aquí también a mi breve intento de una evaluación sistemática de estos razonamientos a la luz del Concilio Vaticano II: *Die Tochter Zion* (Johannes Verlag, ⁴1990).

como individuo aislado, sino que lleva en sí el misterio total de la Iglesia. La persona no está cerrada de forma individualista y la comunidad no es entendida de forma colectivista impersonal; ambas se corresponden inseparablemente. Esto se dice ya de la mujer apocalíptica, como aparece en el capítulo 12 del Apocalipsis: no se pretende reducir esta figura a María de forma individual, porque en ella pueden contemplarse conjuntamente todo el pueblo de Dios sufriente y fecundo en ese sufrimiento, el antiguo y el nuevo Israel; pero tampoco pretende excluir limpiamente de esta imagen a María, la madre del Salvador. Así, en el enlace entre persona y comunidad, tal y como encontramos en este texto, está anticipada la reciprocidad entre María y la Iglesia, que se ha desarrollado poco a poco en la teología de los Padres y que, finalmente, ha sido hecha suya de nuevo por el Concilio. Que más tarde ambas se desmoronaron, que María se presenta como un individuo colmado de privilegios que, por ello, se ha vuelto infinitamente lejano para nosotros, y que la Iglesia es considerada, a su vez, de forma impersonal y puramente institucional, ha dañado en igual medida tanto la mariología como la eclesiología. En ello repercuten las divisiones que el pensamiento occidental ha llevado a cabo a ojos vista y que tienen sus buenos motivos. Pero si queremos entender correctamente a la Iglesia y a María hemos de retrotraernos hacia esas divisiones para comprender la naturaleza supraindividual de la persona y la naturaleza suprainstitucional de la Iglesia, donde se remiten hacia sus orígenes persona y comunidad a partir de la fuerza del Señor, del nuevo Adán. La perspectiva mariana de la Iglesia y la perspectiva eclesial, histórico-salvífica de María nos conducen finalmente de nuevo a Cristo y al Dios trinitario, porque sólo aquí se hace visible lo que significa santidad, lo que supone que Dios habite en el hombre y en el mundo, lo que hemos de entender por la tensa espera «escatológica» de la Iglesia. Sólo así ronda el capítulo de María la eclesiología conciliar y nos lleva de nuevo hacia su punto de partida cristológico y trinitario.

Para dar algo de sabor de la teología de los Padres quiero proponer, para concluir, un texto de san Ambrosio escogido por Hugo Rahner:

> «¡Así que estad seguros de esto en el fondo de vuestro corazón! ... Lo que significa el permanecer nos lo ha enseñado el Apóstol, Moisés lo ha escrito: "El lugar donde estás es tierra sagrada". Nadie está que no permanezca en la fe... Y también se ha escrito: "Tú, sin embargo, permanece en mí". Tú permaneces en mí cuando estás en la Iglesia. La Iglesia es la tierra sagrada en la que debemos estar... Permanece allí donde te mostraré, allí estaré yo contigo. Donde está la Iglesia, allí está el lugar firme de origen de tu corazón. En la Iglesia descansan los fundamentos de tu alma. Pues en la Iglesia me he mostrado a ti como una vez en la zarza ardiente. La zarza ardiente eres tú, yo soy el fuego. Fuego en la zarza ardiente soy yo en tu carne. Fuego soy yo para iluminarte; para prender el sequedal de tus pecados, para darte el favor de mi gracia» [20].

---

[20] Ambrosius, *Epistola* 63, 41.42 (PL 16, 1200 C/D), citado y traducido por H. Rahner, *Mater Ecclesia. Lobpreis der Kirche aus dem resten Jahrhundert* (Benziger, Zürich 1944) 64.

VII

MINISTERIO Y VIDA DEL SACERDOTE

1. Consideración previa sobre el estado de la cuestión

Cuando los Padres del Concilio Vaticano II elaboraron el Decreto sobre el ministerio y vida de los presbíteros se trataba, ante todo, de dirigir una palabra de aliento a los sacerdotes tras los grandes debates sobre el ministerio episcopal, así como tras las significativas declaraciones sobre el lugar de los laicos en la Iglesia y sobre la vida consagrada. Era evidente que para ello no podía contentarse con algún tipo de consuelo piadoso. Después de que los obispos hubieron despejado el significado de su ministerio y de su fundamento teológico, la palabra para los sacerdotes también había de tener calado teológico. Sólo de esta manera podría ser reconocimiento convincente de su labor y aliento para su trabajo.

Tal palabra hacia los sacerdotes sólo era necesaria, sin embargo, con motivo de la relación entre los «estados» en la Iglesia. Cuando los Padres subrayaron el significado autónomo del ministerio episcopal frente al ministerio del sucesor de Pedro, tenían que estar seguros de un acuerdo amplio en la opinión pública de la Iglesia, y especialmente también en el ecumenismo cristiano. En cambio, el concepto católico del sacerdocio había perdido también su valor natural en el interior de la conciencia eclesial; ciertamente, la crisis de este concepto, que tras el Concilio pudo percibirse rápidamente y derivó en la crisis de la existencia y las vocaciones sacerdotales, aún no se había expresado plenamente, pero ya estaba en camino. Por un lado, resultó de un sentimiento vital transformado en el que lo sagrado cada vez se entendía menos, y lo funcional se elevaba a la única categoría determinante.

Pero, por otra parte, también tenía absolutas raíces teológicas, que, a partir de la cambiante situación social, habían desarrollado ahora una fuerza vital imprevista. La misma interpretación del Nuevo Testamento parecía confirmar de forma totalmente enérgica una consideración no-sagrada de todos los ministerios eclesiásticos. No se veía continuidad entre los ministerios sagrados del Antiguo Testamento y los nuevos ministerios de la Iglesia naciente; aún menos podía reconocerse una conexión con las representaciones paganas del sacerdocio. La novedad de lo cristiano parecía manifestarse precisamente en la desacralización de los ministros. Los servidores de las comunidades cristianas no se llamaban sacerdotes (*hiereis*), sino presbíteros (más antiguo). Es evidente que en esta forma de consideración por parte del Nuevo Testamento estaba actuante, fundamentalmente, el origen protestante de la exégesis moderna, pero esto no cambiaba la evidencia que, contrariamente, parecía corresponder a tal interpretación: la cuestión era palpitante, aunque Lutero no hubiese tenido razón frente a Trento.

Así, se enfrentaban y se enfrentan dos concepciones del ministerio sacerdotal: por una parte, una perspectiva socio-funcional que circunscribe la esencia del sacerdocio al concepto «servicio» —concretamente servicio a la comunidad en la realización de una función en el ámbito social de la Iglesia—. Por otra parte se encuentra una consideración ontológico-sacramental que, por supuesto, no niega el carácter de servicio del sacerdocio, pero lo ve cimentado en el ser del servicio, y este ser se sabe de nuevo determinado por un don que ha sido regalado por el Señor a través de la mediación de la Iglesia, y que se llama sacramento. Junto a la perspectiva funcional se une también un desplazamiento terminológico. Se evita claramente el término determinado sacralmente «sacerdote/sacerdocio», y se sustituye por el término funcional neutral «ministerio», que, hasta entonces, no había desempeñado apenas un papel en la teología católica.

Esta diferencia en la comprensión de la esencia del ministerio sacerdotal se corresponde también, hasta un cierto grado, con una distinta acentuación en la definición de las tareas de los sacerdotes: a la centralidad de la eucaristía que se había hecho clásica en el catolicismo para el sacerdocio (*sacerdos – sacrificium*) se opone el primado de la palabra, que hasta ahora había pasado como lo típico protestante. Ciertamente, una concepción del sacerdocio pensada desde el primado de la palabra de ninguna manera ha de ser necesariamente antisacramental: el mismo decreto sacerdotal del Vaticano II muestra lo contrario. *En este punto surge la pregunta sobre hasta qué punto tienen que ser de algún modo excluyentes las alternativas presentadas y hasta qué punto pueden fructificar una frente a la otra y, con ello, resolverse desde dentro.* Se trata de la pregunta provocada por el Vaticano II acerca de en qué medida puede prolongarse la imagen del sacerdote que se hizo clásica tras Trento, y cómo puede desarrollarse a partir de los interrogantes de la Reforma, de la exégesis crítica y del sentimiento vital de la Modernidad sin pérdida de lo esencial; hasta qué punto también, a la inversa, la idea protestante de «ministerio» permite abrirse a la tradición viva de la Iglesia católica de oriente y de occidente. Pues en la cuestión del sacerdocio no hay, según Trento, ningún tipo de diferencia esencial entre catolicismo e Iglesia ortodoxa.

2. Sobre la naturaleza del ministerio sacerdotal

El Vaticano II no ha entrado en estas cuestiones que, precisamente entonces, se abrían. Tras los grandes debates sobre la colegialidad episcopal, sobre el ecumenismo, la libertad de religión y las cuestiones del mundo moderno ya no se disponía para ello ni de tiempo ni de fuerza. Así, los sínodos de 1971 y de 1990 retomaron el tema del sacerdocio y continuaron las afirmaciones conciliares; la Carta del Jueves santo del Papa y el Directorio de la Congregación del Clero concretizaron todo ello para el día a día de la vida sacerdotal. Pero, aun cuando el Decreto conciliar no se refiere expresamente a las controversias de la actualidad, sí que facilitó la orientación fundamental sobre la que poder levantar todo el resto.

¿Qué respuestas encontramos, por tanto, justamente para los problemas reseñados? Para decirlo de otra manera: no se puede comprometer al Concilio por una determinada alternativa. En la definición introductoria del sacerdocio se dice que los sacerdotes, a través de la ordenación, son promovidos para servir a Cristo Maestro, Sacerdote y Rey, y a participar de su ministerio, por el que la Iglesia es edificada aquí en la tierra como pueblo de Dios, cuerpo de Cristo y templo del Espíritu Santo (1). En el segundo punto se habla de la potestad para ofrecer el sacrificio y perdonar los pecados. Esta misión especial del sacerdote, sin embargo, es insertada expresamente en una perspectiva histórico-dinámica de la Iglesia: en ella todos tienen «parte en la misión» de todo el cuerpo, pero «no todos tienen la misma función» (cf. Rom 12,4). Resumamos lo dicho hasta ahora, y, así, podemos constatar que el primer capítulo del Decreto pone el acento claramente sobre el aspecto ontológico del ser sacerdotal, y con ello subraya también la potestad para ofrecer el sacrificio. Ésta aparece descrita una vez más al comienzo de la tercera sección: «Los presbíteros, tomados de entre los hombres y puestos a favor de los hombres en lo que se refiere a Dios para que ofrezcan sacrificios por los pecados, viven con los demás hombres como hermanos». Lo nuevo, frente a Trento, ha de verse en la *fuerte acentuación de la relación de vida eclesial y el camino comunitario de toda la Iglesia* donde es colocada esa visión clásica.

Esto se percibe todavía mejor cuando, al comienzo del segundo capítulo, se dice de la tarea concreta de los presbíteros: «El primer deber de los presbíteros como colaboradores de los obispos» es «anunciar a todos el Evangelio» (4). Aquí aparece ahora expresado con claridad el primado de la palabra, es decir, el servicio de evangelizar. Así resuena la pregunta: ¿Cómo se relacionan entre sí ambas series de afirmaciones: «*consiste en ofrecer el sacrificio eucarístico y administrar los sacramentos*» y «*el primer deber* (primum officium) *es anunciar el Evangelio* (Evangelium evangelizandi)»?

2.1. *Fundamentación cristológica*

Para hallar una respuesta hemos de preguntar primero: *¿qué significa realmente «evangelizar»?* ¿En qué consiste? ¿Qué es ese Evangelio? Una vez más: para fundamentar el primado del anuncio del Evangelio, el Concilio podía muy bien haberse remitido a los evangelios. Se me ocurre algo a raíz del episodio breve y significativo que se encuentra al comienzo del Evangelio de Marcos, cuando el Señor, que es buscado por todos por su poder milagroso, se retira a un lugar solitario y, allí, reza (Mc 1,35ss). Ante la insistencia de «Pedro y sus compañeros», el Señor responde: «Vámonos a otra parte, a las aldeas cercanas, que voy a predicar también allí; para eso he salido» (1,38). Como finalidad específica de su venida Jesús señala el *anuncio del Reino de Dios*. Por ello, esto tiene que regir como la prioridad determinante de todos sus servidores: se desplazan para proclamar el Reino de Dios, es decir, hacer del Dios vivo, actuante y presente la prioridad de nuestra propia vida. Ahora, para una comprensión correcta de esta prioridad se pueden extraer ya de esta pequeña perícopa dos razonamientos adicionales: ese anuncio va unido mano a mano con el recogimiento en la soledad de la oración personal. Precisamente tal recogimiento parece ser su condición de posibilidad; y, está unido con la «expulsión de los demonios» (1,39), es decir: no se trata sólo de palabras, sino al mismo tiempo de actuación eficaz. No tiene lugar dentro de un hermoso mundo santificado sino en un mundo dominado por demonios, y significa una intervención liberadora en ese mundo.

Pero hemos de dar un paso más y contemplar todo el Evangelio tras la pequeña, pero significativa, perícopa de Marcos para comprender correctamente la prioridad de Jesús. Él anuncia el Reino de Dios; lo hace, sobre todo, con parábolas, y también en la forma de signos, en los que adviene ese Reino sobre los hombres como poder actual. Palabra y signos son inseparables. Donde los signos son vistos como meros milagros, sin su mensaje, Jesús interrumpe su actuación. Pero tampoco permite que su predicación sea considerada como mero asunto intelectual, como materia para debates: su palabra exige decisión, produce realidad. Es, en este sentido, palabra «encarnada»; la correspondencia de palabra y signo muestra la estructura «sacramental»[1].

Todavía hemos de dar otro paso. Jesús no comparte contenidos que son independientes de su persona, como normalmente hace un maestro o un narrador. Él es más que un rabí, es distinto. En el desarrollo de su predicación se ve cada vez más claro que, en las parábolas, habla de sí mismo, que el «Reino» y su persona están unidos, que el Reino llega en su persona. La decisión que él exige es una decisión para estar con él, como Pedro hace al decir: tú eres el Mesías (Mc 8,29). Finalmente, destaca claramente como contenido de la predi-

---

[1] He presentado estas relaciones algo más detalladamente en mi pequeño libro: *Evangelium – Katechese – Katechismus* (München 1995) 35-43.

cación del Reino de Dios el propio misterio pascual de Jesús, su destino de muerte y resurrección; así, de forma particular, en la parábola de los labradores homicidas (Mc 12,1-11). Ahora se entrelazan palabra y realidad de una forma nueva: la parábola provoca la ira de los enemigos que, precisamente, hacen todo lo que se narra. Ellos matan al hijo. Esto significa: las parábolas estarían vacías sin la persona viva del Hijo encarnado que «se traslada» (Mc 1,38), que «ha sido enviado» por el Padre (12,6). Estarían vacías sin la verificación de la palabra de la cruz y la resurrección. De esta forma, entendemos ahora que la predicación de Jesús hay que considerarla desde un sentido «sacramental» aún más profundo de lo que hasta ahora habíamos podido ver: su palabra lleva en sí la realidad de la Encarnación y el tema de la cruz y la resurrección. Es palabra-acto en este sentido totalmente profundo. Así lo presupone la Iglesia en la correspondencia de predicación y eucaristía, pero también de predicación y testimonio vivo y sufriente.

Desde una perspectiva pascual, como aparece en el evangelio de Juan, hemos de dar todavía otro paso. Jesús es el Mesías, había dicho Pedro. Jesucristo es el Logos, añade ahora Juan. Él mismo es la eterna Palabra del Padre que está junto a Dios y que es Dios (Jn 1,1). En él esa Palabra se ha hecho carne y ha habitado entre nosotros (Jn 1,14). El anuncio cristiano no consiste en palabras, sino en *la* Palabra. «Por tanto, cuando se habla de servicio a la Palabra de Dios se está pensando al mismo tiempo en la relación intratrinitaria»[2], y al mismo tiempo «que este servicio participa de la función de la Encarnación»[3]. Con razón se llama la atención sobre el hecho

---

[2] F. Genn, *Trinität und Amt nach Augustinus* (Einsiedeln 1986) 181.
[3] *Ibíd.*, 183.

de que la predicación de Jesús se diferencia fundamentalmente de la enseñanza de los rabinos en que el «yo» de Jesús le sitúa a él mismo en el centro neurálgico de su mensaje [4]. Pero, al mismo tiempo, hay que recordar que Jesús mismo, como algo característico de su discurso, ha señalado que él no habla «en nombre propio» (Jn 5,43; cf. 7,16); su «yo» está totalmente volcado hacia el «Tú» del Padre, no se encuentra en sí mismo, sino que conduce hacia el interior de la dinámica de la relación trinitaria. Para el *predicador cristiano* esto significa que él *no habla de sí, sino que se convierte en voz de Cristo para de esta forma crearle espacio al mismo Logos y, a través de la comunión con el hombre Jesús, conducir hacia la comunión con el Dios vivo.*

Con esto volvemos al Decreto sacerdotal del Vaticano II. Habla de las distintas formas de anuncio y señala como constante en todas estas formas: que el sacerdote no puede enseñar su propia sabiduría, sino que siempre se trata de la Palabra de Dios, que lleva a la verdad y a la salvación (4). El servicio a la palabra exige creciente auto-expropiación del sacerdote, se encuentra bajo el modelo de las palabras de Pablo: «Ya no vivo yo, vive en mí Cristo» (Gál 2,20). Me viene a la memoria una anécdota de los orígenes del Opus Dei. Una joven había tenido la ocasión de participar por primera vez en conferencias del fundador, don J. M. Escrivá. Sobre todo tenía curiosidad por escuchar a tan elogiado orador. Pero cuando participó con él de la misa —así lo contaba después— ya no quería seguir escuchando a un orador humano, sino sólo reconocer la palabra y la voluntad de Dios. El servicio de la palabra exige del sacerdote la participación en la

---

[4] Cf. por ejemplo B. R. Aron, *Die verborgenen Jahren Jesu* (Frankfurt 1962) 237s.; J. Neusner, *A Rabbi talks with Jesus* (Doubleday, 1993) 30.

kénosis de Cristo, el abrirse y el perecer en Cristo. Que él no habla de sí mismo, sino que porta el mensaje de otro no significa, ciertamente, una falta de participación personal, sino lo contrario: un perderse dentro de Cristo que asume el camino de su misterio pascual y, de esta forma, conduce al verdadero encuentro consigo mismo y la comunión con él, que es la Palabra de Dios en persona. Esta estructura pascual del «no yo» y, así, del plenamente del «yo mismo», muestra cómo, de forma totalmente definitiva, el servicio de la palabra, más allá de todo lo funcional, lleva hacia el Ser y presupone el sacerdocio como sacramento.

2.2. *Respaldo de la tradición (san Agustín)*

Ya que aquí somos remitidos al punto central de nuestra cuestión, quisiera intentar aún describir esto a través de dos grupos de imágenes extraídos de los escritos de san Agustín que están tomados, a su vez, a partir de la contemplación de la palabra bíblica y, al mismo tiempo, han influido esencialmente en la tradición dogmática de la Iglesia católica.

Así, en primer lugar nos encontramos con la denominación del sacerdote como *servus Dei* o como *servus Christi* [5]. En el trasfondo de este discurso del Siervo de Cristo, tomado del lenguaje eclesial de entonces, se encuentra el himno a Cristo de Flp 2,5-11: Cristo, el Hijo de Dios, ha adquirido figura de siervo, se ha hecho siervo por nosotros. Hemos de dejar aquí a un lado la profunda teología de libertad y servicio que san Agustín desarrolla a este respecto. Es significativo

---

[5] Cf. F. Genn, *op. cit.*, 101-123; sobre el uso lingüístico general de «Servus Dei» en tiempos de san Agustín: P. Brown, *Augustinus von Hippo* (Leipzig 1972) 114-118.

para nuestra cuestión que el concepto de *siervo* es un concepto de relación. Siervo es alguien con relación a otro. Cuando el sacerdote es definido como siervo de Jesucristo, esto significa que su existencia está esencialmente determinada de forma relacional: el estar orientados hacia el Señor configura la naturaleza de su ministerio de tal forma que se extiende hasta dentro de su mismo ser. Él es servidor de Cristo, para, desde él, ser con él y para él servidor de los hombres. La relación con Cristo no se opone a la orientación a la comunidad (a la Iglesia), sino que es su fundamento, y sólo ella le otorga su profundidad absoluta. Estar remitido hacia Cristo significa ser introducido en su propia existencia de siervo, y estar con él al servicio del «cuerpo», de la Iglesia. Precisamente porque el sacerdote pertenece a Cristo, pertenece radicalmente a los hombres. Sólo de esta forma puede dedicarse a él de forma tan profunda e incondicional. Esto significa, nuevamente, que la comprensión ontológica del ministerio sacerdotal, que se extiende hacia el interior del ser del que está confuso, no se opone a la seriedad de lo funcional, de la dimensión social, sino que logra una radicalidad en el servir que no sería pensable en el ámbito meramente profano.

Con el concepto de «siervo» está relacionada la imagen del *carácter indeleble,* que ha pasado a formar parte de la fe de la Iglesia. «Carácter» significa en el lenguaje de la antigüedad tardía el sello de propiedad que se le estampa a una cosa, un animal, o, incluso, a una persona, y que ya no puede ser borrado. De esta forma, es declarada propiedad de forma irrevocable y «evoca a su Señor». Podríamos decir que «carácter» significa pertenencia que sella a la misma existencia. En esto, la imagen de carácter vuelve a expresar el estar remitidos, el estar referidos, del que precisamente hemos hablado. Y, concretamente, es una pertenencia de la que no se puede disponer por sí mismos; la iniciativa para ello proviene del propietario, de Cristo. Con ello se aclara la naturaleza del sacramento: yo no puedo simplemente declararme como perteneciente al Señor. Él tiene que aceptarme primeramente como suyo, entonces puedo introducirme en ese ser aceptado y asumirlo por mi parte, intentar vivirlo. En esto, la palabra «carácter» describe, por tanto, el carácter de suyo del servicio a Cristo que descansa en el sacerdocio y aclara, al mismo tiempo, lo que quiere decirse con su sacramentalidad. Sólo desde aquí puede entenderse, pues, cómo describe el carácter funcional (e igualmente ontológico) como *ius dandi*, como presupuesto para la administración válida de los sacramentos [6]. La pertenencia al Señor que se ha hecho siervo es pertenencia para los suyos. Significa que ahora *el siervo puede dar en los signos sagrados lo que por sí mismo no es capaz de dar*: él administra el Espíritu Santo, absuelve los pecados, actualiza el sacrificio de Cristo y a él mismo en su santo cuerpo y sangre; todo prerrogativas de Dios que ningún hombre puede darse a sí mismo, y para las que ninguna comunidad puede delegarle. El hecho de que el «carácter» sea expresión del servicio a la comunión lo muestra, *por una parte, en cómo, finalmente, el mismo Señor siempre actúa* y, *por otra parte, en cómo él, en la Iglesia visible, actúa a través de los hombres*. Así garantiza el carácter la «validez» del sacramento también en el caso de siervos indignos, aunque él es, al mismo tiempo, juicio para esos siervos, y exigencia para vivir el sacramento.

Digamos todavía unas breves palabras sobre una segunda exposición con la que san Agustín intentaba aclarar para sí mismo y para sus fieles la naturaleza del ministerio sacerdotal. Se le ocurrió a partir de la meditación sobre la figura de

---

[6] Genn, *op. cit.*, 34, 63s; acerca del concepto antiguo de carácter (correspondiente al griego estigma, *esphragis*) cf. H. Schlier, *Der Brief an die Galater* (Göttingen 1962) 284, con más bibliografía allí.

Juan el Bautista, en el que él encuentra prefigurada la función del sacerdote [7]. Advierte que Juan, en el Nuevo Testamento, con una palabra tomada de un dicho es denominado como «voz», mientras que Cristo aparece en el evangelio de Juan como «la Palabra». *La relación entre «voz» (vox) y «palabra» (verbum)* ayuda a entender la reciprocidad entre Cristo y el sacerdote. La palabra existe en el corazón, sólo por la voz se hace perceptible físicamente. Por la mediación de la voz se entra en la percepción del otro y, entonces, se hace presente también en su corazón, sin lo que el orador de la palabra se perdería. El sonido material, la voz, por tanto, que contiene la palabra de uno hacia otro (o hacia otros), va por delante. La Palabra permanece. *Misión del sacerdote* es, en definitiva y sencillamente, ser *voz para la Palabra:* «Yo tengo que menguar, él tiene que crecer»; la voz no tiene ningún otro sentido que procurar la palabra; luego retrocede. Grandeza y miseria del ministerio sacerdotal se manifiestan a partir de aquí en igual medida: el sacerdote es, como Juan el Bautista, mero precursor, servidor de la Palabra. No se trata de él, sino de otro. Pero él es *vox* en toda su existencia; es su misión convertirse en voz de la Palabra, y, precisamente de este modo, en su ser remisión radical, participa en la grandeza de la misión del Bautista, en la misión del mismo Logos. En la misma línea, san Agustín denomina al sacerdote «amigo del novio» (Jn 3,29), al que no le corresponde la novia, pero como amigo participa de la alegría de la boda: el Señor ha convertido al siervo en amigo (Jn 15,15), que, ahora, pertenece a la casa y se queda en la casa; de siervo se ha convertido en pretendiente (Gál 4,7; 4,21-5,1) [8].

---

[7] *Sermo* 293,1-3: PL 38, 1327s.
[8] Genn, *op.cit.*, 139 ss.

3. Cristología y eclesiología: el carácter eclesial del sacerdocio

Con lo dicho hasta ahora hemos hablado del carácter cristológico del sacerdocio, que siempre es un carácter trinitario, pues el Hijo, según su naturaleza, procedente del Padre y se dirige hacia Él. Él se da en el Espíritu Santo, que es el amor y, por ello, el darse en persona. El decreto conciliar subraya pues, con razón, dando un paso más, el carácter eclesial del ministerio, que no puede separarse de su fundamento cristológico-trinitario. La encarnación de la Palabra significa que Dios no quiere simplemente llegar al espíritu de los hombres a través del Espíritu, sino que Él le busca a través del mundo material, que Él quiere afectarle también precisamente como ser social e histórico. *Dios quiere llegar a los hombres a través de los hombres.* Dios ha venido de tal forma a los hombres que ellos se encuentran entre sí por Él y en Él. De esta forma, la encarnación comprende la *comunitariedad e historicidad* de la fe. El camino por el cuerpo significa que la realidad temporal y la socialidad del hombre se convierten en factores de la relación humana con Dios, que, de nuevo, se basa en la precedente relación humana de Dios. Por ello, cristología y eclesiología son inseparables entre ellas: la actuación de Dios crea el «pueblo de Dios» y el «pueblo de Dios» se convierte a partir de Cristo en «cuerpo de Cristo», según la profunda interpretación que Pablo hace en la carta a los Gálatas de la promesa a Abrahán. Ésta fue hecha —así lee Pablo en el Antiguo Testamento— «a la descendencia» de Abrahán, por tanto no a muchos, sino a uno. La actuación de Dios, conforme a eso, tiende a que nosotros, los muchos, lleguemos a ser no simplemente «uno», sino «de uno», en la comunión corporal con Jesucristo (Gál 3,16s, 28).

El Concilio ha subrayado precisamente a partir de esta profundidad eclesiológica de la cristología la dinámica histórico-universal del acontecimiento de Cristo, a cuyo servicio está el sacerdote. La meta última para todos nosotros es que seremos felices. Pero *sólo hay felicidad en la solidaridad de unos con otros*, y sólo se da ésta *en la infinitud del amor*. Sólo hay felicidad en la introducción del yo en el interior de lo divino, en la divinización. Así, dice el Concilio con san Agustín que la meta de la historia es que la humanidad se transforme en amor: así será adoración, culto vivo, «ciudad de Dios». Y así se cumple el anhelo más íntimo de la creación, que Dios sea todo en todas las cosas (1 Cor 15,28; Decreto sacerdotal 2,42-55; san Agustín DcD X 6). Lo que es el culto, lo que son los sacramentos, sólo se puede entender definitivamente desde esta gran perspectiva.

Precisamente esta perspectiva que se muestra en el conjunto de las últimas preguntas conduce también a algo totalmente concreto: porque es así, la fe cristiana nunca es mera relación subjetiva o personal-privada con Cristo y su palabra, sino que es totalmente concreta y eclesial. El Decreto conciliar subraya desde aquí, de una forma quizá un poco forzada, la orientación de los presbíteros hacia el obispo: le representan, actúan en su nombre y misión. La gran obediencia cristológica, contra la que se volvió el desobediente Adán, se concretiza en la *obediencia eclesiástica* y, para los sacerdotes, la obediencia eclesiástica se patentiza en la obediencia a su obispo. El Concilio debía haber acentuado aún más que primero tiene que existir la *obediencia común de todos respecto a la palabra de Dios y su presentación en la tradición viva de la Iglesia*. Este compromiso común es también libertad común; protege de la arbitrariedad y garantiza el verdadero carácter cristológico de la obediencia eclesiástica. La obediencia eclesiástica no es positivista, no se trata simplemente de una autoridad formal. Consiste en aquello que es en sí mismo obediente y que personifica a Cristo obediente. Pero es independiente de la virtud y la santidad del ministro, precisamente porque él se refiere a lo objetivo de la fe dada por el

Señor que supera toda subjetividad. En el hecho de que la obediencia al obispo va también más allá de la propia Iglesia local se trata también de obediencia católica: el obispo es obedecido porque él representa aquí a toda la Iglesia en un lugar. Y se trata de una obediencia que remite más allá del momento histórico hacia la totalidad de la historia de la fe. Se basa en todo lo que ha crecido en la *communio sanctorum*, y se abre precisamente así al futuro en el que Dios será todo en todas las cosas y nosotros seremos uno sólo. De ahí que en la exigencia de obediencia descanse una exigencia más seria hacia la que representa la autoridad. Pero esto no significa que la obediencia sea condicional: es totalmente concreta. No obedezco a un Jesús que yo u otros imaginamos a partir de la Escritura; entonces obedecería sólo a mis propias ideas preferidas y me adoraría a mí mismo en la imagen de Jesús creada por mí. No, obedecer a Cristo significa obedecer a su cuerpo, a él en su cuerpo. A partir de la Carta a los Filipenses figura la obediencia a Jesús, como desbordamiento de la desobediencia de Adán, en el centro del acontecimiento salvífico. En la vida sacerdotal esta obediencia ha de concretarse como obediencia respecto a la autoridad de la Iglesia, que está encarnada en el obispo. Sólo de esta forma llegará a ser real el rechazo de la autodivinización. Sólo así será vencido Adán dentro de nosotros y abierto el nuevo ser humano. En un tiempo en que la emancipación es vista como el núcleo propio de la liberación y la libertad aparece como el derecho a hacer todo y sólo aquello que yo mismo quiero, el concepto de obediencia está, por decirlo así, anatematizado. No sólo ha sido eliminado de nuestro vocabulario, sino de nuestro pensamiento. Pero, precisamente este concepto de libertad origina la incapacidad para la relación personal, la incapacidad para amar. Esclaviza a los hombres. Por eso, la obediencia rectamente entendida ha de ser rehabilitada y situada de nuevo en el centro de la espiritualidad cristiana y sacerdotal.

4. Aplicación espiritual

Allí donde la cristología es entendida pneumatológica y trinitariamente y, al mismo tiempo, eclesialmente, surge —lo hemos visto— el paso a la espiritualidad, a la pregunta por la fe vivida totalmente desde sí misma. El decreto conciliar, una vez ya puestos los fundamentos dogmáticos también en la Constitución sobre la Iglesia, se ha ocupado de forma muy especial de este aspecto, también con afirmaciones muy concretas. Sólo quiero todavía entresacar de allí un aspecto. En el número 14 el Decreto habla del difícil problema sobre cómo puede salvaguardar el sacerdote la unidad interna de su vida cuando está dividido por la cantidad de sus, a menudo, muy distintas tareas. Un problema que, en medio de la creciente carencia de sacerdotes, amenaza con convertirse cada vez más en la crisis particular de la existencia sacerdotal. Un párroco, al que hoy se le encomiendan tres o cuatro parroquias, se encuentra siempre de camino de un lugar a otro; la situación, que es muy bien conocida por los misioneros, se convertirá también en la regla para los países originariamente cristianos. El sacerdote ha de intentar asegurar la procuración sacramental de las comunidades, trabajos de administración le asedian, cuestiones de todo tipo le reclaman y, además, la necesidad personal de muchos hombres para los que, debido a todo esto, frecuentemente apenas encuentra tiempo todavía. Entre tales actividades que le traen de acá para allá, él se siente vacío, y cada vez le resulta más difícil encontrar tiempo para retirarse y reunir nuevas fuerzas e inspiración. Dividido exteriormente y vacío interiormente, pierde la alegría en su labor, que, finalmente, sólo le parece una carga y apenas puede aún soportarla. Se impone la huída.

El Concilio ha ofrecido tres impulsos para superar esta situación. El motivo fundamental es la comunión interna con Cristo, cuyo alimento era cumplir la voluntad del Padre (Jn 4,34). Es importante que la unidad ontológica con Cristo se haga viva en la conciencia y, así, en la actuación: todo lo que hago, lo hago en comunión con él. Precisamente al hacerlo, estoy con él. La variedad y lo a menudo verdaderamente contradictorio de mis actividades conforman una tarea: todo es ser con Cristo, actuación instrumental en comunión con él.

De aquí resulta un segundo motivo: la ascesis sacerdotal, junto a la tarea pastoral, no se puede establecer como una carga añadida y una tarea que sobrecargará mi día aún más. En el mismo hacer aprendo a superarme, dejar mi vida y entregarla; en el desengaño y el fracaso aprendo a renunciar, a aceptar el dolor, a abandonarme. En la alegría del éxito aprendo a ser agradecido. En la celebración de los sacramentos los acojo a ellos mismos interiormente; yo no realizo ningún tipo de trabajo externo, hablo con Cristo, a través de Cristo con el Dios trino, y rezo así con y por los demás. Esta ascesis del ministerio, el mismo ministerio como ascesis personal de mi vida es, sin duda alguna, un motivo muy importante que ciertamente reclama una y otra vez ejercitación consciente, un ordenamiento interior de la tarea desde su ser.

De esta forma, se hace imprescindible un tercer motivo. También cuando intento vivir el ministerio como ascesis, la actividad sacramental como encuentro personal con Cristo, necesito momentos de respiro para que esa dirección interior pueda llegar a ser real de algún modo. Todo esto —dice el Decreto conciliar— sólo puede llegar a lograrse si los sacerdotes se introducen cada vez más profundamente, a través de su vida, en el *mysterium Christi*. Más llamativo es lo que san Carlos Borromeo, desde su propia experiencia, dice sobre este tema: si el sacerdote quiere alcanzar una vida verdaderamente sacerdotal, tiene que centrarse en esto: ayunar, orar, evitar el trato con hombres malvados así como confianzas perjudiciales y peligrosas. «Si en ti ya ha prendido una pequeña chispa del amor divino entonces no la menosprecies, no la expongas al viento...; manténte unido a Dios... ¿Eres pastor de almas? Para ello no descuides el cuidado para contigo mismo; no te dividas tan generosamente de tal forma que ya no quede nada para ti mismo; pues así como tú has de pensar en las almas de los demás, para las que tú estás aquí, del mismo modo no debes olvidar tu propia alma... Cuando administres los sacramentos medita lo que haces. Cuando celebres la misa medita lo que ofreces; cuando reces salmos en el coro medita a quién se lo dices y qué dices; cuando guíes las almas medita con qué sangre han sido limpiadas...»[9]. Por sí solo, el *«meditare»* (meditar), que aparece en cuatro ocasiones, muestra lo esencial que es para este gran pastor de almas la profundización interior en orden a nuestro hacer. Por ello sabemos de qué forma tan radical se dio a sí mismo Carlos Borromeo a los hombres, muriendo a los 46 años consumido por la devoción de su ministerio. Precisamente este hombre, que se consumió realmente por Cristo y, desde él, por los hombres, nos enseña que tal donación de sí mismo no es posible sin el cuidado y el refugio de una verdadera interioridad creyente. En este punto hemos de aprender de nuevo una vez más. En las últimas décadas la interioridad fue sospechosa de intimismo y privacidad. Pero servicio sin interioridad se convierte en activismo vacío. La desilusión de no pocos sacerdotes, que se habían acercado a su misión con gran idealismo, consiste en definitiva en esa sospecha acerca de la interioridad. Tiempo para Dios, para el propio estar

---

[9] *Acta Ecclesiae Mediolanensis* (Milano 1599) 1177s: «Brevierlesung am 4. November».

interior ante él, es una prioridad pastoral que, en cierto modo, y valga la redundancia, es prioritaria respecto a todas las demás prioridades que son igualmente importantes. No es una carga añadida, sino la respiración del alma, sin la cual nos quedamos necesariamente sin aliento, perdemos el aliento espiritual, el aliento del Espíritu Santo. También son importantes y oportunas otras formas de descanso, pero la manera fundamental de descansar de la obra y aprender a amar de nuevo es la búsqueda interior del rostro de Dios, que siempre nos devuelve de nuevo la alegría en Dios. Un humilde, y en su sencillez, gran párroco de nuestro siglo, don Didimo Mantiero (1912-1992) de Bassano del Grapa, escribió en su diario espiritual: «Los convertidos han sido y serán siempre una ganancia de la oración y el sacrificio de los fieles anónimos. Cristo no ganaba las almas por la fuerza de su maravilloso discurso, sino sobre todo por la fuerza de su oración constante. Durante el día predicaba, pero por la noche rezaba»[10]. Las almas, es decir, las personas vivas, no se mueven hacia Dios simplemente a través de la persuasión o del debate. Ellas quieren ser interpeladas por Dios para Dios. Por ello, la interioridad cristiana es también la acción pastoral más importante de todas. En nuestras planificaciones pastorales debería considerarse esto mucho más intensamente. Hemos de aprender de nuevo, finalmente, que necesitamos menos discusión y más oración.

---

[10] L. Grygiel, *La «Dieci» di don Didimo Mantiero* (San Paolo, Milano 1995) 54.

5. Perspectiva final: La unidad mediada cristológicamente entre Antiguo y Nuevo Testamento

Como conclusión quiero volver otra vez sobre la problemática esbozada en la introducción: ¿Qué significa el sacerdocio de la Iglesia según el Nuevo Testamento? ¿Existe esto de alguna forma? ¿Es cierto el reproche de los reformadores respecto a que la Iglesia ha traicionado la novedad del cristianismo e, invalidando la inversión cristiana, ha vuelto a hacer de los presbíteros sacerdotes? ¿No debería haber permanecido estrictamente en la función de lo más antiguo, sin sacralización ni sacramentalización? Si se quiere responder adecuadamente a estas preguntas no bastan meras investigaciones terminológicas sobre la distinción inicial y la fusión que vino posteriormente entre los conceptos «presbítero» y «hieros» (sacerdote). Hay que ahondar más; toda la problemática de la relación entre Antiguo y Nuevo Testamento se encuentra en discusión. ¿Supone el Nuevo Testamento una ruptura esencial con el Antiguo o un cumplimiento esencial en el que es asumido todo de forma transformada y, justamente en la renovación, se conserva todo? ¿Se encuentra la gracia frente a la ley o existe una conexión interna entre ambas?

En primer lugar, hay que constatar históricamente que en el año 70 el templo de Jerusalén fue destruido, y, con ello, desapareció todo el bloque de sacrificio y sacerdocio, que en cierto modo constituía la pieza central de la «ley». El judaísmo ha intentado, por una parte, conservar esto que ha sido perdido transfiriendo en realidad los escritos sagrados del templo a la vida de los judíos [11]; por otra parte, ha anclado en

---

[11] Cf. Neusner, *op. cit.* en nota 4, por ej., 114s.

su espiritualidad la herencia perdida del templo en la forma de esperanza orante por el restablecimiento del culto de Jerusalén. La sinagoga, que constituye sólo un lugar de reunión para la oración, el anuncio y la escucha de la palabra, es un fragmento en la expectación de algo mayor. Una interpretación estrictamente reformada del ministerio espiritual y del culto cristiano reduce, empero, el cristianismo a una imagen de la sinagoga, a reunión, palabra y oración. La interpretación historicista de la unicidad del sacrificio de Cristo destierra el sacrificio y el culto al pasado y encierra en el presente tanto el sacerdocio como el sacrificio. Entre tanto, cada vez se puede ver más en las iglesias de la Reforma que, con ello, no puede comprenderse la grandeza y la profundidad del acontecimiento neotestamentario. De esta forma, no se habría cumplido el Antiguo Testamento. En la resurrección de Cristo, sin embargo, se ha construido el templo de una forma nueva por el propio poder de Dios (Jn 2,19). Este templo vivo —Cristo— es él mismo el nuevo sacrificio, que tiene en el cuerpo de Cristo, la Iglesia, su hoy permanente. Desde él y en él existe el verdadero ministerio sacerdotal del nuevo culto, en el que son realizadas todas las «figuras».

De ahí que haya que rechazar una concepción que presupone en los elementos del culto y del sacerdocio la ruptura total con la historia salvífica precristiana, y niega aquella conexión entre el sacerdocio veterotestamentario y el del Nuevo Testamento. De esa forma, el Nuevo Testamento no sería cumplimiento, sino oposición respecto a la Antigua Alianza; la unidad interna de la historia salvífica sería destruida. Por el sacrificio de Cristo y su aceptación en la resurrección, toda la herencia cultual y sacerdotal de la Antigua Alianza le ha sido entregada a la Iglesia. Toda esta plenitud del sí cristiano ha de ser subrayada frente a una reducción de la Iglesia a una sinagoga; sólo así se comprende la anchura y profundidad del ministerio de la sucesión apostólica. En este sentido, tenemos que decir con decisión, y no avergonzados y con disculpas: sí, el sacerdocio de la Iglesia es continuación y recepción del sacerdocio veterotestamentario, que precisamente en la novedad radical y transformadora halla su auténtico cumplimiento. También para la relación del cristianismo respecto a las religiones del mundo es importante esta perspectiva. Cuanto más comienza de nuevo el cristianismo lo mayor que proviene de Dios y que es totalmente distinto, tanto menos es sólo negación de la búsqueda humana. El gesto adventista de esas religiones, así quiere ser también a veces distorsionado y desfigurado, no cae en el vacío. Esta interpretación del sacerdocio no significa una depreciación del sacerdocio general de los bautizados. Nuevamente ha subrayado esto hermosamente san Agustín denominando a todos los creyentes siervos de Dios; sin embargo, a los sacerdotes los llama siervos de los siervos, y, desde la perspectiva de su misión, considera a los creyentes como sus señores [12]. El sacerdocio del Nuevo Testamento se encuentra en continuidad respecto del Señor que lava los pies: su grandeza sólo puede consistir en su humildad. Grandeza y bajeza están incluidas una en la otra desde que Cristo, siendo el más grande, se hizo el más pequeño, desde que él, el primero, ocupó el último lugar. Ser sacerdote significa entrar en esa comunidad de hacerse pequeños, y, así, participar en la gloria común de la salvación.

---

[12] Genn, *op. cit.*, 117s.

VIII

LOS MOVIMIENTOS ECLESIALES Y SU LUGAR TEOLÓGICO

En su gran encíclica sobre las misiones *Redemptoris missio* dice el santo Padre: «Dentro de la Iglesia se presentan diversos tipos de servicios, funciones, ministerios y formas de animación de la vida cristiana. Recuerdo, como novedad surgida recientemente en no pocas Iglesias, el gran desarrollo de los «Movimientos eclesiales», dotados de dinamismo misionero. Cuando se integran con humildad en la vida de las Iglesias locales y son acogidos cordialmente por Obispos y sacerdotes en las estructuras diocesanas y parroquiales, los Movimientos representan un verdadero don de Dios para la nueva evangelización y para la actividad misionera propiamente dicha. Por tanto, recomiendo difundirlos y valerse de ellos para dar nuevo vigor, sobre todo entre los jóvenes, a la vida cristiana y a la evangelización, con una visión pluralista de los modos de asociarse y de expresarse»[1].

Para mí personalmente fue un acontecimiento maravilloso cuando a comienzos de la década de 1970 entré en contacto por primera vez con movimientos como los neocatecumenales, Comunión y Liberación y focolares y experimenté con ello el ímpetu y el entusiasmo con el que ellos vivían la fe; desde la alegría de su fe también hacían partícipes a otros de lo que a ellos se les había regalado. Era el tiempo en el que Karl Rahner y otros utilizaban la expresión «período invernal en

---

[1] N° 72.

la Iglesia»; de hecho, tras la gran irrupción del Concilio parecía llegar el cansancio en lugar de la fresca primavera, en lugar de un nuevo dinamismo. El dinamismo parecía residir en algún sitio totalmente distinto, allí donde, por las propias fuerzas y sin necesitar a Dios, se disponía a construir el mejor mundo futuro. Que un mundo sin Dios no puede ser bueno, y mucho menos el mejor mundo, era algo manifiesto para todo observador. Pero, ¿dónde está Dios? ¿No se había llegado a cansar la Iglesia y a vaciar espiritualmente tras tantos debates y tras la búsqueda de nuevas estructuras? La frase de Rahner era del todo comprensible, expresaba una experiencia que todos hemos tenido. Pero entonces ocurrió algo que nadie había previsto. Entonces, el Espíritu Santo, por así decirlo, se había anunciado de nuevo a sí mismo. Precisamente en personas jóvenes se levantó de nuevo la fe, sin «peros» ni condiciones, sin pretextos ni escapatorias, experimentada en su totalidad como don y como regalo delicioso que permite vivir. Ciertamente, algunos se sentían estorbados en sus discusiones intelectuales o en sus modelos de construcción de una Iglesia totalmente distinta construida según su vivo retrato personal; ¿cómo podía ser de otro modo? Allí donde el Espíritu Santo irrumpe estorba siempre los planes particulares del hombre. Pero también existían, y existen, dificultades más serias. Pues esos movimientos mostraban enfermedades de la infancia. En ellos se podía sentir la fuerza del Espíritu, pero él actúa a través de los hombres, y no se libra fácilmente de sus debilidades. Había tendencias hacia la exclusividad, hacia acentuaciones parciales y, con ello, la incapacidad de adaptarse a la vida de las iglesias locales. Desde su juvenil ímpetu estaban convencidos de que la iglesia local tenía que decidirse en cierto modo a su forma y a su nivel, y no debían dejarse arrastrar hacia una estructura realmente algo incrustada en alguna ocasión. Se llegó a roces de los que, de distinta forma, ambas partes eran culpables. Se hizo necesario reflexionar cómo podrían llegar a una relación correcta ambas realidades, la irrupción determinada por la nueva situación y las formas duraderas de la vida eclesial, es decir, parroquia y obispado. En gran parte, se trata aquí de cuestiones totalmente prácticas que no se debían elevar demasiado hacia lo teórico. Pero, por otra parte, se trata también de un fenómeno periódicamente cambiante en distintas formas en la historia de la Iglesia. Existe la forma fundamental permanente de la vida de la Iglesia, en la que se expresa la continuidad de sus estructuras históricas. Y existe la irrupción siempre nueva del Espíritu Santo, que vuelve a darle vida a esa estructura y la renueva, pero este renovar tiene lugar de forma absoluta sin dolor y sin roces. No se puede renunciar a la pregunta fundamental acerca de cómo puede llegar a determinarse correctamente el lugar teológico de estos «movimientos» en la continuidad de las estructuras eclesiásticas.

1. Intentos de clarificación a través de una dialéctica de principios

1.1. *Institución y carisma*

Para la solución de la pregunta se ofrece además como esquema fundamental, la complementariedad de institución y acontecimiento, institución y carisma. Sin embargo, si se intentan examinar más de cerca ambos conceptos para llegar a unas reglas válidas para determinar la relación entre ellos, surge algo inesperado. El concepto «institución» se escapa de entre las manos de quien intenta definirlo teológicamente de forma precisa. Pues, ¿cuáles son los elementos institucionales de la Iglesia que la caracterizan como estructura permanente de su vida? Desde luego, el ministerio sacramental en sus distintos niveles: ministerio episcopal, sacerdote, diácono. El sacramento, que de manera significativa lleva el nombre de orden, es la única y definitiva estructura permanente y vinculante que, por así decirlo, forma el supuesto ordenamiento estable de la Iglesia y la constituye como «institución». Pero sólo en nuestro siglo ha tomado carta de naturaleza, si bien por motivos de conveniencia ecuménica, denominar el sacramento del orden sencillamente como «ministerio», con lo cual se presenta, pues, bajo la perspectiva de la institución, de lo institucional. Pero ese «ministerio» es un «sacramento», y con ello se rompe de forma totalmente clara la usual comprensión sociológica de las instituciones. Que el único elemento estructural permanente de la Iglesia es el sacramento significa, al mismo tiempo, que ha de ser siempre creado de nuevo por Dios. La Iglesia no dispone del sacramento por sí misma, el sacramento no está simplemente allí y es administrado por ella por su cuenta propia. Sólo en un segundo momento llega a los hombres a través de una llamada de la Iglesia, pero en primer lugar acontece por una llamada de Dios a estos hombres, por tanto, sólo se realiza carismáticamente, pneumatológicamente. De ahí también que sólo pueda ser recibido y vivido una y otra vez desde la novedad de la vocación, desde la indisponibilidad del Pneuma. Porque esto es así, porque la Iglesia no puede simplemente colocar «funcionarios» por sí misma, sino que ha de aguardar la llamada de Dios, por eso, y sólo definitivamente por eso, puede haber escasez de sacerdotes. Por ello se aceptó desde el principio que ese ministerio no puede ser hecho a partir de la institución, sino que ha de ser concedido por Dios. Desde los comienzos tienen validez las palabras de Jesús: «La mies es abundante, y los braceros pocos; por eso, rogad al dueño que mande braceros a su mies» (Mt 9,38). Desde aquí se entiende también que la vocación de los doce fue fruto de una oración nocturna de Jesús (Lc 6,12ss).

La Iglesia latina ha subrayado expresamente este carácter rigurosamente carismático del ministerio sacerdotal al unir, siguiendo la antigua tradición eclesial, el sacerdocio con el celibato, que, claramente, sólo puede ser entendido como carisma personal, y nunca simplemente como cualidad ministerial [2]. La exigencia de separar ambos se debe en último lugar a la representación que se tiene de que el sacerdocio no puede ser considerado carismáticamente, sino que ha de contemplarse puramente al servicio de la garantía de la institución y de sus necesidades, como ministerio provisto por la propia institución. Si se quiere considerar el sacerdocio de forma absoluta desde la funcionalidad respecto a la garantía institucional, entonces, el vínculo carismático, que descansa en la exigencia de celibato, pasa a ser rápidamente un escándalo creciente. Pero entonces, se estaría también entendiendo la Iglesia en su conjunto como una organización meramente humana, y la garantía que así se obtendría no proporcionaría precisamente nunca más lo que debería lograr. Que la Iglesia no es nuestra institución, sino el surgimiento de algo distinto, que por su esencia ella es «*iuris divini*», tiene como consecuencia que no la podemos hacer simplemente por nosotros mismos. Significa que nunca podemos aplicar sobre ella criterios puramente institucionales; significa que ella es totalmente ella misma justamente donde se rompen los criterios y los métodos de las instituciones humanas.

---

[2] Que el celibato sacerdotal no es un invento medieval, sino que se remonta a los primeros tiempos de la Iglesia lo muestra de forma clara y convincente el Cardenal A. M. Stickler, *Der Klerikerzölibat. Seine Entwicklungsgeschichte und seine theologischen Grundlagen* (Kral, Asbensberg 1993). Cf. también C. Cochini, *Origines apostoliques du célibat sacerdotal* (Paris – Namur 1981); St. Heid, *Zölibat in der frühen Kirche* (Paderborn 1997).

Naturalmente, junto a ese ordenamiento particular que mueve a la Iglesia —el sacramento— hay también en ella instituciones de derecho meramente humano para las diversas formas de administración, de organización, de coordinación, que pueden y tienen que crecer según los imperativos de la época. Sin embargo, se tiene que decir que la Iglesia necesita tales instituciones particulares, pero si éstas se hacen muy fuertes y numerosas, entonces, peligran la estructura y la vitalidad de su naturaleza espiritual. La Iglesia tiene que examinar una y otra vez su propia estructura institucional, para que no se convierta en clave fundamental, endureciéndose como un tanque que aplasta su propia vida espiritual. Por supuesto, se puede entender que la Iglesia, cuando se ve privada durante largo tiempo de vocaciones espirituales, caiga en la tentación de crear, por decirlo así, un clero de reemplazo según leyes puramente humanas[3]. Ella tiene que crear también estructuras de emergencia y lo ha logrado en las misiones o en situaciones para-misionales. Sólo se puede estar agradecido de corazón a todos aquellos que, en tales situaciones de excepción de la Iglesia, han servido y sirven como precursores del Evangelio que rezan por su venida a los hombres. Pero cuando las peticiones y la vocación al sacramento para llevar a cabo esto se aplazan, cuando de esta manera la Iglesia comenzó aquí y allá a bastarse a sí misma y a hacerse independiente, por decirlo de alguna manera, del don de Dios, entonces ciertamente le ocurriría como a Saúl, que durante el gran acoso de los filisteos esperó mucho tiempo a Samuel, pero como no llegó y el pueblo comenzó a huir, perdió la paciencia y ofreció él mismo el holocausto. A él,

---

[3] En la Instrucción sobre el servicio de los laicos en la Iglesia, publicada en 1997, se trata en definitiva de esta cuestión.

que había pensado que en la necesidad no podía haber actuado en absoluto de otra forma y que podía y debía asumir por sí mismo las cuestiones referentes a Dios, se le dijo entonces que precisamente de esa forma había perdido todo: obediencia quiero yo, no sacrificios (cf. 1 Sam 13,8-14; 15,22).

Volvamos a nuestra cuestión: ¿Cómo hacer con las respectivas estructuras eclesiales permanentes y los siempre nuevos surgimientos carismáticos? El esquema institución-carisma no aporta ninguna respuesta a esta pregunta porque la contraposición de ambos no describe suficientemente la realidad de la Iglesia. Al menos, podemos deducir un par de reglas sencillas a partir de lo dicho hasta ahora:

a) Es importante que el ministerio espiritual, el mismo sacerdocio, sea vivido y entendido carismáticamente. El mismo sacerdote ha de ser un «*pneumatikós*», un *homo spiritualis*, un hombre impulsado e inspirado por el Espíritu. Es tarea de la Iglesia vigilar que se vea y se reciba este carácter del sacramento. En el empeño por la continuación de sus estructuras, la Iglesia no puede poner el número en primer plano y rebajar la exigencia espiritual. Con ello haría irreconocible el mismo sentido del sacerdocio; un servicio mal desempeñado causa más daño que beneficio. Esto cierra el camino al sacerdocio y a la fe. La Iglesia ha de ser fiel y reconocer al Señor como creador de la Iglesia y el que la mantiene. Y tiene que ayudar a los que reciben la vocación de tal forma que permanezcan fieles más allá del primer entusiasmo, a no caer lentamente en la rutina, sino a llegar a ser cada vez más un verdadero hombre espiritual.

b) Allí donde el ministerio espiritual es vivido de tal forma pneumática y carismática, no se da el endurecimiento institucional: porque allí existe una apertura interior al carisma, una forma de «olfato» para el Espíritu Santo y su actuación.

Y allí el carisma también puede reconocer su propio origen en los ministros, y se encuentran caminos de trabajo conjunto fructífero desde la diferencia de espíritus.

c) La Iglesia tiene que crear estructuras de urgencia en situaciones de necesidad. Pero estas estructuras de emergencia han de comprenderse desde la apertura interior al sacramento, a dirigirse a él, no alejarse de él. De forma general, la Iglesia tiene que mantener las menores estructuras administrativas posibles creadas por sí mismas. No se debe sobre-institucionalizar, sino que tiene que permanecer siempre abierta a la imprevista e implanificable llamada del Señor.

1.2. *Cristología y pneumatología*

Sin embargo, ahora surge la pregunta: si institución y carisma sólo pueden ser considerados en parte como contrarios, y si el par de conceptos sólo facilitan respuestas parciales a nuestra pregunta, ¿existe quizá otro punto de vista teológico que les convenga mejor? En la teología actual aparece en primer plano la contraposición del aspecto cristológico y pneumatológico de la Iglesia. Desde aquí se dice que el sacramento está ordenado en la línea cristológico-encarnacional, que, por tanto, hay que apartar la línea pneumático-carismática. En ello es cierto que Cristo y el Pneuma han de ser diferenciados. Pero, así como las tres personas de la Trinidad no deben ser consideradas como una *communio* de tres dioses, sino que han de ser entendidas como un único Dios en la trinidad relacional de personas, del mismo modo la diferencia entre Cristo y el Espíritu sólo es correcta cuando, a través de su distinción, logramos entender mejor su unidad. No puede entenderse correctamente el Espíritu sin Cristo, pero tampoco Cristo sin el Espíritu Santo. «El Señor es el Espíritu», nos dice Pablo en 2 Cor 3,17. Esto no significa que ambos sean simplemente el mismo o lo mismo, sino que Cristo sólo puede existir *como el Señor entre nosotros y para nosotros*, porque la encarnación no fue su última palabra; culminó en la muerte en cruz y en la resurrección. Es decir: Cristo sólo puede venir *porque nos precede en la vida en el Espíritu Santo, y se comparte a través de él y en él*. La cristología pneumática de san Pablo y el discurso de despedida del evangelio de Juan no se han tratado todavía de forma claramente suficiente en nuestra consideración de la cristología y la pneumatología. *La nueva actualidad de Cristo en el Espíritu es, sin embargo, el presupuesto para que exista el sacramento y la actualidad sacramental del Señor.*

Esto vuelve a arrojar luz sobre el ministerio «espiritual» en la Iglesia y su lugar teológico, que la tradición ha determinado a través del concepto de *successio apostólica*. La «sucesión apostólica» no significa precisamente, como podría parecer, que nosotros llegamos a ser, por así decirlo, espiritualmente independientes debido a la cadena de la sucesión. La unión con la línea de la sucesión significa justamente lo contrario, que el ministerio sacramental nunca se nos da por la disposición personal que tengamos, sino que siempre tiene que darse a través del Espíritu, precisamente, el Espíritu-sacramento es lo que no podemos lograr ni establecer por nosotros mismos. La competencia funcional como tal no es suficiente para ello, es necesario el don del Señor. En el sacramento, en la actuación representativa de la Iglesia a través de signos, el Señor se reserva para sí mismo la permanente institución del ministerio sacerdotal. La relación absolutamente específica entre «una vez» y «siempre» que rige para el misterio de Cristo, se hace aquí hermosamente perceptible. *El «siempre» del sacramento, la actualidad espiritual efectiva del origen histórico en todos los tiempos de la Iglesia, presupone la unión con el ἐφάπαξ, con el único acontecimiento originario.* La relación de origen, de la cuña clavada en la tierra que es el acontecimiento único e irrepetible, es insoslayable. Nunca podremos huir en una pneumatología que vuele libremente, nunca podremos abandonar el terreno de la encarnación, la actuación histórica de Dios. Pero, *a la inversa, esto único se proporciona en el don del Espíritu Santo, que es el Espíritu de Cristo resucitado. No se sumerge en lo que una vez fue, en la irrepetibilidad de lo pasado de una vez para siempre, sino que conlleva un poder actualizante, porque Cristo ha atravesado el «velo de su carne» (Heb 10,20) y, así, el irrepetible ha vuelto accesible lo que siempre permanece.* La encarnación no se queda en el Jesús histórico, en su «*sarx*» (2 Cor 5,16). El «Jesús histórico» será precisamente importante para siempre porque su «carne» ha sido transformada por la resurrección, de tal forma que ahora él puede estar presente en todo lugar y tiempo por la fuerza del Espíritu Santo, como muestran maravillosamente los discursos de despedida de Jesús en Juan (cf. especialmente Jn 14,28: «Me voy para volver»). A partir de esta síntesis cristológico-pneumatológica se puede esperar que una profundización en el concepto de «sucesión apostólica» nos sea realmente de gran ayuda para la solución de nuestro problema.

1.3. *Jerarquía y profecía*

Antes de ahondar más en estas ideas ha de mencionarse aún brevemente una tercera propuesta de comprensión respecto a la complementariedad de las estructuras de vida permanentes de la Iglesia y los movimientos pneumatológicos. En conexión con la interpretación de Lutero de la Escritura respecto a la dialéctica entre ley y Evangelio, se oponen hoy frecuentemente la línea cultual y sacerdotal y la línea profética de la historia de la salvación. Aquí deberían ser incluidos los movimientos de la línea profética. Como todo lo dicho hasta ahora, tampoco esto es falso del todo, pero una vez más es impreciso y, por ello, no se puede hablar de esta forma. El problema provocado con ello es demasiado grande para tratarlo aquí más detenidamente. Primero habría que decir que la misma ley tiene carácter de promesa. Sólo porque esto es así pudo ser cumplida por Cristo y, en el cumplimiento, al mismo tiempo pudo ser «superada». Los escritos proféticos tampoco han derogado, pues, nunca la Torá, sino que, al contrario, frente a su mala utilización quieren hacer valer su auténtico significado. Y, finalmente, es importante que la misión profética estaba siempre dirigida a una persona particular, nunca se estableció dentro de un «rango». En cuanto la profecía se presentó como un «rango» (y ése fue el caso) no fue menos criticada duramente por parte de los escritos proféticos que la «casta» de los sacerdotes del Antiguo Testamento[4]. La Iglesia con un lado izquierdo y un lado derecho, en los que separar el estado profético de las órdenes o de los movimientos, por una parte y, por otra parte, la jerarquía; nada en la Escritura nos justifica para ello. Al contrario, ésta es una construcción totalmente contraria a ella. La Iglesia no se ha construido dialécticamente, sino orgánicamente. Por tanto, sólo es cierto que hay *distintas funciones en ella*, y que *Dios también suscita siempre hombres proféticos, que pueden ser laicos y gente de congregaciones, pero también obispos y sacerdotes, y que son convocados por la Palabra verdadera que*

---

[4] La clásica contraposición entre profetas enviados por Dios y profetas «de oficio» se encuentra en Amós 7,10-17. Una situación parecida tiene lugar en 1 Re 22 en la oposición entre los 400 profetas y Miqueas; de nuevo en Jeremías, por ejemplo 37,19. Cf. también J. Ratzinger, *Wesen und Auftrag der Theologie* (Einsiedeln 1993) 105ss.

en el funcionamiento normal de la «institución» no logra la fuerza necesaria. Pienso que es totalmente notorio que no es posible indicar desde aquí la naturaleza y la misión de los movimientos. Ellos no se entienden a sí mismos en absoluto de esta forma.

El resultado de las reflexiones hechas hasta ahora para nuestra pregunta de antes es, por consiguiente, más bien escaso, pero sí importante. No conduce a la meta el optar por una dialéctica de principios como punto de partida para una solución. En lugar de intentarlo con tal dialéctica de principios se tiene que optar, según mi opinión, por un principio histórico, como corresponde a la naturaleza histórica de la fe y de la Iglesia.

2. Perspectiva histórica: sucesión apostólica y movimientos apostólicos

2.1. *Ministerios universales y locales*

Preguntémonos por tanto: ¿cómo fue el origen? Quien sólo tiene un conocimiento parcial de las discusiones acerca de la Iglesia naciente, a partir de cuya figura se intentan justificar todas las Iglesias y las comunidades cristianas, sabe también que parece inútil lograr algún resultado con semejante pregunta pensada históricamente. Si, a pesar de todo, me atrevo a intentar una solución desde aquí, lo hago bajo el presupuesto de la perspectiva católica de la Iglesia y de su origen, que, por una parte, nos ofrece un marco firme, pero, por otra parte, deja espacios abiertos para ideas ulteriores que aún no han sido explotadas en absoluto. No existe duda alguna sobre el hecho de que los destinatarios inmediatos del envío por parte de Cristo en Pentecostés son los Doce, que muy pronto fueron denominados también apóstoles. A ellos se les ha encomendado que sigan llevando el mensaje de Cristo «hasta los confines de la tierra» (Hch 1,8), yendo a todos los pueblos y haciendo discípulos suyos a todos los hombres (Mt 28,19). El espacio que se les ha asignado es el mundo. Ellos sirven sin limitaciones locales a la edificación del único cuerpo de Cristo, del único pueblo de Dios, de la única Iglesia de Cristo. Los apóstoles no fueron obispos de iglesias locales concretas, sino justamente «apóstoles», y, como tales, orientados hacia todo el mundo y hacia toda la Iglesia naciente en ellos: la Iglesia universal precede a las iglesias locales, que surgen como sus realizaciones concretas [5]. Para decirlo de una forma más clara e inequívoca: Pablo no ha sido obispo de un lugar concreto ni lo ha querido ser. La única división que hubo al principio es descrita por Pablo en Gál 2,9: Nosotros, Bernabás y yo, para los paganos, ellos, Pedro, Santiago y Juan, para los judíos. Ciertamente, esta distribución inicial pronto desapareció. También Pedro y Juan se sabían enviados a los paganos, y superaron muy pronto las fronteras de Israel. El hermano del Señor, Santiago, que después del año 42 llegó a ser una especie de primado de la iglesia de los judíos, no era de hecho apóstol.

También sin más detalles de otras discusiones podemos decir: *el ministerio apostólico es un ministerio universal,*

---

[5] Cf. Congregazione per la Docttrina della Fede, *Lettera «Communionis notio»* (Librería Editrice Vaticana, 1994) 9, p. 29s; cf. también allí mi introducción en las páginas 8ss. De forma más detallada he expuesto estas relaciones en mi pequeño libro *Zur Gemeinschaft gerufen* (Herder, Freiburg i. B. 1991) esp. 40s y 70-97. De hecho, en la Escritura, como para los Padres, la precedencia de la Iglesia una, de la única esposa de Cristo, en la que es continuada la heredad del pueblo de Dios, de la «hija» y «prometida Sión, frente a la concreción positiva del pueblo de Dios en las iglesias locales, es tan evidente que me resulta difícil comprender los a menudo denigrantes rechazos de este principio. Sólo hay que leer una vez el *Catholicisme* (1938) de Lubac o su *Méditation sur l'Église* (1953), o los textos espléndidos que H. Rahner ha reunido en su libro *Mater Ecclesia* (1944).

orientado hacia toda la humanidad y, de esta forma, hacia toda la Iglesia una. A través de la actuación misionera de los apóstoles surgen las iglesias locales, que entonces precisan de responsables que las dirijan. Ellos están obligados a garantizar la unidad de la fe con toda la Iglesia, desarrollar la vida interna de las iglesias locales y dejar abiertas las comunidades para que sigan creciendo y puedan regalar el don del Evangelio a los conciudadanos que aún no creen. Este ministerio eclesiástico local, que al principio apareció bajo múltiples denominaciones, lentamente va logrando una forma sólida y unitaria. Así, existen claramente en la Iglesia naciente dos estructuras coetáneas, entre las que se dieron algunas transiciones, que, sin embargo, se pueden distinguir perfectamente: por un lado, los ministerios de las iglesias locales que poco a poco crecían hacia formas consolidadas, por otro lado, el ministerio apostólico, que muy pronto dejó de estar limitado a los Doce. En Pablo se pueden distinguir claramente dos conceptos de «apóstol»: él subraya muy especialmente, por una parte, la singularidad de su apostolado, que es fruto de un encuentro con el Resucitado y, con ello, le sitúa a un mismo nivel con los Doce. Por otra parte, entiende «apóstol», como por ejemplo en 1 Cor 12,28, como un ministerio que se extiende más allá de ese círculo; también cuando en Rom 16,7 designa a Andrónicos y a Junias como apóstoles lo hace bajo esta otra acepción. Una terminología parecida encontramos en Ef 2,20, cuando en el discurso sobre los apóstoles y profetas como fundamento de la Iglesia ciertamente tampoco se está pensando solamente en los Doce. Los profetas, de los que a comienzos del siglo II habla la *Didaché*, son considerados claramente como un ministerio misionero no ligado a ningún lugar concreto. Y es tan importante que se dice de ellos: «Ellos son vuestros sumos sacerdotes» (13,3).

Por tanto, hemos de partir del hecho de que la convivencia de dos tipos de ministerios —el universal y el local— persistió aún en el siglo II, por tanto, dentro de un tiempo en el que ya surgió seriamente la pregunta sobre quién era entonces el portador de la sucesión apostólica. Distintos textos nos permiten reconocer que la conjunción de ambos órdenes de ningún modo discurrió totalmente libre de conflictos. La tercera carta de Juan nos muestra claramente tal situación conflictiva. Cuanto más triunfaban los «finales de la tierra» que entonces circulaban, más difícil resultaba designar en adelante un puesto oportuno para los «itinerantes»; los abusos de su ministerio favorecieron su paulatina desaparición. Ahora, correspondía a las comunidades locales y a sus dirigentes, que, entre tanto, habían obtenido una delimitación clara con la tríada obispo-sacerdote-diácono, difundir la fe en los respectivos espacios de sus iglesias locales. Que durante la época del césar Constantino los cristianos constituían cerca del ocho por ciento de la población del imperio, y que también al final del siglo IV eran aún una minoría, da a entender la enormidad de esa tarea. En esa situación, los dirigentes de las iglesias locales, los obispos, tuvieron que reconocer que ahora se habían convertido en los sucesores de los apóstoles, y que el encargo apostólico descansaba totalmente sobre sus espaldas. La razón por la que los obispos, los responsables de las iglesias locales, son los sucesores de los apóstoles encontró una expresión acertada, en la segunda mitad del siglo II, a través de Ireneo de Lyon. La determinación esencial del ministerio episcopal comprende dos elementos fundamentales:

a) La sucesión apostólica significa, en primer lugar, lo que ya es familiar para nosotros: *garantizar la continuidad y la unidad de la fe en una forma de continuidad que llamamos sacramental.*

b) A ello también va unida, sin embargo, una *tarea* concreta que sobrepasa la administración de las iglesias locales: ellos han de preocuparse ahora de que el encargo de Jesús sea continuado, hacer de todos los pueblos sus discípulos, y llevar el Evangelio hasta los confines de la tierra. Ellos tienen la responsabilidad, así lo subraya enérgicamente san Ireneo, de que la Iglesia no se convierta en una especie de federación de iglesias locales, que como tales estén unas junto a otras, sino *preservar su universalidad y su unidad*. Tienen que transmitir la dinámica universal de lo apostólico[6].

Si hemos hablado al principio del peligro de que el ministerio sacerdotal pueda llegar a ser entendido finalmente como algo puramente institucional y burocrático y olvidar su dimensión carismática, aparece ahora un segundo peligro: el ministerio de la sucesión apostólica puede degenerar en un mero servicio eclesiástico local y perder de vista, y del corazón, la universalidad del encargo de Cristo; la inquietud que nos empuja a llevar a los demás el don de Cristo puede perecer en la paralización de una Iglesia firmemente organizada. Quiero decirlo de forma drástica: en la idea de la sucesión apostólica se encuentra una desproporción que supera el ministerio meramente local de la Iglesia. Nunca podrá agotarse en él. El elemento universal, que sobrepasa los servicios de la Iglesia local, constituye una condición de posibilidad.

2. 2. *Movimientos apostólicos en la historia de la Iglesia*

Ahora hemos de profundizar algo más y concretar históricamente esta tesis que dimana de mis conclusiones. Ella nos conduce directamente hacia el lugar eclesial de los movimien-

---

[6] Cf. para este párrafo otra vez J. Ratzinger, *Zur Gemeinschaft gerufen*, 80ss.

tos. Decía que, por motivos absolutamente diversos, en el siglo II desaparecieron poco a poco los ministerios eclesiásticos universales, y que el ministerio episcopal asumió en su figura todos estos ministerios. En muchos aspectos, esto no sólo fue un desarrollo histórico inevitable, sino también teológicamente necesario, a través del cual surgió la unidad del sacramento y la unidad interna del ministerio apostólico. Pero también fue un desarrollo, digámoslo así, que conllevaba peligros. Por eso, es totalmente lógico que ya en el siglo III aparezca un nuevo elemento en la vida de la Iglesia, que puede ser caracterizado sin problema alguno como un «movimiento»: el monacato. A esto se puede objetar que el monacato primitivo no tuvo un carácter apostólico y misionero, que, al contrario, fue una huida del mundo en una isla de santidad. La ausencia de lo misional, la tendencia orientada hacia la expansión de la fe por todo el mundo, es constatable sin duda alguna al principio. El impulso decisivo de Antonio, que para nosotros es claramente la figura histórica por excelencia al comienzo del monacato, es el deseo de llevar una *vita evangelica*, el afán por vivir radicalmente el Evangelio en su totalidad [7]. Su historia de conversión tiene un parecido asombroso con la de san Francisco de Asís. Son los mismos motivos, de los cuales reseñamos aquí: tomarse en serio y de forma totalmente literal el Evangelio, seguir a Cristo en pobreza radical y configurar toda la vida desde él. El paso por el desierto es una salida de la estructura eclesiástica local establecida, una salida de un cristianismo acomodado paulatinamente cada vez más a las necesidades de la vida mundana hacia un seguimiento sin condiciones ni objeciones. Así, empero, surge ahora una nue-

---

[7] Ver Atanasio de Alejandría, *Vie d'Antoine*, ed. G. Bartelink (Paris 1994) SC 400; en la introducción, especialmente el apartado: «L'exemple de la vie évangelique et apostolique», 52s.

va paternidad espiritual, que, ciertamente, no tiene directamente un carácter misionero, pero que completa la paternidad de los obispos y sacerdotes con la fuerza de una vida absolutamente espiritual[8].

En Basilio, que procuró al monacato oriental su forma definitiva, vemos de forma muy precisa la problemática a la que hoy se saben expuestos muchos movimientos. Él no quiso de ningún modo crear una institución propia junto a la Iglesia normal. La primera regla particular que puso por escrito no quiso ser, en palabras de Balthasar, una regla fundacional, sino una regla eclesial, el «*enchiridion* del cristiano decidido»[9]. Así fue en el origen de casi todos los movimientos, también en nuestro siglo: no se pretende una comunidad particular, se busca todo el cristianismo, la Iglesia fiel al Evangelio y viviendo desde él. Basilio, que al principio había sido monje, recibió el ministerio episcopal y, de esta forma, subrayó expresamente en la propia vida el carácter carismático del ministerio episcopal, la unidad interna de la Iglesia. A Basilio le ocurrió algo parecido a los movimientos actuales: tuvo que tolerar el no fusionar totalmente el movimiento del seguimiento radical con la iglesia local. En una segunda regla, que Gribomont llama el pequeño ascético, aparece su idea de movimiento como una «forma intermedia entre un grupo de cristianos decididos abierto a toda la Iglesia, y una orden monacal organizada e institucionalizada»[10]. El mismo Gribomont ve en la comunidad de monjes fundada por Basi-

---

[8] Sobre el tema de la paternidad espiritual quiero remitir al sencillo libro de G. Bunge, *Geistliche Vaterschaft. Christliche Gnosis bei Evagrios Pontikos* (Regensburg 1988).

[9] H. U. von Balthasar, *Die grossen Ordensregeln* (Einsiedeln 19947) 47.

[10] J. Gribomont, «Les Regles Morales de S. Basile et le Nouveau Testament»: SP 2 (1957) 416-426; Balthasar, *op. cit.*, 48s.

lio un «pequeño grupo para la animación del conjunto», y no duda en considerar a Basilio «como patrón, no sólo de las órdenes hospitalarias y de las encargadas de la enseñanza, sino también de las nuevas comunidades sin votos»[11].

Lo siguiente es claro: el *movimiento monacal* constituye un nuevo centro de vida que no sustituye la estructura local de la Iglesia postapostólica pero que tampoco se confunde simplemente con ella, sino que actúa en ella *como fuerza animadora*, y es, al mismo tiempo, un depósito del que la iglesia local puede tomar verdadera fuerza espiritual en la que aunar siempre de nuevo institución y carisma. Es significativo para esto que la Iglesia oriental toma los obispos del monacato y, con ello, caracteriza el episcopado de forma carismática; por así decirlo, es renovado una y otra vez desde lo apostólico.

Si se mira ahora a la historia de la Iglesia en su conjunto se muestra que, por una parte, en ella hay, necesariamente, un andamiaje permanente que recorre todas las épocas y que consiste en una forma de iglesia local determinada por el ministerio episcopal. Pero siempre surgen nuevas oleadas de movimientos a través de ella que hacen valer de nuevo *el aspecto universal de la misión apostólica y la radicalidad del Evangelio* y, precisamente de esta forma, servir también a la dinámica y a la verdad espirituales de las iglesias locales.

Tras el monacato de la Iglesia antigua quiero mencionar brevemente cinco de esas oleadas, en las que destaca de forma muy clara la naturaleza espiritual de aquello que podemos llamar «movimiento» y, con ello, avanzar más en el esclarecimiento de su lugar eclesiológico.

---

[11] J. Gribomont, «Obéissance et Évangile selon S. Basile le Grand»: «Vie Spirituelle», suplemento n° 21 (1952) 192-215, aquí 192; Balthasar, *op. cit.*, 57.

1) Como primera oleada nombraría el *monacato misionero*, que desde Gregorio el Grande (590-604) hasta Gregorio II (715-731) y Gregorio III (731-741) vivió su gran florecimiento. El Papa Gregorio el Grande reconoció la potencia misionera que estaba contenida en el monacato, y la usó enviando a Agustín, que más tarde sería arzobispo de Canterbury, con sus compañeros a los umbrales paganos en las islas británicas. De esta forma, el monacato se convirtió ahora en un gran movimiento misionero que condujo a los pueblos germanos a la Iglesia católica y, con ello, levantó la nueva Europa cristiana. Uniendo oriente y occidente, los monjes Cirilo y Metodio introdujeron la fe cristiana en el mundo eslavo en el siglo IX. En todo ello aparecen claramente dos de los elementos constitutivos de la realidad que hemos denominado «movimiento»:

a) El *papado* no erigió los movimientos, pero fue su apoyo fundamental en la estructura de la Iglesia, su *respaldo eclesial*. Quizá con esto se hace visible el sentido más profundo y la verdadera naturaleza del ministerio de Pedro: el obispo de Roma no sólo es obispo de una iglesia particular; su ministerio está referido siempre a la Iglesia universal. Tiene, en un sentido específico, carácter apostólico. Tiene que mantener viva la dinámica de la misión hacia fuera y hacia dentro. En la Iglesia oriental, el César fue el primero que reclamó para sí una forma de función de unidad y de universalidad; no por casualidad, Constantino fue designado como «obispo» hacia fuera y como «igual a los Apóstoles». Pero lo más que podía significar esto era una función de reemplazo, y conllevaba un peligro evidente. No es ninguna casualidad que a partir de la mitad del siglo II, coincidiendo con el final de los antiguos ministerios universales, cada vez fue destacando más dentro de las responsabilidades de los Papas el observar de forma especial este componente de la misión apostólica. Los movimientos que sobrepasan el espacio de la iglesia local y su estructura, y el papado, vuelven a ir de la mano, y no de forma casual.

b) El motivo de la vida evangélica, que ya tiene lugar al comienzo del movimiento monacal, con Antonio de Egipto, sigue siendo determinante. Pero ahora se muestra que la *vita evangelica* comprende el servicio evangelizar: la pobreza y la libertad de la vida evangélica son condiciones para el servicio al Evangelio más allá del propio hogar y de la comunidad particular; éste es de nuevo el objetivo y el fundamento interno de la *vita evangelica*, como hemos de ver más concretamente a continuación.

2) Quiero referirme sólo brevemente al determinante *movimiento de reforma de Cluny* en el siglo X que, nuevamente apoyado en el papado, logró la emancipación de la vida religiosa del sistema feudal y del gobierno de obispos que eran señores feudales. A través de la asociación de monasterios particulares en una congregación se llegó al gran movimiento de piedad y renovación en el que se formó la *idea de Europa*[12]. De la fuerza reformadora de Cluny surge, pues, en el siglo XI la *reforma gregoriana*[13], que libró al papado de hundirse en las luchas de la nobleza romana y de su secularización, y asumió en general la lucha por la libertad de la Iglesia, por su naturaleza espiritual propia, que, entonces, degeneró reiteradamente en una lucha de poder entre el Papa y el Emperador.

---

[12] B. Senger se refiere en «LThK²» II, 1239 a la relación entre la reforma cluniacense y la formación de la idea de Europa, y también llama la atención sobre el significado de la «independencia jurídica y la ayuda de los Papas».

[13] Aun cuando P. Engelbert puede decir con razón en «LThK³» II, 1236: «No se puede constatar un influjo directo de la reforma cluniacense sobre la reforma gregoriana», hay que considerar a continuación la observación de B. Senger en «LThK²» II, 1240, según la cual, la reforma cluniacense contribuyó a crear un clima favorable para la reforma gregoriana.

3) Hasta nuestro momento actúa la fuerza espiritual del movimiento del Evangelio, que, en el siglo XIII, irrumpió con san Francisco de Asís y con Sto. Domingo de Guzmán. Con Francisco resulta evidente que no quería fundar una nueva orden o crear una comunidad separada. Él quería sencillamente llamar a la Iglesia nuevamente al Evangelio completo, reunir al «pueblo de Dios», renovar la Iglesia desde el Evangelio. Los dos significados de la expresión *vida evangélica* se compenetran de forma inseparable: quien vive el Evangelio en la pobreza de la renuncia a los bienes y a la descendencia tiene que anunciar igualmente el Evangelio. Había entonces una necesidad de Evangelio, y Francisco lo consideró precisamente como su misión fundamental: anunciar junto a sus hermanos el núcleo sencillo del mensaje de Cristo a los hombres. Él y los suyos quieren ser evangelistas. Y de aquí resulta entonces, también por sí mismo, que las fronteras de la cristiandad han de ser traspasadas, que el Evangelio ha de ser llevado hasta los confines de la tierra[14].

En la disputa con los clérigos seculares en la Universidad de París, que, como representantes de una mezquina estructura cerrada de iglesia local, luchaban contra el movimiento de evangelización, Tomás de Aquino ha resumido lo nuevo y, al mismo tiempo, originario de estos movimientos y la forma de la vida de las órdenes resultantes de ello. Los clérigos seculares sólo querían admitir el tipo de monje cluniacense

---

[14] Sigue siendo determinante para la comprensión de san Francisco las *Fonti francescane* editadas ejemplarmente por el *Movimento Francescano* en Asís en 1978, con abundantes introducciones e indicaciones bibliográficas. Muy instructivo sobre la autocomprensión de las órdenes mendicantes es el trabajo de A. Jotischky, «Some Mendicant Views of the Origins of the Monastic Profession»: «Cristianesimo nella storia XIX» 1 (febrero 1998) 31-49. El autor expone que los autores mendicantes se refieren a la Iglesia primitiva y a los Padres del desierto para explicar su origen y su significado en la Iglesia.

en la forma que había asumido más tardíamente: separado de la iglesia local, viviendo con radicalidad en el monasterio y sirviendo sólo a la contemplación. No podían perturbar la organización de la iglesia local, mientras que, inevitablemente, en todas partes se producía un choque con los nuevos predicadores. Tomás de Aquino, por el contrario, propone a Cristo mismo como modelo, y, a partir de él, defiende la superioridad de la vida apostólica frente a un tipo de vida meramente contemplativa. «La vida activa, por la que alguien comunica a los demás, mediante la predicación y la enseñanza, lo que antes ha contemplado, es más perfecta que la vida exclusivamente contemplativa...»[15]. Tomás se ve a sí mismo como herencia del renacer renovado de la vida monástica, que llama a todos a la *vita apostolica*[16]. Pero, en la interpretación de la *vita apostolica*, proveniente de la experiencia de las órdenes mendicantes, él dio un nuevo paso importante, que, aunque en la práctica, había sido eficaz en la tradición monástica de entonces, sin embargo, se había reflejado aún demasiado poco. Todos habían evocado a la Iglesia primitiva al hablar de la *vita apostolica;* san Agustín, por ejemplo, elaboró finalmente toda su regla a partir de las palabras de Hch 4,32: ellos eran un solo corazón y una sola alma[17]. A este modelo fundamental, añade ahora Tomás de Aquino, sin embargo, los discursos de envío de Jesús a los apóstoles en Mt 10,5-15: la auténtica *vita apostolica* es aquella que se

---

[15] *S. Theol.*, III q 40 a 1 ad 2. Cf. J. P. Torrell, *Magister Thomas. Leben und Werk des Thomas von Aquin* (Herder, Freiburg i. B. 1998) (título del original francés: *Initiation à saint Thomas d'Aquin. La personne et son oeuvre*); cf. aquí la clarificadora y sugerente presentación de la postura de santo Tomás en la disputa sobre las órdenes mendicantes, esp. 102-114.

[16] Así Torrell, *op. cit.*, 108.

[17] Cf. A. Zumkeller, en Balthasar, *op. cit.*, 150-157. Sobre el lugar que ocupa la regla en la vida y obra de Agustín, cf. G. Vigini, *Agostino d'Ippona. L'avventura della grazia e della carità* (Cinisello Balsamo, Milano 1988) 91-109.

sigue de las enseñanzas de Hch 4 y Mt 10: «La vida apostólica consiste en que los apóstoles, después de haber dejado todo, salen al mundo a predicarle y anunciarle el Evangelio, como resulta de Mt 10, donde se les impone una regla»[18]. Mt 10 aparece verdaderamente como una regla de congregación, o mejor dicho: la regla de vida y de misión que el Señor ha dado a los apóstoles es ella misma la regla permanente de la vida apostólica, la cual necesita siempre la Iglesia. A partir de esta regla se justifica el nuevo movimiento de evangelización.

La *disputa* parisina, que aparece en este texto, *entre el clero secular y los representantes de los nuevos movimientos* tiene una importancia perenne. Una idea estrecha y empobrecida de Iglesia, que hace absoluta la estructura de la iglesia local, no puede tolerar el nuevo surgimiento de evangelizadores, que, por su parte, *encuentran su respaldo en el portador de un ministerio eclesiástico universal, en el Papa, el garante del envío misionero y de la edificación de una Iglesia*. Así, era lógico que a partir de aquí llegara el nuevo gran impulso para el desarrollo de la doctrina del primado, que, en ello, y más allá de todo colorido histórico temporal, fue comprendido de una forma nueva desde su raíz apostólica[19].

---

[18] *Contra impugnantes Dei cultum et religionem* 4, citado por Torrell, *op. cit.*, 109.
[19] He presentado la relación entre la disputa sobre las órdenes mendicantes y la doctrina del primado en un estudio que apareció por vez primera en un homenaje a Schmaus (*Theologie in Geschichte und Gegenwart*, 1957), y que luego he incluido con pequeños añadidos en mi libro *Das neue Volk Gottes* (Düsseldorf 1969) 49-71. Y. Congar ha aprovechado mi trabajo, desarrollado esencialmente a partir de Buenaventura y sus referentes en el diálogo, y lo ha extendido sobre el ámbito general de las fuentes pertinentes: «Aspects ecclésiologiques de la querelle entre mendiants et séculiers dans la seconde moitié du XIIIe siècle et le debut du XIVe»: «AHD» 28 (1961) 35-151.

4) Ya que aquí no se trata de la historia de la Iglesia, sino de la reflexión sobre las formas de vida en la Iglesia, he de conformarme con mencionar sólo brevemente los nuevos movimientos de evangelización del siglo XVI. Entre ellos sobresalen los jesuitas, que ahora asumen también la *misión universal* en la recién descubierta América, en África y en Asia, en lo que apenas les eran inferiores dominicos y franciscanos a partir de su impulso aún actuante.

5) Nos resta, finalmente, el nuevo impulso de los movimientos que tuvo lugar en el siglo XIX. Ahora surgen congregaciones estrictamente misioneras, cuya intención, desde un principio, tiene menos que ver con la renovación interior que con la misión en los continentes apenas abarcados por el cristianismo. En esto se evitó aquí considerablemente el choque con las estructuras eclesiásticas locales, y surge una fecunda colaboración de la que, precisamente, también las iglesias locales históricas recibieron nueva fuerza, porque el impulso para la propagación del Evangelio y para el servicio al amor las anima desde dentro. Aquí aparece con gran fuerza un elemento que no había faltado en absoluto en los movimientos de entonces, pero que sí puede ser pasado por alto fácilmente: el movimiento apostólico del siglo XIX fue también, sobre todo, un *movimiento femenino*, en el que, por un lado, se puso un fuerte acento en la caridad, en la asistencia a los que sufrían y a los pobres: sabemos lo que han significado, y significan todavía, las nuevas comunidades femeninas para los hospitales y para la asistencia a los indigentes. Pero también escuela y educación son centrales y, así, en la unión de doctrina, educación y amor, se hacía presente toda la amplitud del servicio al Evangelio. Si se echa una mirada retrospectiva a partir del siglo XIX, se ve que las mujeres siempre fueron un elemento codeterminante fundamental de los movimientos apostólicos. Pienso en las mujeres audaces del siglo XVI, como María Ward o, por otra parte, Teresa de Ávila; en las

figuras femeninas de la Edad Media, como Hildegard von Bingen y Catalina de Siena, en las mujeres del círculo de san Bonifacio; en las hermanas de los Padres de la Iglesia y, finalmente, en las mujeres de las cartas de Pablo y del entorno de Jesús. Las mujeres no fueron nunca, ciertamente, ni obispos ni sacerdotes, pero sí *portadoras de la vida apostólica y de su misión universal.*

2.3. *La amplitud del concepto de sucesión apostólica*

Tras haber repasado los grandes movimientos apostólicos de la historia de la Iglesia, volvemos a la tesis que ya había anticipado tras el breve análisis de los hallazgos bíblicos: *el concepto de la sucesión apostólica ha de ser ampliado y profundizado si queremos hacer justicia a todo lo que pretende significar.* ¿Qué significa esto? En primer lugar, hay que retener como núcleo de este concepto la estructura sacramental de la Iglesia, en la que ésta recibe siempre de nuevo la herencia del apóstol, la herencia de Cristo. Por el sacramento, en el que actúa Cristo a través del Espíritu Santo, se diferencia ella de todas las demás instituciones. El sacramento significa que ella vive desde el Señor como «criatura del Espíritu Santo», y continuamente es recreada. En ello hay que considerar los dos componentes del sacramento, pertenecientes uno al otro de forma inseparable, de los cuales ya hemos hablado anteriormente: primero está el elemento cristológico-encarnacional, es decir, la referencia permanente de la Iglesia a la unicidad de la encarnación y del acontecimiento pascual, el vínculo con la actuación histórica de Dios. Pero también está, igualmente, la actualización de ese acontecimiento en la fuerza del Espíritu Santo, por tanto, el componente cristológico-pneumatológico, la novedad y continuidad de la Iglesia viva garantizadas al mismo tiempo.

Con ello queda resumido lo que en la Iglesia siempre fue enseñado como esencia de la sucesión apostólica, el núcleo propio del concepto sacramental de Iglesia. Pero este núcleo es empobrecido, atrofiado, cuando con ello se piensa sólo en la estructura de la iglesia local. El ministerio de la sucesión de Pedro rompe la mera estructura de la iglesia local; el sucesor de Pedro no es sólo el obispo local de Roma, sino obispo para toda la Iglesia y en toda la Iglesia. Él personaliza con ello una parte esencial de la misión apostólica que nunca puede faltar en la Iglesia. Pero el mismo ministerio de Pedro no volvería a comprenderse y, por tanto, se distorsionaría en una figura excepcional monstruosa, si se responsabilizara sólo a su portador de desarrollar la dimensión universal de la sucesión apostólica[20]. *Siempre tiene que haber también en la Iglesia servicios y misiones que no son de naturaleza meramente local, sino que sirven a la misión universal y a la extensión del Evangelio.* El Papa está remitido a estos servicios, y estos a él, y en la conjunción de ambas formas de misión, se realiza la sinfonía de la vida eclesial. La edad apostólica normativa subraya, de forma evidente, estos componentes como irrenunciables para la vida de la Iglesia. El sacramento del orden, el sacramento de la sucesión se hace necesario para esa forma estructural, pero está rodeado, más aún que las iglesias locales, de múltiples servicios, y, aquí, la participación de las mujeres en el apostolado de la Iglesia es también enorme. Resumiendo todo, podríamos decir verdaderamente que el

---

[20] La aversión frente al primado y la desaparición de su sentido para la Iglesia universal está unido, precisamente, con el hecho de que la idea de Iglesia universal sólo se encuentra concretada en el papado, y éste, aislado y sin relación vital respecto a las realidades de toda la Iglesia, aparece como un monolito escandaloso que dificulta la imagen de una Iglesia reducida a servicios meramente locales y a la convivencia de las comunidades. La realidad de la Iglesia antigua no tiene nada que ver con esto.

primado del sucesor de Pedro existe para garantizar esos componentes esenciales de la vida eclesial, y ordenarlos hacia las estructuras de las iglesias locales.

Para evitar malentendidos, tengo que decir aquí claramente: los movimientos apostólicos siempre aparecen en la historia con formas nuevas; necesariamente, porque son la respuesta del Espíritu Santo a las situaciones cambiantes en las que vive la Iglesia. Y, así como las vocaciones al sacerdocio no pueden hacerse, establecerse, administrativamente, del mismo modo, los movimientos no pueden ser implantados por la autoridad de forma planificada, sino que son dones. Sólo hemos de estar atentos a admitir de ellos lo auténtico a través del don del discernimiento, a aprender a superar lo inservible. De la mirada retrospectiva a la historia de la Iglesia podría concluirse agradecidamente que, a través de todas las dificultades, siempre se logró crear espacio en la Iglesia para las grandes nuevas irrupciones. No podría tampoco ignorarse la cantidad de estos movimientos que fracasaron o condujeron a separaciones permanentes: montanistas, cátaros, valdenses, husitas, el movimiento de la Reforma del siglo XVI. Y, de hecho, habría que hablar de culpas por ambas partes respecto a que, al final, haya prevalecido la separación.

3. DIFERENCIAS Y CRITERIOS

Así, como última tarea de esta ponencia resulta inevitable la pregunta por los criterios del discernimiento. Para poder responderla bien tendría, en primer lugar, que precisar aún con un poco más de exactitud el concepto «movimiento», quizá, incluso, establecer una tipología de los movimientos. Evidentemente, todo esto no puede hacerse aquí. Hay que guardarse también de proponer una definición demasiado rigurosa, pues el Espíritu Santo siempre tiene preparadas maravillas inesperadas, y, entonces, sólo retrospectivamente reconocemos que detrás de las grandes diferencias reina una esencia común. Quiero, sin embargo, como presupuesto para la aclaración conceptual, delimitar muy brevemente tres tipos diferenciables entre sí, que se pueden observar, en cualquier caso, en la historia reciente. Los caracterizaría con los conceptos de movimiento, corriente e iniciativa. El movimiento litúrgico de la primera mitad de este siglo, así como el movimiento mariano en la Iglesia que a partir del siglo XIX ha destacado cada vez con más fuerza, no los caracterizaría como movimientos, sino como corrientes que, por su parte, se habrían desplegado en movimientos concretos como congregaciones marianas o agrupaciones de la juventud católica, pero que se extenderían más allá. Las recogidas de firmas para pedir una definición dogmática o para solicitar cambios en la Iglesia, como hoy se dan de forma acostumbrada, no son, nuevamente, movimientos, sino iniciativas. Lo que es un movimiento puede verse muy bien de la forma más clara en las corrientes alemanas y francesas del siglo XIII: los movimientos provienen en su mayoría de un guía de personalidad carismática, se configuran en forma de comunidades concretas que, a partir de ese origen, viven con nuevo espíritu todo el Evangelio y reconocen sin vacilaciones a la Iglesia como su fundamento vital, sin la cual no podrían existir [21].

Con este deficiente intento de dar algún tipo de definición estamos situados ya, sin embargo, en los *criterios* que, por así decirlo, ocupan el lugar de una definición. El criterio esencial ha surgido ya, precisamente, espontáneamente: es el

---

[21] De gran ayuda para determinar la naturaleza de los movimientos es: A. Cattaneo, «I movimenti ecclesiali: aspetti ecclesiologici»: «Annales Theologici» 11 (1997) 401-427, aquí 406-409.

enraizamiento en la fe de la Iglesia. Quien no comparte la fe apostólica no puede reclamar una actividad apostólica. Porque la fe es sólo una para toda la Iglesia y, así, origina su unidad; a la fe apostólica está unida la voluntad de unidad, de estar en la comunión viva de toda la Iglesia, concretando: de permanecer con los sucesores de los apóstoles y con el sucesor de Pedro, que tiene la responsabilidad de conjugar Iglesia universal e iglesia particular como el pueblo uno de Dios. Si lo «apostólico» es el lugar de los movimientos en la Iglesia, entonces, la voluntad de llevar una *vita apostolica* tiene que ser fundamental en todos los tiempos. Por tanto, la renuncia a la propiedad, a la descendencia, a entremezclar la propia imagen de Iglesia, es decir, obediencia en el seguimiento de Cristo, han de ser considerados para todos los tiempos como los elementos esenciales de la vida apostólica, que, naturalmente, no pueden regir de la misma forma para todos los miembros de un movimiento, pero sí que constituyen para todos, de forma diferenciada, orientación para la propia vida. La vida apostólica no es, además, finalidad por sí misma, sino que procura la libertad para el servicio. La vida apostólica implica la actuación apostólica: en el lugar más importante se encuentra, de nuevo de forma diferenciada, el anuncio del Evangelio como el elemento misionero por excelencia. En el seguimiento de Cristo la evangelización es siempre ante todo *evangelizare pauperibus,* anuncio del Evangelio a los pobres. Esto, sin embargo, no sólo se lleva a cabo con palabras; el amor, que constituye su centro interno, su núcleo de verdad y de acción, al mismo tiempo, tiene que ser vivido y, de esta forma, convertirse en anuncio. Por ello, también el servicio social siempre está unido de alguna forma con la evangelización. Todo esto presupone, mayormente desde la fuerza contagiosa del carisma inicial, un profundo encuentro personal con Cristo. El ser comunión y el construir la comunión no excluye el elemento personal, sino que lo exige. Sólo donde la persona es tocada y abierta por Cristo en su profundidad más íntima, allí también puede ser tocado el otro en su interior, sólo allí puede acontecer la reconciliación en el Espíritu Santo, sólo allí puede crecer la verdadera comunión. Dentro de esta estructura cristológica-pneumática y existencial fundamental pueden darse, pues, muy distintos acentos y pesos específicos, en los que siempre tiene lugar la novedad del cristianismo, el Espíritu de la Iglesia siempre «rejuvenece como un águila» (Sal 103,5).

Desde aquí se perciben tanto los *peligros* que existen con los movimientos, como los *caminos de superación*. Los asociacionismos inquietan al poner un acento desmesurado en la misión específica que surge en un período o resulta de un carisma. Si el movimiento espiritual no es experimentado como una forma de existencia cristiana, sino como el ser tocado por la simple totalidad del mensaje, puede conducir a la absolutización del movimiento que se entiende a sí mismo como la Iglesia, como camino para todos, mientras ese único camino puede compartirse de distintas formas. Así, desde la frescura y la totalidad del movimiento, amenaza de forma casi inevitable el choque con la comunidad local, con lo que las dos partes pueden ser culpables y de lo cual serían espiritualmente responsables las dos partes. Las iglesias locales pueden haber caído en un cierto conformismo con el mundo, la sal puede volverse sosa, como Kierkegaard ha expuesto con mordaz sagacidad en su crítica de la cristiandad. También allí donde el alejamiento de la radicalidad del Evangelio no ha alcanzado el punto criticado por Kierkegaard, la irrupción de lo nuevo, sin embargo, será vivenciada como obstáculo, también cuando aparece con toda clase de enfermedades infantiles y de absolutizaciones equivocadas, como sucede a menudo.

Ambas partes tendrían que dejarse educar por el Espíritu Santo y también por la autoridad eclesiástica, aprender una abnegación sin la cual no es posible el acuerdo interior en la multiplicidad de formas de la fe vivida. Ambas partes tienen que aprender una de otra a dejarse purificar, a soportarse y a llegar a aquella actitud de la que Pablo habla en el gran canto sobre el amor (1 Cor 13,4ss). Así, hay que exhortar a los movimientos a que, aun cuando hayan encontrado la totalidad de la fe en su camino y así lo transmitan, son un regalo en el conjunto de la Iglesia y en general, y tienen que someterse a las exigencias de esa totalidad para ser fieles a su propia naturaleza[22]. Sin embargo, hay que llamar también la atención a las iglesias locales, a los obispos, al respecto de que no pueden aplaudir un uniformismo de formas y planes pastorales. No pueden convertir sus propios planes pastorales en criterio de aquello que le está permitido obrar al Espíritu Santo: con meras planificaciones las iglesias podrían hacerse impermeables al Espíritu Santo, a la fuerza de la que viven[23]. No se trata de que todo tenga que conllevar una organización unificada; ¡es preferible menos organización y más espíritu! Ante todo no puede existir un concepto de *communio* en el que la búsqueda de evitar conflictos se convierta en el supremo valor pastoral. La fe también es espada, y puede exigir precisamente conflicto en pro de la verdad y del amor (cf. Mt 10,34). Un concepto de unidad eclesial en el que los conflictos son rechazados desde un principio como extremismos, y la paz interna es lograda renunciando a la totalidad del testimonio, se mostrará pronto como algo falaz. Finalmente, no se puede establecer una prioridad afectada de la razón que equipare el celo de los tocados

---

[22] Cf. Cattaneo, *op. cit.*, 423-425.
[23] Sobre esto insiste Cattaneo: 413 y 417.

por el Espíritu Santo y su fe inocente en la palabra de Dios con el anatema del fundamentalismo, y que sólo admite aún una fe para la cual los condicionantes y las trabas son más importantes que la esencia de aquello mismo en lo que se cree. Para terminar, todos se tienen que dejar medir en el amor a la unidad de la Iglesia *una*, que es única en todas las iglesias particulares y que, como tal, siempre vuelve a aparecer en los movimientos apostólicos. Iglesias particulares y movimientos apostólicos tendrán siempre ambos que reconocer y aceptar que dos cosas tienen validez por igual: *ubi Petrus, ibi ecclesia-ubi episcopus, ibi ecclesia*. Primado y episcopado, estructura de la iglesia particular y movimientos apostólicos se necesitan entre sí: el primado sólo puede vivir con y a través de un episcopado vivo, el episcopado sólo puede salvaguardar su unidad dinámica y apostólica orientado hacia el primado. Allí donde se debilita uno de los dos es sufrido por la Iglesia entera.

Tras todas estas reflexiones, al final debería prevalecer ante todo *agradecimiento* y *alegría*. Agradecimiento porque el Espíritu Santo también hoy está trabajando en la Iglesia de forma totalmente manifiesta, y le sigue regalando nuevos dones por los que ella experimenta de nuevo la alegría de su juventud (Sal 42,4 Vg.). Agradecimiento por todos los hombres, jóvenes y mayores, que han acogido la llamada del Espíritu y sin volver la vista atrás han entrado con alegría al servicio del Evangelio. Agradecimiento por los obispos, que abren nuevos caminos, creándoles espacio en sus iglesias particulares, luchando con ellos pacientemente para superar su parcialidad y conducirlos hacia su forma correcta. Y, ante todo, agradecemos al que es aquí y ahora Papa, Juan Pablo II, que nos precede a todos en la capacidad de entusiasmo, en la fuerza de la juventud interior que emana de la fe, en el discernimiento de espíritus, en la lucha humilde y valiente por la realización del servicio al Evangelio, en la unidad con los obispos del orbe desde la escucha y la orientación, y es para todos nosotros guía hacia Cristo. Cristo vive, y envía desde el Padre el Espíritu Santo, ésta es la experiencia feliz y vivificante que surgirá precisamente del encuentro con los movimientos eclesiales de nuestro tiempo.

IX

PRESENTACIÓN DE LA DECLARACIÓN *DOMINUS IESUS* EL 5 DE SEPTIEMBRE DE 2000 EN LA SALA DE PRENSA DE LA SANTA SEDE

Las consideraciones siguientes se limitan a describir brevemente el contexto y el significado de la Declaración *Dominus Iesus*, mientras que las intervenciones posteriores ilustrarán el valor y la autoridad doctrinal del Documento, así como sus contenidos específicos, tanto cristológicos como eclesiológicos.

1. En el animado debate contemporáneo sobre la relación entre el cristianismo y las demás religiones, va abriéndose cada vez más camino la idea de que todas las religiones constituyen para sus seguidores caminos igualmente válidos de salvación. Se trata de una convicción extendida ya no sólo en ambientes teológicos, sino también en sectores cada vez más amplios de la opinión pública tanto católica como no católica, especialmente de la más influenciada por la orientación cultural predominante hoy en Occidente, que puede definirse sin miedo a desmentidos con la palabra *relativismo*.

A decir verdad, la denominada *teología del pluralismo religioso* había ido afirmándose gradualmente desde los años 50 del siglo XX, pero sólo hoy ha llegado a asumir una importancia fundamental para la conciencia cristiana. Como es natural, sus configuraciones son muy variadas, y no resultaría justo pretender homologar en un mismo sistema todas las posiciones teológicas que hacen referencia a la teología del pluralismo religioso. La Declaración ni siquiera se propone por tanto describir los rasgos esenciales de dichas tendencias teológicas, ni menos aún pretende englobar éstas en una fórmula única. Nuestro documento indica más bien algunos *presupuestos de naturaleza tanto filosófica como teológica* que están en la base de las, con todo, diferentes teologías del pluralismo religioso actualmente extendidas:

— la convicción de la inaferrabilidad y la inefabilidad completa de la verdad divina;
— la actitud relativista con relación a la verdad, en virtud de la cual aquello que es verdad para unos no lo sería para otros;
— la contraposición radical entre mentalidad lógica occidental y mentalidad simbólica oriental;
— el subjetivismo exasperado de quien considera la razón como única fuente de conocimiento;
— el vaciamiento metafísico del misterio de la encarnación;
— el eclecticismo de quien, en la búsqueda teológica, asume categorías derivadas de otros sistemas filosóficos y religiosos, sin preocuparse de su coherencia interna ni de su incompatibilidad con la fe cristiana;
— la tendencia en fin a interpretar textos de la Escritura fuera de la Tradición y del Magisterio de la Iglesia (cf. Decl. *Dominus Iesus*, 4).

¿Cuál es la *consecuencia* fundamental de esta forma de pensar y sentir en relación con el centro y el núcleo de la fe cristiana? Es el *rechazo sustancial de la identificación de la figura histórica individual de Jesús de Nazaret con la realidad misma de Dios, del Dios vivo. Aquello que es Absoluto, o Aquél que es el Absoluto, jamás puede darse en la historia en una revelación plena y definitiva*. En la historia se encuentran tan sólo modelos, figuras ideales que nos remiten al Totalmente Otro, el cual, sin embargo, no puede aprehenderse como tal en la historia. Algunos teólogos más modernos confiesan que Jesucristo es Dios verdadero y hombre verdadero, pero opinan que, debido a la limitación de la naturaleza humana de Jesús, la revelación de Dios en él no puede juzgarse completa y definitiva, sino que debe considerarse siempre en relación con otras posibles revelaciones de Dios expresadas en los genios religiosos de la humanidad y en los fundadores de las religiones del mundo. De esta forma, hablando objetivamente, se introduce la errónea idea de que las religiones del mundo son complementarias a la revelación cristiana. Resulta patente por tanto que tampoco la Iglesia, el dogma, los sacramentos, pueden tener valor de necesidad absoluta. Atribuir a estos medios finitos un carácter absoluto y considerarlos, más aún, como instrumento para un encuentro real con la verdad de Dios, universalmente válida, significaría colocar en un plano absoluto aquello que es particular, tergiversando la realidad infinita del Dios que es Totalmente Otro.

Sobre la base de tales concepciones, el juzgar que exista una verdad universal, vinculante y válida en la misma historia, que se cumple en la figura de Jesucristo y es transmitida por la fe de la Iglesia, se considera una especie de fundamentalismo que atentaría contra el espíritu moderno y constituiría una amenaza a la tolerancia y a la libertad. El mismo *concepto de diálogo* asume un significado radicalmente diferente del que se concibió en el Concilio Vaticano II. El diálogo, o más bien la ideología del diálogo, reemplaza a la misión y a la urgencia del llamamiento a la conversión: el diálogo ya no es el camino para descubrir la verdad, el proceso mediante el cual se descubre al otro la profundidad escondida de lo que él mismo ha experimentado en su vivencia religiosa, pero que aguarda cumplirse y purificarse en el encuentro con la revelación definitiva y completa de Dios en Jesucristo; en las nuevas concepciones ideológicas, que han penetrado por desgracia también en el mundo católico y en determinados ambientes teológicos y culturales, el diálogo es en cambio la esencia del «dogma» relativista y lo contrario de la «conversión» y de la «misión». Para un pensamiento relativista, diálogo significa poner en el mismo plano la propia posición o la propia fe y las convicciones de los demás, de forma que todo se reduce a un intercambio de posiciones básicamente paritarias y por ende relativas entre sí, en aras del superior objetivo de alcanzar el máximo de colaboración e integración entre las diferentes concepciones religiosas.

La *disolución de la cristología y por consiguiente de la eclesiología —subordinada pero inseparablemente unida a aquélla—* deviene pues la conclusión lógica de dicha filosofía relativista, que paradójicamente hallamos tanto en la base del pensamiento posmetafísico de Occidente como en la teología negativa de Asia. El resultado es que la figura de Jesucristo pierde su carácter de unicidad y universalidad salvífica. El hecho además de que el relativismo se presente, con vistas al encuentro con las culturas, como la auténtica filosofía de la humanidad, capaz de garantizar la tolerancia y la democracia, lleva a marginar aún más a quien se obstina en la defensa de la identidad cristiana y en su pretensión de difundir la verdad universal y salvífica de Jesucristo. En realidad, la crítica a la pretensión de absolutez y definitividad de la revelación de Jesucristo que la fe cristiana reivindica se acompaña con un falso concepto de tolerancia. El principio de tolerancia como expresión del respeto a la libertad de conciencia, pensamiento y religión, defendido y fomentado por el Concilio Vaticano II y propuesto una vez más por la misma Declaración, constituye una posición ética fundamental, presente en la esencia del Credo cristiano, ya que toma en serio la libertad de la decisión de fe. Pero este principio de tolerancia y respeto de la libertad queda hoy en día manipulado y superado de forma indebida cuando se extiende a la valoración de los contenidos, como si todos los contenidos de las diferentes religiones e incluso de las concepciones arreligiosas de la vida pudieran situarse en un mismo plano y no existiera ya una verdad objetiva y universal, ya que Dios o lo Absoluto se revelarían bajo innumerables nombres, pero todos ellos resultarían verdaderos. Esta falsa idea de tolerancia está vinculada a la pérdida y a la *renuncia a la cuestión acerca de la verdad*, que de hecho muchos perciben hoy en día como cuestión irrelevante o secundaria. De esta manera, sale a flote la debilidad intelectual de la cultura actual: al brillar por su ausencia la pregunta acerca de la verdad, la esencia de la religión no se diferencia ya de su «no-esencia», la fe no se distingue de la superstición ni la experiencia de la ilusión. Finalmente, sin una seria pretensión de verdad, incluso el aprecio de las demás religiones se vuelve absurdo y contradictorio, ya que no se posee el criterio para comprobar lo que es positivo en una religión, distinguiéndolo de lo que es negativo o fruto de la superstición y el engaño.

2. A este respecto, la Declaración retoma la enseñanza de Juan Pablo II en la Encíclica *Redemptoris missio*: «Todo lo que el Espíritu obra en los hombres y en la historia de los pueblos, así como en las culturas y religiones, tiene un papel de preparación evangélica» (*Redemptoris missio* 29). Este texto se refiere explícitamente a la acción del Espíritu no sólo «en el corazón de los hombres», sino también «en las religiones». Sin embargo, el contexto sitúa esta acción del Espíritu en el seno del misterio de Cristo, del que jamás puede separarse; además, las religiones están allegadas a la historia y a las culturas de los pueblos, cuya mezcla de bien y mal jamás puede ponerse en duda. Por lo tanto, ha de considerarse *praeparatio evangelica* no todo lo que en las religiones se encuentra, sino sólo «lo que el Espíritu obra» en ellas. De ello se deriva una importantísima consecuencia: *camino a la salvación es el bien presente en las religiones, como obra que es del Espíritu de Cristo, pero no lo son las religiones como tales*.

Ello se ve además confirmado por la misma doctrina del Vaticano II respecto de las semillas de verdad y bondad presentes en las demás religiones y culturas, doctrina expuesta en la Declaración conciliar *Nostra aetate*: «La Iglesia católica no rechaza nada de lo que en estas religiones es verdadero y santo. Considera con sincero respeto los modos de obrar y de vivir, los preceptos y doctrinas que, aunque discrepen mucho de los que ella mantiene y propone, no pocas veces reflejan, sin embargo, un destello de aquella Verdad que ilumina a todos los hombres» (*Nostra aetate* 2). *Todo lo verdadero y bueno existente en las religiones no debe acabar perdiéndose, antes al contrario, ha de reconocerse y valorizarse. Lo bueno y lo verdadero, doquiera que se halle, procede del Padre y es obra del Espíritu; las semillas del Logos están esparcidas por doquier. Pero no pueden cerrarse los ojos ante los errores y engaños que también están presentes en las religiones.* La misma Constitución dogmática del Vaticano II *Lumen gentium* afirma: «Pero muchas veces los hombres, engañados por el Maligno, se pusieron a razonar como personas vacías y cambiaron el Dios verdadero por un ídolo falso, sirviendo a las criaturas en vez de al Creador» (*Lumen gentium* 16).

Resulta comprensible que en un mundo que crece cada vez más de forma conjunta también religiones y culturas se encuentren. Ello no lleva tan sólo a un acercamiento exterior entre hombres de diferentes religiones, sino también a un aumento de interés por mundos religiosos desconocidos. En este sentido, es decir, en lo que respecta al conocimiento recíproco, resulta legítimo hablar de enriquecimiento mutuo. Sin embargo, ello nada tiene que ver con el abandono de la pretensión, por parte de la fe cristiana, de haber recibido como don de Dios en Cristo la revelación definitiva y completa del misterio de salvación; es más, debe excluirse esa mentalidad indiferentista inspirada en un relativismo religioso que induce a pensar que «una religión vale la otra» (*Redemptoris missio* 36).

La estima y el respeto a las religiones del mundo, así como para las culturas que han aportado un enriquecimiento objetivo a la promoción de la dignidad humana y al desarrollo de la civilización, no disminuye la originalidad y unicidad de la revelación de Jesucristo, y no limita de manera alguna la tarea misionera de la Iglesia: «[La Iglesia] anuncia y tiene la obligación de anunciar sin cesar a Cristo, que es camino, verdad y vida (Jn 14,6), en quien los hombres encuentran la plenitud de la vida religiosa, en quien Dios reconcilió consigo todas las cosas» (*Nostra aetate* 2). Al mismo tiempo, tan sencillas palabras indican el motivo de la convicción que considera que la plenitud, universalidad y cumplimiento de la revelación de Dios están presentes tan sólo en la fe cristiana. Dicho motivo *no descansa en una presunta preferencia otorgada a los miembros de la Iglesia, ni menos aún en los resultados históricos alcanzados por la Iglesia en su peregrinación terrenal, sino en el misterio de Jesucristo, verdadero Dios y verdadero hombre, presente en la Iglesia.* La pretensión de unicidad y universalidad salvífica del Cristianismo procede esencialmente del misterio de Jesucristo, que prolonga su presencia en la Iglesia, que es su Cuerpo y su Esposa. Por ello, la Iglesia se siente comprometida, constitutivamente, en la evangelización de los pueblos. Incluso en el contexto actual, caracterizado por la pluralidad de las religiones y por la exigencia de libertad de decisión y pensamiento, la Iglesia es consciente de estar llamada «a la salvación y renovación de toda criatura para que todas las cosas se instauren en Cristo, y en Él los hombres constituyan una sola familia y un único pueblo de Dios» (Decreto *Ad gentes* 1).

Reafirmando las verdades que la fe de la Iglesia siempre ha creído y profesado en relación con estos temas, y salvaguardando a los fieles de errores o de interpretaciones ambiguas actualmente extendidas, la Declaración *Dominus Iesus* de la Congregación para la Doctrina de la Fe, aprobada y confirmada *certa scientia* y *apostolica sua auctoritate* por el santo Padre en persona, desempeña una doble tarea: por un lado se presenta como un testimonio autorizado adicional y renovado para mostrar al mundo «el fulgor del glorioso Evangelio de Cristo» (2 Cor 4,4); por otro, señala como vinculante para todos los fieles la base doctrinal irrenunciable que ha de guiar, inspirar y orientar tanto la reflexión teológica como la acción pastoral y misionera de todas las comunidades católicas diseminadas por el mundo.

X

CORRESPONDENCIA ENTRE EL METROPOLITA DAMASKINOS Y EL CARDENAL JOSEPH RATZINGER

Sobre la declaración de la Congregación para la doctrina de la Fe *Dominus Iesus*[1] y sobre la *Nota* de la Congregación para la doctrina de la Fe *Iglesias Hermanas*[2]

El Metropolita Damaskinos de Suiza
A su Eminencia
Cardenal Joseph Ratzinger
Prefecto de la Congregación para la doctrina de la Fe

Chambésy, 30 de octubre de 2000

Eminencia
Querido y estimado hermano y amigo,

---

[1] Congregatio pro doctrina fidei, *Declaractio Dominus Iesus: de Iesu Christi atque Ecclesiae unicitate et universalitate salvifica* (Librería Editrice Vaticana, 2000). Traducción española: Congregación para la doctrina de la fe, *Declaración Dominus Iesus. Sobre la unicidad y la universalidad salví°fica de Jesucristo y de la Iglesia* (Conferencia Espiscopal Española, Madrid 2000).
Texto en Internet:
http://www.vatican.va/roman_curia/congregations/cfaith/documents/re_con_cf aith_doc_20000806_dominus-iesus_lt.html (latín)
http://www.vatican.va/roman_curia/congregations/cfaith/documents/re_con_cf aith_doc_20000806_dominus-iesus _sp.html (español)

[2] KNA Öki, Dok. n. 4, anexo del n. 38/2000 del 12 de septiembre, pp. 1-3.
Texto en Internet:
http://www.vatican.va/roman_curia/congregations/cfaith/documents/re_con_cf aith_doc_20000630_chiese-sorelle _sp.html (español)

Recuerdo con mucho gusto y agradecimiento nuestro inolvidable último encuentro del 14 al 16 de octubre en la Toscana.

Este encuentro supuso para nosotros una oportunidad para reflexionar sobre algunas cosas que tú, desde tu responsabilidad como Prefecto de la Congregación para la Fe, hace poco que has dirigido a los obispos de la Iglesia católico-romana como palabra vinculante de su Iglesia. Estoy pensando en la Declaración *Dominus Iesus* y, sobre todo, en la *Nota* de la Congregación para la Fe sobre las Iglesias hermanas.

Cuando pronuncié la conferencia en el año 1999, en la facultad católico-romana de la Universidad de Bonn, sobre la contribución de la Iglesia y la teología greco-ortodoxa en la Europa actual, subrayé, entre otras cosas, que la providencia de Dios había dispuesto las cosas de tal forma que cuando, en los años posteriores a 1959, continué mis estudios en Alemania como becario del patriarcado ecuménico de Constantinopla, puede ganarme allí como maestro y amigo al joven profesor Joseph Ratzinger. Nuestra relación fue una comunión creciente y profunda. Descubrimos respectivamente qué significa pertenecer a la Iglesia católico-romana y a la Iglesia ortodoxa, dos Iglesias que se han vuelto a descubrir como Iglesias hermanas. Así, nos preparamos interiormente para el gran acontecimiento del año 1965: el levantamiento de las condenas de excomunión de la memoria de nuestras Iglesias. De esta forma creció en nosotros la pasión por el restablecimiento de la plena unidad entre nuestras Iglesias. Experimentamos el hecho de que compartimos la misma fe apostólica, y continuamos una nueva época de nuestras relaciones desde el *diálogo del amor* hasta el *diálogo teológico* oficial. Hemos experimentado, igualmente, que la superación mutua de las condenas de excomunión ha posibilitado de hecho una nueva situación que tenía que ser apreciada desde la postura teológica.

Esta situación tiene un alcance tanto psicológico como eclesiológico, que se extiende más allá del acontecimiento cuya memoria se ha borrado. Con el tiempo se mostró que su repercusión en el pueblo ha sido mayor y más profunda de lo que se había previsto. En lo sucesivo esta superación del anatema provoca, y tiene que originar, una purificación de la memoria, que es el perdón. Ha sustituido el *símbolo de la separación* por el *símbolo del amor*. Supone una nueva situación eclesial que en todo momento ha de tener más repercusiones en todos los niveles de cada una de nuestras iglesias particulares. Esta recepción pertenece a un proceso de acercamiento y de entendimiento, pues si es cierto que existe un vínculo inquebrantable entre la teología y el amor, entonces resulta determinante para nosotros el hecho de que vivimos de forma común el misterio cristiano que nos reúne para continuar necesariamente. El reino de Dios experimenta fuerza.

Recuerdo, a continuación, las reflexiones que transmitiste con motivo de nuestro primer encuentro eclesiológico en Viena, en el año 1974:

«Para concluir, preguntemos una vez más: ¿Qué queda y qué se sigue de todo esto? El proceso, en su aspecto esencial, es éste: la relación del "amor enfriado", de "oposiciones, desconfianzas y antagonismos" ha sido sustituida por la relación del amor, de la fraternidad, cuyo símbolo es el beso fraterno. El símbolo de la escisión ha sido reemplazado por el símbolo del amor. No se ha conseguido establecer, ciertamente, la comunidad de comunión, pero tras el *"diálogo del amor"* se ha alcanzado ya un primer objetivo, se ha reclamado el *"diálogo teológico"*, aunque no como una pacífica escaramuza académica que no precisa llegar a ningún resultado y que, en el fondo, se basta a sí misma, sino que ha de ser un diálogo puesto bajo el signo de la "espera impaciente", que sabe que "ha llegado la hora". Ágape y beso fraterno son de suyo términos y ritos de la unidad eucarística. Donde existe el ágape como realidad eclesial tiene que llegar a convertirse en ágape eucarístico. A ello tienen que orientarse todos los esfuerzos. Para que se logre el objetivo hay que exigir como consecuencia directa de todo el proceso que se trabaje incesantemente por la "cura de la memoria". Al hecho jurídico del olvido tiene que seguir el hecho real histórico de una nueva memoria. Ésta es la exigencia inevitable, tanto jurídica como teológica, contenida en el acontecimiento del 7 de diciembre de 1965»[3].

Juntos hemos aprendido cómo *debe hacerse teología* teniendo en cuenta las tradiciones particulares de Occidente. Hemos experimentado que la verdad revelada ha sido recibida, vivida y entendida de forma distinta en Oriente y en Occidente, y que la diferencia de teologías puede ser considerada compatible dentro de una misma fe, aún más, como un signo vivo de la trascendencia del Misterio, y a dejar campo libre al predominante carácter apofático que ha asumido su expresión humana, a un legítimo pluralismo teológico en el seno de la misma fe tradicional, y que no puede tenderse a priori a identificar la fe y su expresión con teologías particulares.

Y hemos llegado a constatar conjuntamente que Oriente y Occidente sólo pueden encontrarse y redescubrirse cuando recuerden su afinidad originaria y su pasado común. Primeramente han de ser conscientes de que Oriente y Occidente, a pesar de todas sus particularidades, pertenecen orgánicamente a una cristiandad. Aquí hemos comprobado de forma común que nuestras diferencias han de ser inter-

---

[3] J. Ratzinger, «Das Ende der Bannflüche von 1054. Folgen für Rom und die Ostkirchen»: «Internat. kath. Zeitschrift Communio» 3 (1974), 289-303; publicado de nuevo en: *Pro oriente. Auf dem Weg zur Einheit des Glaubens*, (Innsbruck/Wien/München 1976) 101-113; *íd.*, «Roma y las Iglesias de oriente tras el levantamiento de las excomuniones del año 1054», en *íd.*, *Teoría de los principios teológicos* (Herder, Barcelona 1985) 244-263, cita en 262-263.

pretadas en el sentido de distintos desarrollos legítimos de la misma y única fe en Oriente y en Occidente, y no como separaciones en la Tradición de la fe misma. También hemos hecho la pregunta de otra forma, no sólo: «¿podemos comulgar unos con otros?», sino también: «¿podemos negar la comunión a otros?».

Además hemos experimentado que el *obstáculo principal* para el restablecimiento de la plena comunión es el *primado jurisdiccional* del Papa. De hecho, lo más difícil parece ser la cuestión del ordenamiento de la Iglesia: por una parte para Roma, porque contempla el primado de la «*sede romana*» como algo constitutivo para la unidad de la Iglesia, por otra parte para Oriente, porque considera precisamente esta exigencia como una modificación de la estructura episcopal de la Iglesia.

Nos hemos preguntado cómo podemos avanzar aquí, y nos hemos permitido formular algunas perspectivas, por ejemplo: si Roma aceptase la comunión con Oriente sin requisitos previos —naturalmente de acuerdo con la panortodoxia— esto sería un reconocimiento expreso de la legitimidad de la estructura episcopal de Oriente. Esto incluye la aceptación de que Oriente no tiene que estar obligado a la estructura del primado desarrollada en Occidente.

A la inversa, sería reconocido por Oriente que Occidente, a pesar de la doctrina del primado, no ha abandonado fundamentalmente la estructura episcopal de la Iglesia antigua, aunque haya asumido un factor adicional, cuya necesariedad no ha de ser reconocida por la Iglesia oriental. El reconocimiento de la permanencia de la estructura apostólica de la Iglesia antigua también en Occidente podría ser facilitada, por una parte, a través de los esfuerzos del Concilio Vaticano II por el claro restablecimiento de la organización episcopal, y, por otra parte, a través del hecho de que el Papa, cuando comulga con el Oriente, él mismo no reclama de hecho frente a Oriente la exigencia primacial de 1870 (*jurisdictio in omnes ecclesias*).

Así, nunca hemos perdido la esperanza de que también podría superarse la centralización desde la perspectiva del primado jurisdiccional, para que, de esta forma, el ansiado restablecimiento de la plena comunión pueda hacerse pronto realidad. Y a ello has prestado tú una gran contribución como Prefecto de la Congregación para la Fe, que tiene la misión de ser «guardiana de la ortodoxia» y «defensora de la fe». Puedes estar marcado por las reflexiones y perspectivas que escribiste en el año 1974, valorando la referencia a Ignacio de Antioquía que el Patriarca Atenágoras I había citado en el saludo al papa Pablo VI: «Contra toda esperanza está entre nosotros el obispo de Roma, el primero entre nosotros en honor, "el que" tiene la presidencia en el amor» (Ignacio de Antioquía, *Rom*, Prol.: PG 5, 801). Es evidente que con ello el Patriarca no abandona el suelo de la Iglesia oriental reconociendo el primado jurisdiccional de Occidente. Pero subraya con claridad lo que Oriente tiene que decir sobre la sucesión de los obispos de la Iglesia iguales en rango y derecho, y habría ahora que reflexionar si no valdría la pena que este antiguo Credo, que no sabe nada de un «primado jurisdiccional» pero sí reconoce el puesto primero en «honor» (τιμή) y ágape, pudiera ser valorado como una perspectiva suficiente para el núcleo de la cuestión sobre el puesto de Roma en la Iglesia. El «santo coraje» exige junto a la sensatez «audacia»[4].

Todas estas consideraciones y perspectivas que traigo aquí al recuerdo han marcado mi vida como obispo y teólogo. Entre tanto, sin embargo, constataba algo que me empu-

---

[4] *Ibíd.*, 228s.

jaba a plantear la pregunta sobre si hay una continuidad entre el profesor Joseph Ratzinger y el Prefecto de la Congregación para la Fe. ¿Cómo se relacionan entre sí esas afirmaciones que he mencionado con las siguientes declaraciones del Cardenal Joseph Ratzinger?

1. En el *Escrito* de la Congregación para la doctrina de la Fe dirigido «a los obispos de la Iglesia católica sobre algunos aspectos de la Iglesia como *communio*» en el año 1992, se caracterizaba a las Iglesias ortodoxas como «aquellas venerables comunidades cristianas» que «debido a su actual situación están heridas en su ser de iglesia particular», porque «la comunión con el conjunto de la Iglesia representada por el sucesor de Pedro no es un ingrediente externo para la iglesia particular, sino uno de sus elementos esenciales internos» (§ 17). De esta forma, la superación de la herida del ser iglesia particular presupone el reconocimiento del primado jurisdiccional del Papa, sin lo cual parece que no es pensable un restablecimiento de la plena comunión.

2. En la *Nota* de la Congregación para la Fe sobre las Iglesias hermanas se dice lo siguiente: «En sentido propio, son Iglesias hermanas entre sí exclusivamente las Iglesias particulares (o asociación de Iglesias particulares, como patriarcados o provincias eclesiásticas). Siempre ha de quedar bien claro, también cuando la expresión Iglesias hermanas se usa en este sentido correcto, que la Iglesia universal, una, santa, católica y apostólica no es hermana, sino madre de todas las iglesias particulares» (§ 10).

3. En la Declaración *Dominus Iesus* se dice entre otras cosas: «Así como hay un solo Cristo, uno solo es su cuerpo, una sola es su Esposa: "una sola Iglesia católica y apostólica"

... "Esta Iglesia, constituída y ordenada en este mundo como una sociedad, subsiste (*subsistit in*) en la Iglesia católica, gobernada por el sucesor de Pedro y por los Obispos en comunión con él". Con la expresión *subsistit in,* el Concilio Vaticano II quiere armonizar dos afirmaciones doctrinales: por un lado, que la Iglesia de Cristo, no obstante las divisiones entre los cristianos, sigue existiendo plenamente sólo en la Iglesia católica, y por otro lado, que "fuera de su estructura visible pueden encontrarse muchos elementos de santificación y de verdad" ... Existe, por lo tanto, una única Iglesia de Cristo, que subsiste en la Iglesia católica, gobernada por el Sucesor de Pedro y por los Obispos en comunión con él. Las Iglesias que no están en perfecta comunión con la Iglesia católica pero se mantienen unidas a ella por medio de vínculos estrechísimos como la sucesión apostólica y la Eucaristía válidamente celebrada son auténticas iglesias particulares. Por eso, también en estas Iglesias está presente y operante la Iglesia de Cristo, aunque falte la plena comunión con la Iglesia católica al rehusar la doctrina católica del Primado, que por voluntad de Dios posee y ejercita objetivamente sobre toda la Iglesia el Obispo de Roma» (§§ 16 y 17).

a) Me permito preguntarte ahora cómo se podrían examinar a fondo de nuevo esas «aparentes contradicciones» para que pueda deshacerse toda una serie de malentendidos que se han originado también debido a ciertas formulaciones y que no parecen estar plenamente de acuerdo con el Concilio Vaticano II. Pienso concretamente en esa exclusividad que está unida inseparablemente con el «solo» y que el Concilio Vaticano II quiso evitar con el «*subsistit in*» .

b) Esa «una Iglesia única» que también se denomina «Iglesia universal, una, santa, católica y apostólica» es considerada como madre de todas las iglesias particulares, y no como iglesia hermana. Y esa «una Iglesia sola» sólo es aplicable en la forma plural «Iglesias» a las iglesias particulares. Yo me pregunto ahora cómo puede haberse sustituido en el capítulo IV de la Declaración *Dominus Iesus* la expresión legítima del Credo niceno-constantinopolitano, que es vinculante para todos, por una fórmula distinta tomada del gran Credo de la Iglesia armenia: «una sola Iglesia católica y apostólica».

c) No quiero entrar en el debate sobre la teología y la eclesiología de las iglesias particulares, pues, según mi parecer, eso que tú llamas iglesia particular, es decir, iglesia local, desde la perspectiva de la Iglesia ortodoxa puede ser aplicado también a la Iglesia una, santa, católica y apostólica, bajo el presupuesto, naturalmente, de que ella viva en *communio* con las otras iglesias locales. Y el hecho de que esas iglesias locales se llamen entre sí y se reconozcan como iglesias hermanas, no presupone la *conditio sine qua non* de que la Iglesia de Constantinopla, el Patriarcado ecuménico, sea la madre de todas estas Iglesias —que no es el caso en todas las iglesias locales ortodoxas—, sino simplemente supone el hecho de que ellas comparten la misma fe, en el convencimiento de que sólo hay un único Cristo y sólo un único cuerpo de Cristo, la Iglesia una, santa, católica y apostólica.

El concepto «iglesia particular» como término intercambiable con «iglesia local» puede producir, además, una eclesiología estructurada universalmente que considera a las iglesias locales como partes ordenadas a la *Una sancta*.

d) No estoy de acuerdo con que el concepto «Iglesia hermana», tal y como figura en el Breve *Anno ineunte* del papa Pablo VI al patriarca Atenágoras I, pueda ser restringido al modo como lo hace la *Nota* sobre las Iglesias hermanas: «Ahora, y tras largas diferencias de pareceres y controversias, Dios nos otorga la gracia de que nuestras Iglesias se reconozcan nuevamente como Iglesias hermanas, a pesar de las dificultades que han surgido anteriormente entre nosotros» (He sustituido la palabra «posibilidad» que aparece en la *Nota* por el término «gracia», según la traducción oficial alemana del *Tomos Agapis*: «... *Dei beneficio fit ut nostrae ecclesiae se iterum sorores agnoscant* ...») [5].

Esta fórmula no puede ser empleada sólo por la «iglesia particular» de Roma respecto a la «iglesia particular» de Constantinopla, sino que conlleva también el reconocimiento recíproco de la Iglesia católico-romana y de la Iglesia ortodoxa como Iglesias hermanas. De ahí que el Padre Emmanuel Lanne expresase en el simposio de Viena de 1974 que «cuando la totalidad de las Iglesias ortodoxas estén dispuestas a reconocer a la Iglesia católica [-romana], como lo que es, como la verdadera Iglesia de Cristo y como hermana de la Iglesia ortodoxa ..., [entonces] ya no impedirá nada más una reanudación de las relaciones canónicas entre las dos Iglesias» [6].

e) Que el uso de la expresión «nuestras dos Iglesias» haya que evitarlo debido a que «no se da sólo un plural en el ámbito de las iglesias particulares, sino también al nivel de la Iglesia una, santa, católica y apostólica confesada en el Credo, cuya existencia real es ensombrecida por ello» (*Nota* § 11), parece contradecir también, entre otras cosas, la Declaración conjunta del Papa Pablo VI y el patriarca Atenágoras I al término de la visita del Patriarca a Roma el 28 de octubre de 1967. Allí las dos autoridades máximas expresaban su alegría «porque su

---

[5] *Tomos Agapis* (Wien 1978) 117.
[6] E. Lanne, «Schwesterkirchen – Ekklesiologische Aspekte des Tomos Agapis», en *Pro oriente. Auf dem Weg zur Einheit des Glaubens* (Innsbruck / Viena / Munich 1976) 74.

encuentro pudo contribuir a que sus Iglesias se redescubran aún más como Iglesias hermanas. En las oraciones que han ofrecido, en sus declaraciones públicas y en su conversación privada, el Papa y el Patriarca Ecuménico han querido subrayar su convicción de que una contribución esencial para la restauración de la plena comunión entre la Iglesia católica, por un parte, y la Iglesia ortodoxa, por otra, debe encontrarse en el marco de la renovación de la Iglesia y de los cristianos, en fidelidad a las tradiciones de los Padres y a las inspiraciones del Espíritu Santo, que permanece siempre con la Iglesia ... El papa Pablo VI y el patriarca ecuménico Atenágoras I están convencidos de que el diálogo de la caridad entre sus Iglesias debe aportar los frutos de la colaboración desinteresada sobre el plano de una actuación común en el orden pastoral, social e intelectual, en un respeto mutuo de la fidelidad de unos y otros *a sus propias Iglesias*»[7].

f) El uso de la expresión «nuestras dos Iglesias» no relativiza de ningún modo la pretensión tanto por parte de la Iglesia católica romana, por un lado, como de la Iglesia ortodoxa por el otro, de que ellas son y continúan plenamente la Iglesia una, santa, católica y apostólica. A este respecto, me permito señalar una opinión panortodoxa: «Siendo consciente de la importancia de la estructura actual del cristianismo, nuestra santa Iglesia ortodoxa no sólo reconoce, aunque ella sea la Iglesia una, santa, católica y apostólica, la existencia ontológica de esas comunidades eclesiales, sino que cree también

---

[7] «Declaración común del papa Pablo VI y del patriarca ecuménico Atenágoras I en la despedida del Patriarca, del 28 de octubre de 1967», en A. González Montes, *Enchiridion Ecumenicum* I: *Relaciones y Documentos de los Diálogos Interconfesionales de la Iglesia católica y otras Iglesias cristianas y Declaraciones de sus Autoridades (1964-1984)* (Salamanca 1986) 500-501, cita en 500.

firmemente que todas estas referencias a ellas tienen que basarse en un esclarecimiento objetivo lo más pronto posible del problema eclesiológico y de la totalidad de su doctrina». ¿Qué significa esto? ¿Puede una Iglesia que identifica sus propios contornos con los de la Iglesia una, santa, católica y apostólica reconocer a otra Iglesia como Iglesia sin renunciar su propia pretensión de continuidad o, al menos, sin relativizarla? ¿Se puede emplear aquí un «tanto-como» o nos obliga el carácter canónico de la Iglesia a partir del «o-o»? Ambas Iglesias defienden la opinión de continuar la Iglesia una, santa, católica y apostólica sin que tenga que ser de forma excluyente. En cualquier caso, se puede reconocer, a mi parecer, la existencia misma de una «*ecclesia extra ecclesiam*» en toda la plenitud del término «*ecclesia*» allí donde subyace la unidad verdadera en la *pistis* (es decir, el gran Símbolo conciliar), y la estructura fundamental de la *ecclesia,* es decir, la *successio apostolica,* sea salvaguardada sin obstáculo alguno.

Doy gracias a Dios en todo momento cuando en mis oraciones te tengo presente, cuando escucho y leo tu fe en nuestro Señor Jesucristo, en la Madre de Dios, que también es nuestra madre, y en los santos. En comunión de fe y del amor que nos une, quedo tuyo en vínculo fraterno y agradecido.

Tuyo † Metropolitano Damaskinos

X

CORRESPONDENCIA ENTRE EL METROPOLITA DAMASKINOS Y EL CARDENAL JOSEPH RATZINGER

Sobre el escrito de la Congregación para la doctrina de la Fe *Dominus Iesus** y sobre la *Nota* de la Congregación para la doctrina de la Fe *Iglesias Hermanas**

Cardenal Joseph Ratzinger
A su Eminencia
Metropolitano Damaskinos de Suiza

20 de febrero de 2001

¡Eminencia!
¡Querido hermano y amigo!

---

* Congregatio pro doctrina fidei, *Declaratio Dominus Iesus: de Iesu Christi atque Ecclesiae unicitate et universalitate salvifica* (Librería Editrice Vaticana 2000). Traducción española: Congregación para la doctrina de la fe, *Declaración Dominus Iesus. Sobre la unicidad y la universalidad salvífica de Jesucristo y de la Iglesia* (Conferencia Espiscopal Española, Madrid 2000).
Texto en Internet:
http://www.vatican.va/roman_curia/congregations/cfaith/documents/re_con_cf aith_doc_20000806_dominus-iesus_lt.html(latín)
http://www.vatican.va/roman_curia/congregations/cfaith/documents/re_con_cf aith_doc_20000806_dominus-iesus _sp.html (español)

* KNA Öki, Dok. n. 4, anexo del n. 38/2000 del 12 de septiembre, pp. 1-3.
Texto en Internet:
http://www.vatican.va/roman_curia/congregations/cfaith/documents/re_con_cf aith_doc_20000630_chiese-sorelle _sp.html (español)

Ha transcurrido mucho tiempo desde que pasamos juntos días inolvidables en la Toscana. Allí pudimos hablar en varias ocasiones sobre lo que nos preocupaba en común sobre la unidad de la Iglesia, a cuyo servicio estamos. Como fruto de las conversaciones me escribiste el 30 de octubre una carta conmovedora en la que desarrollabas de forma concreta todas las preguntas que allí sólo habíamos podido tocar brevemente. Te doy gracias por ello de todo corazón, pues la sinceridad es una condición fundamental del diálogo ecuménico, y nuestra cercanía fraternal está cimentada tan amplia y profundamente que podemos decirnos sin vacilación lo que nos mueve y nos inquieta. Desgraciadamente no pude contestarte pronto, por una parte porque quería reflexionar profundamente las cuestiones planteadas, por otra, porque las tormentas que se abatieron sobre nosotros tras la *Dominus Iesus* no me permitían aún tomar aliento. Después, siguió el alud del correo de Navidad del que sólo pude librarme con dificultad. Entre tanto llegó la triste noticia de tu grave enfermedad, que me inquietó profundamente. Tú sabes que en ese tiempo he orado muy especialmente por ti y ahora escucho para mi alegría que ya te encuentras de nuevo en camino hacia tu recuperación. No necesito decirte expresamente que sigo acompañando tu camino con mis oraciones, para que el Señor te devuelva la salud. Así, creo que ha llegado el momento en el que finalmente tengo que intentar responder a tu carta.

Me conmovió mucho cómo describiste nuestro itinerario teológico común en el que fuimos siempre enormemente conscientes de la necesidad apremiante de llegar a la unidad entre Oriente y Occidente, y en el que al mismo tiempo surgieron luces que nos indicaron la dirección que habíamos de seguir para alcanzar este gran objetivo con ayuda de Dios. Nada de todo esto ha desaparecido; al contrario, he sido siempre muy consciente de que la Iglesia ortodoxa y la Iglesia católica se corresponden entre sí, y que ninguna de las cuestiones doctrinales que parecen separarnos es insoluble. A este respecto formulas la pregunta sobre si existe una continuidad entre el profesor Joseph Ratzinger y el Prefecto de la Congregación para la Fe; sobre qué sentido tienen mis afirmaciones teológicas que tú citas, pertenecientes a distintos textos de la Congregación para la Fe, afirmaciones que hacen plantearte preguntas. Quiero decir a esto: el profesor y el Prefecto son la misma persona, pero ambos conceptos designan funciones correspondientes a distintas tareas. Existe, por tanto, en ese sentido, una diferencia, pero ninguna contradicción. El profesor (que sigo siendo) se esfuerza por el conocimiento, y expone en sus libros y conferencias lo que cree haber encontrado, y lo subordina tanto al debate de los teólogos como al parecer de la Iglesia. Él intenta, desde la responsabilidad ante la verdad de la fe y consciente de sus límites, lograr conocimientos que le sigan ayudando en el camino de la fe y en el camino de la unidad. Lo que él escribe o dice proviene de su itinerario personal de pensamiento y de fe, y le implanta en el itinerario común de la Iglesia. El Prefecto, en cambio, no tiene que exponer sus interpretaciones personales. Al contrario, tiene que pasar a un segundo término para dejar espacio a la palabra común de la Iglesia. Él no escribe, como hace el profesor, textos a partir de su propia búsqueda y de sus logros, sino que tiene que preocuparse porque los órganos magisteriales de la Iglesia hagan su trabajo con gran responsabilidad, de tal forma que al final el texto sea purificado de todo lo meramente privado y constituya realmente la palabra común de la Iglesia. El motivo para elaborar un documento lo proporcionan cuestiones que surgen de la Iglesia, observaciones que pueden profundizarse desde distintas perspectivas y que transmiten la necesidad de una palabra aclaradora. Múltiples contactos con los hermanos en el episcopado pertenecen al camino de la maduración, además de los órganos de siempre: comisiones, la *Consulta* (reunión periódica de los asesores permanentes de la Congregación), finalmente el trabajo de la «Congregación» en sentido propio, que representa un órgano colegial compuesto por un número determinado de obispos, de los cuales una parte trabaja en distintas Curias y otra parte son obispos diocesanos de todo el mundo. La Congregación tiene una asamblea general que se reúne aproximadamente cada año y medio, en la que sólo pueden presentarse los grandes proyectos (como *Dominus Iesus*), y la asamblea que tiene lugar aproximadamente cada dos semanas, en la que participan los miembros romanos y normalmente algunos miembros de los estados europeos más próximos. Al mismo tiempo, el Papa es informado con regularidad sobre los avances en las cuestiones. Mientras el Papa, como pastor supremo de la Iglesia, intenta dirigirse a los creyentes de la forma más directa posible y por ello selecciona algo así como un lenguaje «pastoral», la tarea de la Congregación es más estricta: debe señalar los puntos críticos, mostrar dónde empieza el espacio del debate teológico, que no debe impedir, y dónde está en juego la fe misma que constituye el fundamento de toda teología. Así, tras una larga lucha (algunos documentos necesitan diez años, apenas ninguno menos de dos años), madura un texto en el que nadie puede expresar su opinión privada, en el que ante todo debe destacar lo más limpiamente posible la medida común de la fe. Los documentos de la Congregación no son infalibles, pero de hecho son más que contribuciones teológicas a los debates, orientaciones que se dirigen a la conciencia creyente de pastores y maestros. Así, resulta claro que los textos de la Congregación no pueden ni deben ser textos del profesor Ratzinger, que está al servicio de una totalidad que se extiende hasta él y para ello, consciente de su responsabilidad, intenta conservar el papel de moderador. Incluso cuando los textos por su carácter son distintos a lo que yo personalmente podría y debería escribir, es evidente que yo no represento como Prefecto nada de lo que tampoco pueda representar personalmente como instrucción incluso para mí mismo y como palabra en la Iglesia y para la Iglesia.

Antes de llegar al contenido de las cuestiones planteadas por ti quiero subrayar todavía dos puntos de tus reflexiones introductorias que me parecen importantes. Por una parte, la purificación de la memoria. En el encuentro con los obispos que vienen *ad limina apostolorum,* experimento siempre de nuevo cuánto hay por hacer aquí todavía, cuán profundamente están hundidas en la memoria de la Iglesia las heridas de los siglos y qué frecuentemente envenenan las relaciones. Siempre he sido de la opinión, y ahora lo soy más aún, de que entre la Ortodoxia y la Iglesia católica hay muchas menos cuestiones doctrinales que nos separen que heridas de la memoria: el poder de las confusiones históricas parece más fuerte que la luz de la fe que debería transformar todo ello en perdón. Justamente sobre este trasfondo quiero subrayar también una vez más tu observación sobre que no deberíamos preguntar propiamente «¿podemos comulgar unos con otros?», sino «¿podemos negar la comunión a otros?». Gracias a Dios hemos avanzado conjuntamente un poco en este punto. Los dos Códigos de la Iglesia católica y su Directorio Ecuménico indican que bajo determinadas circunstancias es posible e incluso se ofrece la autorización para comulgar entre Oriente y Occidente. Antes de la conclusión hay un acuerdo entre la Iglesia «asiria» y la Iglesia «caldea» sobre autorizaciones mutuas para la comunión en la lejana diáspora en la que frecuentemente sólo una de las dos partes dispone de un sacerdote. El caso precisaba estudios específicos porque la anáfora de Addai y de Mari usada preferentemente por los asirios no contiene ningún relato de institución. Pero estas dificultades pudieron ser superadas, y, así, a pesar de los muchos problemas, generalmente siempre vuelven a aparecer estímulos que nos transmiten esperanza.

Con esto llego finalmente a tus preguntas y comienzo con el «obstáculo principal» para el pleno restablecimiento de la unidad, el *primado jurisdiccional* del Papa, donde tú subrayas especialmente la problemática en torno a la fórmula *iurisdictio in omnes ecclesias*. Yo distinguiría dos aspectos en esta, sin duda, espinosa problemática, que ciertamente no podemos resolver en nuestra correspondencia.

Por una parte me parece que existe sobre todo un *problema de lenguaje*. El concepto de una jurisdicción eclesiástica general, en suma el lenguaje jurídico del segundo milenio, es extraño para Oriente y es considerado con inquietud. Creo que es correcto y también posible retrotraer los conceptos esenciales y sobre todo molestos a sus fundamentos en la teología de los Padres, y desde aquí no sólo hacerlos más comprensibles, sino, naturalmente, encontrar también impulsos para un empleo más conforme al pensamiento de los Padres. Tú recuerdas la inolvidable alocución del Patriarca Atenágoras I en la visita de Pablo VI a Phanar, donde el Patriarca empleó para el Papa el título tomado de la época de los Padres de «primero en honor» y «presidente en el amor». Creo que desde aquí se podría definir correctamente la «jurisdicción eclesiástica general»: el «honor» del primero no hay que entenderlo en el sentido de un honor mundano protocolario, sino que el honor en la Iglesia es el servicio, la obediencia frente a Cristo. Y nuevamente el ágape no es un sentimiento sin compromiso, y menos aún una organización social, sino el último término de un concepto eucarístico que como tal está unido con la teología de la cruz, pues la eucaristía proviene de la cruz: la cruz es la expresión suma del amor de Dios hacia nosotros en Jesucristo. Al coincidir en lo más profundo la Iglesia con la eucaristía, descansa en la presidencia del ágape una responsabilidad para con la unidad que posee un significado intereclesial, pero es igualmente una responsabilidad para con la «diferencia de lo cristiano» frente a la sociedad mundana, y por ello siempre conllevará un carácter martirial. Tú sabes que hace algún tiempo (en la disputa sobre la ordenación de las mujeres), para significar el servicio del Papa como servicio de obediencia, intenté interpretarlo como garante de la obediencia: el Papa no es un monarca absolutista cuya voluntad es ley, sino totalmente al contrario, él siempre tiene que buscar renunciar a la propia voluntad y llamar a la Iglesia a la obediencia, pero para ser él mismo el primer obediente. En un tiempo en que crecen los intentos seculares de teología en todos los ámbitos me parece ser de gran significado tal responsabilidad común para con la obediencia de la Iglesia frente a la Tradición. Su conformidad con Cristo será ratificada al ser ella en el mundo testigo del sufrimiento por y con Cristo frente a los intentos de desobediencia y de arbitrariedad en el mundo. Por lo demás, el mismo Vaticano I reclama una interpretación patrística del Primado cuando dice que la praxis permanente de la Iglesia figura para la doctrina allí anunciada del mismo modo que los Concilios ecuménicos, especialmente aquellos en los que Oriente y Occidente estaban juntos en unidad de fe y amor; el Vaticano I cita para ello el IV Concilio de Constantinopla (DS 3065 s).

El segundo punto que quiero mencionar aquí concierne a la diferencia entre teoría y praxis, o quizá mejor: la dimensión real del dogma. El Papa, en su encíclica *Ut unum sint,* señala y pide propuestas para una praxis renovada del Primado. Instructiva es aquí como siempre la historia. R. Schieffer, presidente de la *Monumenta Germaniae historica,* escribe en una ocasión a este respecto que «en el umbral que va del primer milenio de la historia de la Iglesia al segundo no se dio un salto cualitativo sobre la teoría primacial sino más bien en relación con ella»[8].

---

[8] R. Schieffer, «Natur und Ziel primatialer Interventionen des Bischofs von Rom im resten Jahrtausend», en *Il Primato del Successore di Pietro* (Città del Vaticano 1998) 348s.

Permíteme aún añadir una reflexión más personal: el Primado —el mismo Pablo VI lo ha dicho— es en cierto modo «obstáculo principal» para el restablecimiento de la comunión plena. Pero es igualmente una posibilidad principal para ello, porque sin él también la Iglesia católica se habría dividido desde hace mucho en Iglesias nacionales y rituales que desorientarían por completo el terreno ecuménico, y porque posibilita pasos vinculantes hacia la unidad. Tú mismo has indicado brevemente en un importante trabajo que será significativamente determinante para el futuro de la Ortodoxia encontrar soluciones adecuadas para el problema de la autocefalia, para que no se pierdan o bien vuelvan a producirse la unidad interna y la capacidad de actuación de la Ortodoxia. Creo que precisamente la problemática de la autocefalia remite a la *necesidad de un órgano de unidad* que ciertamente ha de estar *en recto equilibrio con la responsabilidad personal de las iglesias particulares*: la Iglesia no puede ni debe ser una monarquía del Papa, sino que tiene su punto de unión en la *communio* de los Obispos que sirve a la unidad entre ellos, un servicio por tanto que no supera la responsabilidad de los Obispos, sino que está ordenado hacia ella. Creo que cuanto más realistas seamos al hablar entre nosotros a partir de los hechos concretos de la historia y del presente y, por otra parte, a partir de la profundidad y extensión teológica de los textos doctrinales más nos acercaremos en las respuestas que posibilitan la unidad entre nosotros.

Abordaré ahora la primera cuestión de tu carta: la problemática de la expresión «herida» respecto de las iglesias particulares debido a su separación del Sucesor de Pedro de la que habla la *Communionis notio*. El mismo texto dice expresamente, sin embargo, que naturalmente también la Iglesia católica romana está herida por la separación, porque no puede manifestar plenamente la unidad en la historia. Si echamos un vistazo a la realidad de la Iglesia y de las Iglesias

¿quién podría dudar que todas ellas están heridas aunque sea de forma distinta? Me parece que la teología fue mucho más realista ante las rupturas de la Modernidad en la descripción de su urgencia histórica. Recuerdo, sólo como ejemplo, el *Horologium Sapientiae* de Heinrich Seuse (primera mitad del siglo XIV) que describe en una visión a la Iglesia como una ciudad destruida en parte por los enemigos, y en parte hundida por la negligencia de los habitantes. «En la ciudad aparecieron animales, monstruos marinos con forma humana por los que era rechazado con desprecio el peregrino que pedía ayuda»[9]. Sí, la división es una herida, y nosotros deberíamos responder a ella recíprocamente con el espíritu de la penitencia, y pedir curación, luchar por la curación.

Con esto llego a la disputa por el cambio del término *Iglesias hermanas*. La carta correspondiente de la Congregación para la Fe constata expresamente, como tú sabes, que las iglesias particulares pueden ser y son de hecho Iglesias hermanas entre sí incluso más allá de la separación, como Constantinopla y Roma, Roma y Antioquía, Antioquía y Constantinopla, etc. Sin embargo no considera adecuado designar a la Iglesia ortodoxa en conjunto y a la Iglesia católica romana en conjunto como «nuestras dos Iglesias» y como dos Iglesias hermanas. ¿Por qué? Consiste en relacionar correctamente el plural «las Iglesias» y el singular «la Iglesia» entre sí. Confesamos en el Credo común de la Iglesia que definitivamente sólo hay *una* Iglesia de Cristo que existe ciertamente de forma concreta en muchas Iglesias particulares, aquellas que, sin embargo, son justamente Iglesias particulares de la Iglesia una. Pues Cristo sólo tiene una Esposa, un Cuerpo, con

---

[9] Cita de A. M. Haas, «Vorwort», en *Wer ist die Kirche? Symposion zum 10. Todestag von Hans Urs von Balthasar* (Johannes Verlag, 1999) 7.

muchos órganos, pero justamente en un único cuerpo. Si habláramos, sin embargo, de Iglesia ortodoxa e Iglesia católica como de dos Iglesias hermanas, estableceríamos un plural sobre el que no aparecería ningún singular más. En el último plano del concepto de Iglesia permanecería un dualismo y la Iglesia una sería un fantasma, una utopía, mientras que para ella es esencial precisamente el ser cuerpo. Que se haya citado en el capítulo IV de la *Dominus Iesus* el gran Credo de la Iglesia armenia no significa desde luego apartarse del Credo niceno-constantinopolitano que es y sigue siendo nuestro Credo común vinculante. La divergencia entre ambos en el artículo sobre la Iglesia es de hecho mínima. En el Credo armenio falta el término santa, en lugar de lo que aparece en el niceno figura el término μονή, esto sin embargo sólo acentúa el μία y no añade nada. Esta cita permanecía abierta para mí, en absoluto para llamar la atención, y sin ella el texto no perdía nada en esencia. Sólo se ha tomado esta variante de la Tradición para subrayar justamente la unicidad de la Iglesia que en sí ya se sigue claramente de la Escritura y del Credo común. Digna de consideración a este respecto encuentro la propuesta de H. Legrand en la carta dirigida a ti el 6 de octubre que tú me hiciste llegar amablemente. Legrand se refiere en primer lugar a que el delegado griego en Baltimore había desestimado el considerar a la Iglesia católica como una Iglesia hermana de la Iglesia ortodoxa y pregunta desde aquí si no sería posible reconocer quizá no a la Iglesia católica como tal como Iglesia hermana pero sí a las Iglesias particulares católicas como hermanas de las Iglesias particulares ortodoxas. Esto supone un intento de solución terminológica que debería ser considerado por ambas partes y que quizá podría mostrar la salida para evitar un dualismo en la comprensión de la Iglesia y, al mismo tiempo, podría ser expresada adecuadamente de forma lingüística la hermandad común de todas las Iglesias ortodoxas y católicas entre sí. No creo que el Breve *Anno ineunte* quisiera canonizar la terminología de nuestras dos Iglesias como Iglesias hermanas. Trata directamente del encuentro entre Roma y Constantinopla para ciertamente comprender desde aquí todo el ámbito de las Iglesias particulares católicas y ortodoxas con una anticipación terminológica que está abierta a la profundización en diálogos posteriores (respecto a los puntos 5 y 6 de tu carta).

Sigamos aún en las cuestiones terminológicas. Si lo he entendido bien, tienes reparos también frente al concepto *Iglesia particular*. El Concilio Vaticano II intercambia sin clara determinación los términos Iglesias locales e Iglesias particulares. H. de Lubac ha señalado que el concepto Iglesia particular merece preferencia, y esto se ha usado tanto por parte de la teología como del Magisterio desde hace tiempo. Pero sobre esta terminología se puede también seguir discutiendo.

Un problema distinto aquí es el concepto de *Iglesia madre*. Pienso que sería importante distinguir aquí los dos niveles del concepto de Iglesia. Así, en primer lugar está el nivel del legítimo plural, las Iglesias en la Iglesia. A este respecto la Iglesia de Roma es Iglesia madre de las Iglesias en Italia, pero naturalmente no la Iglesia madre de todas las demás. Jerusalén es Iglesia madre de muchas Iglesias, Antioquía, Constantinopla, son Iglesias madres. Esta «maternidad» sólo puede ser, sin embargo, una ilustración de la propia Iglesia-Madre, la Jerusalén de arriba de la que Pablo habla (Gál 4,26), a la que los Padres se refieren con palabras conmovedoras. Debo recordar la extraordinaria colección de textos de H. Rahner: *Mater Ecclesia* (1944).

Como observo en algunas publicaciones de teólogos católicos, el término *Iglesia universal* es también frecuentemente mal interpretado. El hecho de que la *Communionis notio* hable de la precedencia ontológica y temporal de la Iglesia universal es interpretado como un voto a favor del centralismo romano. Naturalmente, esto no tiene ningún sentido. Pues la Iglesia local de Roma es una Iglesia local a la que, según nuestro convencimiento, se le confía una responsabilidad especial para con toda la Iglesia, pero no es la Iglesia universal misma. Afirmar la precedencia de la Iglesia universal respecto de las Iglesias particulares no constituye ningún voto a favor de una determinada forma de reparto de competencias en là Iglesia, ningún voto a favor de que la Iglesia local de Roma tenga que tomar para sí el mayor número de prerrogativas posibles: con semejante interpretación no se está comprendiendo en absoluto el nivel de la cuestión. Quien siempre pregunta sólo por la distribución de poder deja de lado sencillamente el misterio de la Iglesia. No, se trata de algo estrictamente teológico y no de cuestiones jurídicas o eclesiológico-políticas: porque la idea de Dios sobre una Esposa del Hijo con su determinación escatológica hacia el banquete nupcial eterno es la primera y auténtica idea de Dios; en esto consiste el hecho de la Iglesia, mientras que la realización efectiva de la Iglesia en Iglesias particulares describe un segundo nivel que sigue al primero y que siempre permanece ordenado a él. Pienso que no puede haber propiamente ninguna discusión sobre esto.

Por último queda todavía la espinosa cuestión del *subsistit in* que de algún modo, naturalmente, está en la base de todas las cuestiones anteriores. Para hacer entender qué se quiere decir, encuentro de gran ayuda un texto de una opinión panortodoxa que tú has citado en tu carta en la página 6. Quiero reproducirlo aquí otra vez con tu permiso porque me parece de gran importancia: «Siendo consciente de la importancia de la estructura actual del cristianismo, nuestra santa Iglesia ortodoxa no sólo reconoce, aunque ella sea la Iglesia una, santa, católica y apostólica, la existencia ontológica de esas comunidades eclesiales, sino que cree también firmemente que todas estas referencias a ellas tienen que basarse en un esclarecimiento objetivo lo más pronto posible del problema eclesiológico y de la totalidad de su doctrina». Estaría muy agradecido si pudiera conocer el texto completo de esta opinión que me parece de gran importancia para la continuación de nuestro diálogo. El texto expresa en una terminología algo distinta pero familiar exactamente la paradoja eclesiológica que también intenta formular la *Dominus Iesus*. Dice claramente por una parte que la Iglesia ortodoxa «es la Iglesia una, santa, católica y apostólica», otorgándole así un lugar totalmente concreto, personal, al singular teológico de la Iglesia. Pero subraya el reconocimiento de la existencia ontológica de esas comunidades eclesiales, y desde aquí enuncia la misión de un esclarecimiento del problema eclesiológico y de la totalidad de la doctrina. La *Dominus Iesus* en conexión con la *Lumen gentium* 8 ha sustituido el *es* por el *subsiste,* para, por así decirlo, construir ya el puente ontológico hacia la existencia de otras comunidades eclesiales y, con ello, avanzar hacia lo que reclama vuestro texto: «el esclarecimiento del problema eclesiológico». Indudablemente la paradoja no queda solucionada a través de este avance, sino que justamente se ha vuelto aún más dramática. No nos es dado resolver lo paradójico de la fidelidad divina y la infidelidad humana («Si somos infieles, él permanece fiel», 2 Tim 2,13), sino que más bien nos es dejado sufrir bajo esto y así, en la medida de nuestras posibilidades, contribuir a su superación: se trata en último término de un problema de la existencia, no de conceptos. Yo entiendo que la *Dominus Iesus* quería transformar nuevamente en una pasión despierta y, con ello, inflamar de nuevo el verdadero celo ecuménico, la indiferencia con la que todas las Iglesias son vistas como igualmente válidas y, así, la validez de la misma fe desaparece en el escepticismo. El texto ha causado dolor y a esto el hombre reacciona primeramente con la protesta, más enérgicamente cuanto menos quiere ser molestado por la fe. Cuando el primer dolor molesto se transforme en deseo apasionado por la unidad, comenzará el texto a ejercer su verdadero servicio.

Querido hermano y amigo, ambos sufrimos por no poder celebrar juntos la eucaristía, y precisamente esto nos une. El que tú permanezcas siempre cercano a mí en este sufrimiento común y en la alegría oculta en él por la esperanza en una unidad profunda es el gran fruto de la amistad de muchas décadas, por lo que hoy quiero expresarte una vez más mi agradecimiento. Espero que veas en estas líneas, insuficientes también en mucho, que esta misma pasión por la que nos encontramos hace ya más de cuarenta años sigue viva en mí. Espero que esta certeza te ayude en tu sufrimiento actual y que pronto puedas volver a estar totalmente a disposición de la Iglesia una de Dios.

En este sentido te saludo agradecidamente y en profunda solidaridad.

Tuyo
Hermano y amigo

† Cardenal Joseph Ratzinger

XI

CORRESPONDENCIA ENTRE MONSEÑOR JOHANNES HANSELMANN[1] Y EL CARDENAL JOSEPH RATZINGER

Sobre el escrito de la Congregación para la doctrina de la Fe a los obispos de la iglesia católica sobre algunos aspectos de la iglesia como comunión[2] del 28 de mayo de 1992

D. Dr. Johannes Hanselmann
Obispo de la Iglesia evangélico luterana de Baviera

A su Eminencia
Cardenal Joseph Ratzinger
Congregación para la Doctrina de la Fe

5 de febrero de 1993

---

[1] Monseñor D. Dr. Hanselmann D.D., como encargado de Catholica en la VELKD (Iglesia Evangélico–Luterana Unida de Alemania), ha citado resumidamente esta correspondencia en su informe ante el 9° Sínodo General de la VELKD el 19 de octubre de 1993 (cf. UNA SANCTA 40 [1993] 347-351).

[2] Congregazione per la dottrina della fede, *Communionis notio. Lettera e commenti*, Libreria Editrice Vaticana 1994, traducción española: Congregación para la doctrina de la fe.
Texto en Internet:
http://www.vatican.va/roman_curia/congregations/cfaith/documents/re_con_cf aith_doc_28051992_communionis-notio_it.html (latín)
http://www.vatican.va/roman_curia/congregations/cfaith/documents/re_con_cf aith_doc_28051992_communionis-notio_sp.html (español)

Muy estimado y querido señor Cardenal,

quiero agradecerle sinceramente su carta fraternal del 21 de enero de 1993. Comprendo perfectamente que debido a la gran cantidad de responsabilidades que le desbordan no disponía de tiempo libre para un encuentro cuando estuve en Castelgandolfo en noviembre del pasado año. Aún estoy más agradecido de que me dé la oportunidad de formularle una serie de cuestiones que fueron planteadas a raíz de la carta sobre la comunión.

No todas son cuestiones personales mías, pero tengo que articularlas porque, como encargado de *Catholica* en la Iglesia Evangélico Luterana Unida de Alemania (VELKD), quiero contestar a ellas lo más auténticamente posible cuando sea preguntado, lo cual siempre ocurre. En mi informe sobre *Catholica* ante el Sínodo General de la VELKD que tuvo lugar en Dresde en octubre de 1992 —adjunto un ejemplar— formulé en una ocasión con la mayor cautela posible que no se reaccionase con fuerza ante la Carta sobre la Comunión (en adelante la llamaré el «documento»), entre otras cosas porque no quería limitar desde un principio el espacio para el debate de problemas discutidos o aún por aclarar. Esta manera de proceder provocó para mi sorpresa menos críticas de las que había sospechado.

Pasemos ahora a los detalles:

1. El concepto de *communio* (*koinonia*) ha conducido en el proceso de diálogo entre nuestras Iglesia a un alto grado de entendimiento y cooperación. ¿Puede esperarse que el principio teológico de determinación con relación a este concepto corresponda también en adelante a la idea de *communio* con el papel que desempeña en el diálogo y como se ha traducido en los resultados de trabajo?

2. ¿Cómo valorar la sospecha, que sólo proviene de la parte luterana, de que los números 1-16 del Documento tienen otro concepto de *communio*, concretamente más bien de corte jurídico según el CIC, quedándose detrás del Decreto sobre el Ecumenismo del Vaticano II?

3. En el número 5 se dice: «La comunión eclesial en la que cada uno es acogido por la fe y el bautismo tiene sus raíces y su centro en la santa eucaristía». ¿No se sigue de aquí que las Iglesias y las comunidades eclesiales que según el número 17 «no han observado la eucaristía válida» son arrancadas de la raíz y del centro de la comunión eclesial, aunque hayamos expresado hasta ahora que nosotros, a pesar de las divisiones aún existentes, hemos sido acogidos en una comunión cuyo centro es el Evangelio mismo de Jesucristo?

4. Entendemos las declaraciones en la primera frase del número 9 en el sentido de que la Iglesia una está presente en las Iglesias particulares, y que ninguna de las formas históricas comprende plenamente la «Iglesia de Cristo una, santa, católica y apostólica». Esta interpretación común nos ha acercado mutuamente en los diálogos. El papa Juan Pablo II reconoció agradecidamente en su Saludo por la Conmemoración de la *Confessio Augustana* en 1980 que el pilar de nuestras Iglesias sigue sosteniéndose aunque el puente sea defectuoso. Por eso extraña la frase «según los Padres, la Iglesia una y única precede ontológicamente en su carácter de misterio a la creación». En lugar de una argumentación bíblica aquí se argumenta ontológicamente. ¿Esto es concluyente? Consecuentemente con esto ¿no se aplica el concepto de revelación a la Iglesia en lugar de al Evangelio de Cristo?

5. En el número 11 aparece el discurso sobre el fundamento de la unidad en el «sacrificio eucarístico». ¿Influye

posiblemente esta declaración en el consenso que hemos logrado en nuestro diálogo sobre que el sacrificio del Señor fue ofrecido por él una vez para siempre cuando se entregó en la cruz?, ¿o se está partiendo aquí de la antigua doctrina católico-romana del sacrificio?

6. En el número 12 leemos que «la Iglesia una es la Cabeza de las Iglesias, ésta es precisamente la Iglesia de Roma». En el diálogo existe consenso sobre que Jesucristo es la Cabeza de la Iglesia. En ese sentido, como Iglesia luterana estamos en la tradición del testimonio apostólico (Ef 4,15). ¿Está en peligro el consenso?

7. En nuestro diálogo hemos constatado que el ministerio del Papa está subordinado y vinculado a la Sagrada Escritura. Bajo este presupuesto se había manifestado un reconocimiento del ministerio como servicio de Pedro para la unidad de la Iglesia. Ahora leemos en el número 13: «El Primado del Obispo de Roma y el Colegio Episcopal son elementos esenciales de toda la Iglesia», con la consecuencia: «El ministerio del Primado está dotado, pues, por esencia de un auténtico poder episcopal, no sólo el más alto, pleno y universal, sino también el poder más directo sobre todos». ¿Puede fundamentarse esto bíblicamente?

8. Del número 17 hemos de concluir que nos encontramos entre las «comunidades eclesiales» en las que la herida es «aún más profunda». Conocemos el reproche de no observar la sucesión apostólica, pero siempre hemos subrayado que la determinación interna concretamente de nuestro estar profundamente comprometidos frente a la *successio veritatis* tiene para nosotros un rango más decisivo que lo meramente formal. En lo que afecta a la eucaristía legítima, «la Cena del Señor», se ha constatado una gran conformidad; hasta ahora

el problema mayor es la vinculación de la administración legítima con la ordenación sacerdotal. ¿No avanzaremos nada más aun cuando estudiemos comparativamente y debatamos la ordenación sacerdotal en la Iglesia católico romana respecto de la ordenación en la Iglesia luterana?

9. El número 18 dice que «en una renovada conversión al Señor se haga posible a todos reconocer la permanencia del Primado de Pedro en sus sucesores, los obispos de Roma, y ver realizado el ministerio petrino, tal como ha querido el Señor...». Estamos de acuerdo en que la unidad sólo podrá alcanzarse en la penitencia y la conversión de todas las Iglesias al Señor. Pero ¿dónde está bíblicamente fundamentada la expresión «tal como ha querido el Señor»?

¡Muy querido y estimado señor Cardenal! Por favor, disculpe que haya originado un catálogo de cuestiones relativamente largo. Le puedo asegurar que el motivo no reside en la búsqueda de críticas, sino en la preocupación sincera por tanto como parecía haberse logrado ya hasta ahora en el diálogo interconfesional. Depende realmente de nosotros que sigamos obedientemente al Señor en la comunión de nuestras Iglesias y alcancemos la unidad que es dada en él. Por eso queremos también —cf. número 18—otorgar un significado prioritario en esta misión ecuménica a la oración, la penitencia, el estudio, el diálogo y el trabajo conjunto.

En ese sentido le saludo con estima y agradecimiento en la esperanza de que no le ocupe con estas preguntas más de lo debido.

Suyo
D. Dr. Johannes Hanselmann

PS. Me he permitido incluirle mi Carta de este año a las comunidades por el tiempo de Cuaresma (Carta cuaresmal).

Cardenal Joseph Ratzinger

Señor D. Dr. Johannes Hanselmann
Obispo de la Iglesia evangélico luterana de Baviera

9 de marzo de 1993

¡Muy querido y estimado señor Obispo!

Le agradezco cordialmente su carta cargada de responsabilidad ecuménica y de preocupación interior porque logremos una mayor unidad. Mi respuesta se ha retrasado desgraciadamente debido a que, entre tanto, tuve que ir a Hong Kong para un encuentro de una semana con el presidente de la Conferencia Episcopal Asiática y de la Comisión para la Fe. Tampoco puede ser tan detallada como yo querría; sin embargo espero poder exponer los puntos fundamentales. He de adelantar que nuestro Documento evidentemente hay que entenderlo en el contexto del conjunto del mensaje doctrinal católico, especialmente del Vaticano II. La Congregación no tiene autoridad para cambiar doctrinas o «corregir» en absoluto un Concilio; sólo puede clarificar la doctrina ya dada en situaciones a las que corresponda. Por eso se excluyen de antemano, sencillamente de la misión de nuestro ministerio, interpretaciones que antes o después contrapongan la «carta» al Vaticano II o las declaraciones doctrinales del Papa. La carta presupone el Concilio y tiene que ser leída en la estructura interna de sus textos.

1. Con relación a su primera pregunta, lo afirmado anteriormente significa justamente que nuestra carta se mueve en el ámbito de la *doctrina recepta* de la Iglesia católica, entre la que cuenta también, naturalmente, su compromiso ecuménico como un elemento esencial. Ella, por consiguiente, cons-

truye sobre estos textos que de alguna forma pertenecen al conjunto doctrinal ministerial (Escritura, Concilios, Padres) y a partir de estos elementos ensambla, bajo la clave hermenéutica del Vaticano II, la imagen de la *communio*. Por tanto, no puede admitir documentos resultantes de diálogos o resultados de trabajos que no han recibido aún el reconocimiento eclesiástico. Pero tampoco los contradice mientras aquéllos no hayan entrado en contradicción directa con las fuentes mencionadas, lo cual, efectivamente, no es admisible. Justamente a través de estos límites el texto ofrece también espacio para posteriores desarrollos teológicos.

2. Con esto está también contestada la pregunta 2. La fuerte acentuación de la dimensión vertical así como de la respectividad y la inclusión de la Iglesia visible e invisible comprende la limitación en lo jurídico.

3. Por supuesto que la comunidad establecida con el mismo Jesucristo y con el don de su palabra a través del bautismo sigue siendo tan importante como lo ha expuesto el Decreto del Concilio sobre el Ecumenismo; nadie quiere cambiar esto. La «eclesiología eucarística» que es asumida en el Documento presupone el bautismo y acentúa el centro cristológico. Por lo demás, considero como uno de los importantes resultados del diálogo ecuménico precisamente la idea de que la cuestión de la eucaristía no puede ser reducida al problema de la «validez». Tampoco una teología orientada hacia el concepto de sucesión, como ocurre en la Iglesia católica y en la Iglesia ortodoxa, puede negar de ningún modo la actualidad salvífica del Señor en la eucaristía de la Iglesia evangélica. Ciertamente el lugar de la eucaristía en la construcción de la eclesiología es valorado por la Tradición reformada de forma distinta a como lo hace la Tradición católica y ortodoxa. Indudablemente que aquí el diálogo tiene

aún ante sí una gran tarea. Pero esta diferencia y las cuestiones que ella implica no restan sin embargo nada a lo que se había logrado hasta ahora en el camino ecuménico.

4. El número 9 de nuestro texto dice que la Iglesia una, santa, católica y apostólica no es una suma posterior de Iglesias particulares previamente existentes que fueron agrupadas en una especie de federación, sino que la Iglesia una presupone ontológica y temporalmente la única Iglesia. No puedo imaginar que alguien defienda la tesis opuesta, es decir, la opinión de que el conjunto de la Iglesia existe sólo a partir de una suma de iglesias particulares, es por tanto una cosa externa a la esencia de la Iglesia. Con esto todo el ecumenismo sería sólo también un asunto de astucia humana que busca producir una asociación lo más grande posible. Que la Iglesia una es una dimensión teológica y no una asociación práctica posterior de varias Iglesias resulta de forma concluyente del mismo Nuevo Testamento. La Carta a los Efesios sólo aclara aquí totalmente lo que todo el Nuevo Testamento dice. Esta prioridad está pensada junto a la precedencia «ontológica» que los Padres presentan, siguiendo tradiciones judías análogas, como una forma de preexistencia de la Iglesia. Aquí pueden referirse tanto a Gál 4,26 como a Efesios y Colosenses. Pero aquí lo esencial no es la cuestión de la «antigüedad», que no deja de ser una imagen, sino la cuestión de la precedencia interna (= teológica – «ontológica»). Ésta se expresa nuevamente, como dice nuestro texto, a través de la precedencia temporal de toda la Iglesia: la primera comunidad de Jerusalén no es simplemente una «Iglesia local» de Jerusalén, sino la Iglesia universal anticipada: los doce apóstoles son los portadores de la Iglesia universal; Lucas lo expresa a través de la imagen de las distintas lenguas. En primer lugar está pues la Iglesia toda, que entonces, forma las Iglesias particulares, y el que se asocien poco a

poco las Iglesias particulares en una Iglesia. Así, no veo que aquí el concepto de revelación del Evangelio se vuelva de alguna forma hacia la Iglesia. Tampoco veo que se abandone la argumentación bíblica en favor de una argumentación ontológica.

5. Nuestro texto no dice nada nuevo sobre el carácter sacrificial de la eucaristía, no se discute como tal en absoluto. Todo el artículo sirve exclusivamente para mostrar que la eucaristía comprende siempre la auto-superación de toda comunidad particular tanto en lo vertical como en lo horizontal.

6. El concepto de una Iglesia cabeza no quiere decir naturalmente que esa Iglesia sea la Cabeza «de la Iglesia» (en singular), lo que sólo Cristo es, sino sólo que entre las Iglesias locales (plural) existe una Iglesia cabeza, así como hay iglesias metropolitanas, etc.

7. La frase citada del número 13 ha sido tomada casi literalmente del Vaticano I y del Vaticano II, sólo repite lo que allí se dice detalladamente con las mismas palabras. Precisamente en este punto hemos puesto especial cuidado de atenernos a los textos del Concilio. La pregunta por la fundamentación bíblica de la doctrina del Primado en ambos Concilios vaticanos es una clásica cuestión de controversia por la que se ha luchado desde hace tiempo y por la que es seguro que ha de seguirse luchando. Un Documento de la Congregación no había de mezclarse en esta disputa, sino que sólo podía y debía reproducir la doctrina fijada sin modificar el presupuesto teológico que está unido a ella.

8. Usted mismo ha aclarado amablemente en la formulación de su pregunta que respecto a ese punto especialmente

doloroso nuestro Documento sólo hace suyo de nuevo la doctrina dada y la problemática existente de la sucesión apostólica, que es con seguridad el punto más doloroso y laborioso en el diálogo entre católicos y cristianos procedentes de la Reforma. Me remito aquí a lo dicho en el punto 3. En cuanto a que la carga de la cuestión de la sucesión no le resta nada al cristianismo evangélico de su dignidad espiritual ni de la fuerza salvífica del Señor en su centro, creo que ya ha sido aclarado por el Decreto sobre el Ecumenismo, especialmente en el número 23. Naturalmente que los diálogos ecuménicos que responden a este respecto han de seguir buscando y esforzándose por abrir vías hacia la unidad. Pienso que aquí, en el número 17, hemos dado un paso más allá del Decreto sobre el Ecumenismo al hablar de la admiración mutua que es en cada uno de forma distinta, pero no menos real por ambas partes. Creo que esto aún no había sido expresado así hasta ahora.

9. En conjunto, el número 17 intenta dar un paso significativo hacia delante que como tal no parecía estar suficientemente reflejado en la anterior recepción del texto. Pues aquí se habla, conforme al hecho de la mutua admiración, de que todos nosotros hemos de avanzar hacia una nueva conversión al Señor y, de esta forma, caminar juntos. Se habla de la diversidad de formas históricas del ejercicio del ministerio de Pedro a través de las cuales se abren posibilidades para el futuro que ahora todavía no podemos ver en absoluto. Y se da un criterio para esas posibilidades futuras: sería de tal forma que correspondiera a la voluntad del Señor también en su ejercicio (no sólo en su esencia fundamental) y que pudiera ser considerado por todos como algo conforme a Cristo. Respecto a esto puede decirse que el texto termina con una oración. No apela aquí en absoluto simplemente a las pruebas de la Escritura reconocidas por los católicos para la institución

del ministerio de Pedro, sino que pide que la forma de ejercicio del ministerio llegue a ser tan transparente que en él se reconozca la voluntad de Cristo. La petición es esperanza, y la esperanza es petición: que el ministerio de Pedro sea totalmente conforme a Cristo y desde ahí pueda ser para todos punto de referencia para la unidad. No sabría cómo se podría hablar más adecuadamente sobre el difícil problema ecuménico del Primado.

Muy querido y estimado señor Obispo, mi carta ha sido más larga de lo que pensé, y la he escrito también sencillamente con el lenguaje sobrio de la reflexión teológica para no hacerla aún más larga. Espero que le pueda ser de ayuda y que de esta forma pueda servir también para nuestra lucha por la unidad. En ese sentido le estoy agradecido de corazón por su comunión fraterna y le deseo la mayor bendición para el tiempo pascual.

En el Señor

Suyo
Cardenal Joseph Ratzinger

XII

SOBRE LA SITUACIÓN DEL ECUMENISMO

Treinta años después del Concilio Vaticano II el ecumenismo busca nuevas perspectivas. El movimiento para la unidad de los cristianos que se había desarrollado en la gran asamblea de Obispos de la Iglesia católica había despertado amplias esperanzas. Parecía que había llegado el final de las divisiones. Tras el milenio de las divisiones se esperaba una nueva fase de unidad cristiana. Pablo VI y el patriarca Atenágoras creían encontrarse directamente ante la reanudación de la comunión eucarística entre Oriente y Occidente. Ambos esperaban aún poder beber juntos del mismo cáliz. Pero también se puso pronto en movimiento la relación con las comunidades reformadas. Se elaboraron textos de consenso sobre los temas más difíciles de la controversia: justificación, eucaristía y ministerio; las barreras que había levantado el siglo XVI parecían casi superadas. En alguna parte, sin embargo, seguía quedando un resto pendiente. En ningún acercamiento se llegaba a la unión.

1. EL MODELO CLÁSICO DE ECUMENISMO

¿Por qué no, exactamente? Ésta es la pregunta que nadie puede eludir, pues se trata de la fe y, con ello, de la unidad de los creyentes. Es manifiesto que las inculpaciones no ayudan nada, sino que sólo dificultan más el asunto y pueden retornar de nuevo a viejas polémicas. De esta forma se eleva la cuestión radical que se dirige a todos: ¿qué hemos hecho mal?, ¿necesitamos otros métodos, otras imágenes que nos sirvan de guía? ¿Cuáles? Estas preguntas dirigidas al núcleo no se han planteado abiertamente debido a que entre todo lo positivo que ha implicado el esfuerzo ecuménico realizado hasta ahora no se ha obtenido de momento el «éxito» esperado. La nueva cuestión surgió también independientemente de esto, porque entre tanto muchas cosas habían cambiado dentro de las propias Iglesias. Su comprensión interna de lo que es la Iglesia, y junto a ello también de lo que se pretende en general con la unidad, con frecuencia ya no es simplemente lo mismo. Cuando el Vaticano II entendió que la Iglesia está fundada esencialmente sobre la profesión de la fe y los sacramentos tuvo que contar para este principio no sólo con la conformidad de la cristiandad ortodoxa, sino también de gran parte de comunidades eclesiales surgidas de la Reforma [1]. Pero si se define la Iglesia a través de la confesión (fe) y del sacramento se presupone con ello al mismo tiempo una idea determinada de la actuación de Dios en la historia, que, por su parte, se basa en la fe en Cristo como hombre verdadero y Dios verdadero. Se presupone que Dios mismo es sujeto actuante en la historia, no una mera idea conclusiva de una imagen del mundo o la idea final de una historia que precede en el camino hacia el Omega de un mundo mejor. Lo que da significado a la Iglesia es, desde la perspectiva de la fe, el hecho de que ella es más que un producto de una actuación humana apropiada y de desarrollos históricos. Representa ante todo el espacio de un encuentro real entre Dios y el hombre en este mundo, de un encuentro que no conduce a Dios única-

---

[1] Los presupuestos fundamentales del diálogo ecuménico han sido expuestos de forma esclarecedora por E. Herms, *Von der Glaubenseinheit zur Kirchengemeinschaft. Plädoyer für eine realistische Ökumene* (Marburg 1989); cf. *Íd.*, «"Grund, Wesen und Struktur der Kirche" aus der Sicht eines katholischen Theologen (= M. M. Garijo-Guembe)»: «Theologische Rundschau» 67 (1992) 188-223.

mente, sino que también posibilita que unos con otros lleguen a ser una nueva familia. Lo que hace Iglesia a la Iglesia son por consiguiente aquellos elementos que no proceden de una acción meramente humana. Ellos solos diferencian la Iglesia del resto de formas comunitarias y le proporcionan su unicidad, su ser insustituible. La división de la Iglesia consiste en que ha surgido una fisura en la misma profesión de la fe y en la administración de los sacramentos; todas las otras diferencias en definitiva no cuentan: no hay nada que objetar contra ellas, no dividen en lo esencial de la Iglesia. La división en el ámbito nuclear, por el contrario, amenaza el propio para qué de la Iglesia, su misma esencia.

A partir de esa interpretación fundamental de la unidad surgieron dos tareas para el ecumenismo. Por una parte tenía que distinguir las divisiones meramente humanas de las divisiones realmente teológicas. Justamente las divisiones meramente humanas se dan con gusto la importancia de lo esencial, se esconden, por así decirlo, tras ello: lo humano, lo autorrealizado, se impone a lo divino. La callada divinización de lo propio, que es el intento perpetuo del hombre, se extiende. En gran parte de las divisiones de la Iglesia han desempeñado un papel destacado tales endiosamientos de lo particular, autoafirmaciones de una forma humana y cultural determinada. El ecumenismo reclamaba y reclama intentar liberarse de estos, con frecuencia, sutiles falseamientos. Entonces resulta que no se necesita que desaparezca la diferencia, porque no perjudica a la esencia de la Iglesia: lo peculiar y distinto puede ser, pero no tiene que imponerse a todos. Tendría que despertarse una tolerancia hacia lo que es distinto que no se base en la indiferencia frente a la verdad, sino en la distinción entre la verdad y la tradición meramente humana.

La primera tarea del ecumenismo que he intentado esbozar con lo anterior consistía por tanto en descubrir los límites de los deseos de unidad, reconocer lo variable como tal y aprender a vivir juntos en la multiplicidad de formas que han crecido históricamente. Se reclamaba un proceso de unión que siempre se encuentra ante nuevos comienzos. Así, la inesperada libertad sobrevenida de nuevo a los cristianos unidos de Oriente ha hecho repentinamente de tal proceso doctrinal humano y espiritual de nuevo un desafío palpitante. Todos los consensos teológicos logrados flaquean si no existe ese desafío. Nuevamente se ha puesto en claro de forma inquietante que la teología no conlleva por sí misma las reconciliaciones humanas necesarias. Así se muestra de forma muy concreta que la primera tarea descrita es totalmente inseparable de la segunda, que se refiere a las divisiones mismas de confesión y sacramentos.

Ahora se justifican casi todas las divisiones primeramente con la fe. Para averiguar si esto está fundamentado tenemos la primera cuestión ecuménica. Ésta busca, como ya se ha mostrado, los factores no teológicos de la división. Pero la afirmación de que el otro atribuye a Dios lo que en realidad él mismo ha imaginado sólo puede convertirse en convencimiento común respecto a una parte de las cuestiones pendientes. El caso más difícil de la división sólo se da donde una o más partes están convencidas de que no defienden sus propias ideas, sino que toman partido por lo que han recibido por revelación y que, por ello, no pueden manipularlo. Los textos de consenso se han referido en su mayoría a este tipo de cuestiones. De esta forma la meta del diálogo consistiría pues en reconocer una compatibilidad aparentemente profunda en posiciones opuestas y naturalmente, con ello, eliminar también todo lo que sólo proviene de determinados desarrollos culturales. La pretensión de tal diálogo para todos los participantes es extraordinariamente alta. No se intercambian simplemente las propias ideas. Se trata de algo más que un consenso en el grupo; inventar nuevas posturas mediadoras no es la solución. Cada uno es reclamado en lo más íntimo de su conciencia. Todos tienen que inclinarse ante lo que no quieren: por una parte ante lo que él mismo confiesa como palabra de Dios; por otra parte tiene que respetar al mismo tiempo la conciencia del otro, lo que su fe no puede aprobar. Así resulta evidente que el diálogo ecuménico se encuentra ante una tarea totalmente distinta que acaso sea una discusión filosófica, más que deliberaciones políticas. Su última meta es en efecto la comunidad en la fe. Sin embargo, al no ser la fe una mera determinación del pensamiento humano, sino fruto de un don, esa comunidad no puede surgir tampoco en definitiva de una operación del pensamiento, sino que sólo puede ser regalada de nuevo. Ya que la meta es el conocimiento verdadero de la palabra de Dios y su distinción de las palabras meramente humanas, no se puede aquí dejar a Dios a un lado.

En este punto todos los intentos establecidos a partir de negociaciones y diálogos han caído una y otra vez en el vacío, y no sólo en nuestro siglo. La verdad no es una cuestión de mayoría. Es o no es. Por eso los Concilios no son vinculantes porque una mayoría de representantes cualificados hayan concluido algo. ¿Cómo puede concluirse que algo haya de ser auténtico en el futuro? Los Concilios se basan en la unanimidad moral, la cual, por otra parte, no aparece como una mayoría especialmente grande. No es el consenso el que establece la verdad, sino la verdad la que funda el consenso: la unanimidad de muchas personas siempre ha sido vista como algo humanamente imposible. Cuando aparece se muestra en este hecho la victoria de la verdad misma. La unanimidad no es motivo para la obligación, sino el signo de la verdad que se muestra, y de ella fluye la obligación. En esta interpretación de los Concilios, que al mismo tiempo supone también un límite para todas las decisiones conciliares, se presupone

Dios como sujeto realmente actuante. Así corresponde a la fe que la Iglesia no sea simplemente una comunidad por consenso, sino que viva una unidad que proviene de un poder mayor[2].

¿Qué ocurre entonces si a pesar de todos los esfuerzos no llega tal unidad definitiva? A este respecto yo he creído hace algunos años poder interpretar 1 Cor 11,19 en el sentido de que la división no representa solamente un mal creado por nosotros y que por tanto ha de ser eliminado por nosotros, sino que puede haber en ella algo así como una «necesidad» divina: la separación es necesaria para nuestra purificación[3]. Hemos de hacer todo para que la unidad vuelva a ser posible y digna, para no necesitar más, por decirlo así, el azote de la división. Pero tampoco podemos disponer simplemente que ahora llegue a su fin. Para ello he intentado, en íntima cercanía respecto a Oscar Cullmann, esbozar un modelo ecuménico al que pertenece esencialmente la aceptación mutua de la división y el estar juntos precisamente en la separación[4]. En este sentido podría admitir expresiones como «unidad a través de la diferencia», «unidad en la diferencia», «diferencia reconciliada».

---

[2] La inversión de la relación de verdad y consenso es desarrollada sobre todo en la filosofía por Habermas, pero fundamentalmente también es constitutiva para el discurso ético desarrollado por K. O. Apel. Cf. E. Arens, «Kommunikative Ethik und Theologie»: «Theologische Revue» 88 (1992), 441-454. Contra Habermas se dirige M. Kriele, *Befreiung und politische Aufklärung* (Freiburg 1980) 91-99. Una postura contraria representa también V. Hösle, *Die Krise der Gegenwart und die Verantwortung der Philosophie* (München 1990).
[3] En mi libro: *Kirche, Ökumene und Politik* (Einsiedeln 1987) 128-134. Sobre el problema ecuménico en general: 65-134.
[4] O. Cullmann, *Einheit und Vielfalt* (Tübingen ²1990).

2. ¿UN NUEVO «PARADIGMA» ECUMÉNICO?

Entre tanto han aparecido ahora desarrollos eclesiales y ecuménicos que dan a tales fórmulas un sentido totalmente nuevo. La negativa al peyorativamente denominado «consenso ecuménico» se ha extendido a veces también demasiado apresuradamente, demasiado naturalmente. La conciencia eclesial ha cambiado mucho y junta a ella la conciencia ecuménica. Se habla de un cambio de paradigma ecuménico[5]. La nueva orientación del pensamiento en la que se basa la perspectiva modificada se extiende mucho más allá de las cuestiones meramente teológicas. A la vista de la disputa respecto de la confesión y, con ello, de la disputa sobre la verdad afirmada en ella, para muchos el mismo concepto de verdad se ha vuelto cuestionable. ¿Puede ser ella de algún modo el criterio determinante para nuestra búsqueda? «En adelante la verdad, la justicia y la humanidad se escriben en plural», dice uno de los portavoces de los así llamados posmodernos[6]. Contra esto se podría preguntar seguidamente: ¿Cómo es eso de las diferentes humanidades? ¿Ya no existe realmente ningún criterio común de lo humano? ¿Qué podemos entonces esperar aún unos de otros? Lo mismo vale respecto de las diferentes justicias: ¿Puede lo que para unos es injusticia ser para otros justicia? Respecto a la cuestión de la verdad ya no nos atre-

---

[5] K. Raiser, *Ökumene im Übergang. Paradigmenwechsel in der ökumenischen Bewegung* (München 1989) esp. 51ss.

[6] G. Scobel, «Postmoderne für Theologen? Hermeneutik des Widerstreits und bildende Theologie», en H. J. Höhn (ed.) *Theologie, die an der Zeit ist* (Paderborn 1992) 175-229, cita en 224. Citado aquí según H. Wagner, «Ekklesiologische Optionen evangelischer Theologie als mögliche Leitbilder der Ökumene», en «Cath» 47 (1993) 124-141. Este trabajo profuso y ponderado cuidadosamente me parece de la mayor importancia para el nuevo sentido ecuménico emergente.

vemos tan fácilmente a hacer la misma pregunta, pero no está menos justificada ni es menos necesaria: ¿Puede entonces lo que para uno es verdad no serlo para otro? ¿No es indivisible la verdad?

Aun así: las experiencias del llamado consenso ecuménico han mostrado lo difícil que es satisfacer la exigencia de verdad, cómo supera en mucho una y otra vez nuestras posibilidades. Así, se tiende ahora a menudo a invertir la relación de consenso y verdad: no es la verdad la que crea el consenso, sino que es el consenso la única instancia concreta y realista para lo ahora vigente. Incluso el Credo no sería entonces expresión de la verdad, sino que tiene su significado como consenso alcanzado. Con ello también es invertida la relación de verdad y praxis. La praxis se convierte en el criterio de la verdad. En esta precedencia de la praxis confluyen hoy cada vez más corrientes de lo más distintas. La praxis viene a ser la hermenéutica particular de la unidad. Con ello el ecumenismo supera pues al mismo tiempo las fronteras de las confesiones cristianas y se convierte en ecumenismo de las religiones. En este sentido, el cristianismo y todas las demás religiones son medidas por su contribución en aras de la liberación del hombre, por su «praxis liberadora». Justicia, paz y conservación de la creación son consideradas ahora como el núcleo concreto de la confesión [7]. El servicio a esto aparece como la finalidad común de todas las religiones. En el

---

[7] Cf. H. Wagner, *op. cit.*, 132: «El nuevo paradigma ecuménico implica el paso de la perspectiva clásica del reinado de Cristo a la perspectiva mesiánica del reino de Dios, por tanto de una Eclesiología sacramental-cristológica a una eclesiología teocrática mesiánico-profética. Esto implica también la despedida de las representaciones de unidad que ha habido hasta ahora. En lugar de "unidad" ha de decirse mejor "comunidad"...».

ámbito conceptual teológico esto significa que en el lugar de la cristología y la eclesiología hay que ubicar la idea del reino de Dios (que, por cierto, desde ese punto de partida la mayor parte de las veces sólo sigue siendo designado simplemente como «el Reino»). Concretamente se quiere dejar abierta la cuestión de una interpretación personal o impersonal del concepto de Dios. En un ecumenismo comprendido bajo el primado de la praxis tampoco la diferenciación entre el Dios uno y único, que se ha revelado a sí mismo con nombres, y el Desconocido sin nombre es ya necesariamente un criterio definitivo [8].

En este lugar resulta claro cómo muchos esfuerzos anteriores por la unidad se convierten desde esta perspectiva en superfluos. Si para la unidad ya no es determinante si Dios es persona en el sentido de la fe cristiana trinitaria, o si es descrito de forma igualmente válida bajo la cifra del nirvana de la tradición budista, entonces en el fondo el pluralismo, tanto en la cuestión de las convicciones religiosas como en cuanto a la actividad litúrgica, lo abarca todo. Ciertamente no se puede pensar que el nuevo «paradigma» ecuménico sea un elaborado modo de ver acabado y unitario; aquí se mezclan posiciones muy distintas, moderadas y radicales. Sigue siendo determinante la prioridad de la praxis. Lo esencial se encuentra expresado de forma precisa en Konrad Raiser, que dice a esto: «Un nuevo paradigma ecuménico tendría que establecer una visión del ecumenismo que tomara en serio aquellas contradicciones, conflictos y amenazas de la situación mundial global y de las formas sociales históricas» [9]. El trabajo ecuménico no se basa pues «tanto en convergencias y

---

[8] Esto apareció claramente en los debates del Día de la Iglesia de Munich en 1993.
[9] *Op. cit.*, 134; cf. H. Wagner, *op. cit.*, 136.

consensos buscados, sino que consiste en la solidaridad universal de los cristianos hacia todos los hombres»[10].

No necesito decir expresamente que no puedo admitir este «paradigma» como tal. Es fácil formular los grandes objetivos: paz, justicia, conservación de la creación. Pero cuando la justicia se desmorona en justicias y todo esto en realidad sólo acontece todavía en un plural que ya no puede superarse, entonces, estos objetivos se vacían. Pronto son reclamadas inevitablemente por el respectivo espíritu partidista, por las ideologías dominantes. El *ethos* no se sostiene sin el *logos*, esto nos debería haber enseñado precisamente el hundimiento del universo socialista. Esta crítica sin embargo no significa de modo alguno que haya que rechazar en bloque el nuevo modelo. Al contrario, estoy convencido de que se puede aprender mucho de lo que nos pueda seguir ayudando en el momento actual. Tiene que rechazarse de forma categórica el relativismo que afecta de forma más o menos clara a la doctrina de la fe y al Credo. Pero tendríamos que intentar hallar sin embargo conjunta y respectivamente unos para con los otros una nueva paciencia, sin indiferencia, en este ámbito; una nueva capacidad de permitir lo otro y a los otros; una nueva disposición para distinguir los niveles de la unidad, de llevar a cabo por tanto los elementos de unidad que ahora son posibles y dejar en el ámbito del pluralismo lo que ahora es imposible, lo cual también puede tener un significado positivo. A través de estas divisiones que ahora no se pueden superar siempre podemos exhortarnos nuevamente unos a otros y conducirnos mutuamente hacia la revisión de conciencia; frecuentemente precisamos la llamada de esa otra forma de ser no superable entre tanto para ser unidos por la

---

[10] Cf. H. Wagner, *op. cit.*, 129s.

reclamación y llamados por los desarrollos unilaterales. Aun cuando niego categóricamente la precedencia de la praxis sobre el *logos,* en la acentuación de la dimensión ética encuentro otro elemento importante que ha de ser aprovechado. Según palabras de Jesús, toda la Ley y los profetas se hallan contenidos en el doble mandamiento del amor a Dios y el amor al prójimo (Mt 22,14). «El cumplimiento de la Ley es el amor»; de esta forma Pablo expresa la misma idea (Rom 13,10). Por tanto, si por una parte el cristianismo puede ser definido totalmente a partir de la fe, igualmente, por otra parte, está determinado totalmente desde el amor. Manifestar este centro común de la Ley y de los profetas, que es también el centro del propio mensaje de Jesús, sigue siendo una tarea urgente de toda la cristiandad: ese centro tendría que ser de hecho aquella fórmula ecuménica que está fuera de toda disputa. Así, el tema urgente del diálogo ecuménico tendría que ser propiamente descubrir lo que significa concretamente en este momento el mandamiento del amor. En ese sentido de ningún modo es reclamado un ecumenismo de la praxis solamente desde nuestro momento histórico, sino desde la misma palabra bíblica. Probablemente será la voluntad decidida a obedecer el mandamiento del amor la que también purifique entonces nuestra fe y nos ayude a distinguir entre sí lo esencial de lo que no lo es.

3. El camino del ecumenismo hoy y mañana

¿Qué resulta de todo ello para el camino del ecumenismo de hoy? ¿Qué visión nos puede guiar? Ya he mencionado los límites del nuevo «paradigma». La primera condición fundamental de todas es que la confesión del Dios uno y vivo permanezca en su incondicionalidad. Allí donde desaparece la diferencia entre el Dios personal y revelado que se puede invocar y el Misterio impersonal e inasible, desaparece también la distinción entre Dios y los dioses, entre adoración e idolatría. A este respecto la revelación no nos permite ambigüedades. No podemos situar el sentido profundo filosófico en el lugar de la humildad de la palabra manifestada y la razón que le es propia. Dios ha hablado, y cuando creemos saberlo mejor por nosotros mismos nos perdemos en la oscuridad de las opiniones particulares, perdemos unidad en lugar de acercarnos a ella. Pero esto también significa entonces que no se puede desarrollar un *ethos* sin *logos*. Al intentarlo desaparecen en suma los criterios; se desemboca en un moralismo ideológico con tendencias exaltadas o fanáticas [11]. Por lo demás, un consenso en lo referente al *ethos* es quizá incluso más difícil que un consenso en las grandes cuestiones de fe: el debate teológico moral en la Iglesia católica y en el debate ético universal muestran esto sobremanera. El descuido de lo específico cristiano y la consiguiente fragmentación interna de las Iglesias que según el nuevo «paradigma» deberían vivir en círculos y formas comunitarias variadas, puede conducir también a nuevas conclusiones y oposiciones que de ningún modo se adaptan alegre y serenamente en una gran sinfonía plural. Tal renuncia a la unidad determinada internamente y también construida jurídicamente puede desembocar en tendencias sectarias y sincretistas que no se dejarán asociar en lo común del *ethos*.

---

[11] En 1918 R. Guardini presentó de forma insuperable e inapelable el primado del *logos* sobre el *ethos* en su temprana y todavía hoy fundamental obra *Vom Geist der Liturgie* (trad. esp.: *El espíritu de la liturgia* [Araluce, Barcelona 1933] ²1945). Cf. además: H.-B. Gerl, *Romano Guardini* (Mainz 1985) 119s. J. Pieper muestra en el primer volumen de sus memorias (*Noch wusste es niemand* [München 1976] 69s) lo fundamental que fue para su itinerario personal el encuentro con Guardini y sus reflexiones sobre el *logos* y el *ethos*.

La fe y los sacramentos siguen siendo constitutivos para la Iglesia. De otro modo se perdería a sí misma. Tampoco tiene nada más que dar a la humanidad. Ella vive del hecho de que el Logos se ha hecho carne, de que la verdad se hizo camino. La perspectiva de la Iglesia y de la existencia cristiana desarrollada por la Biblia y por los Padres es más que un «paradigma», más que una forma de consideración propia de una época determinada. En ella somos conducidos fuera de los paradigmas hacia el encuentro con la realidad misma (cf. Mc 4,18; Jn 16,25). En ello justamente consiste la «revelación»; éste es el núcleo de nuestra liberación, el ser conducidos hacia fuera del espejo de las imágenes y de las consideraciones históricas hacia el encuentro con la realidad que nos es regalada en Cristo. Por eso el ecumenismo siempre será búsqueda de la unidad en la fe, no mero esfuerzo por la unidad en la actuación. A pesar de ello, como ya se ha dicho, la nueva visión puede y tiene que ensanchar esencialmente nuestros modelos ecuménicos concretos y en parte también caracterizarlos de nuevo. De hecho nos habíamos excedido cuando pensábamos que los diálogos teológicos podrían producir en un espacio de tiempo más o menos breve la unidad de fe. Nos habíamos equivocado cuando nos obcecamos en que ese objetivo tenía que alcanzarse a partir de ahora dentro de unos plazos establecidos. En parte habíamos cambiado la teología por política, el diálogo sobre la fe por la diplomacia. Queríamos hacer por nosotros mismos lo que sólo Dios puede hacer. Por eso tenemos que aprender a estar dispuestos para seguir buscando, desde la certeza de que la misma búsqueda es una forma de hallar, de que el estar en camino y el seguir caminando sin descanso constituye la única actitud adecuada para los hombres que están en peregrinaje hacia lo eterno. san Agustín encontró palabras maravillosas para la expresión «buscad su rostro sin descanso» del salmo 105,4: tampoco termina la búsqueda en la eternidad, porque el amor hacia el Infinito es un buscar y descubrir eternos[12]. Naturalmente que esta búsqueda eterna, que significa al mismo tiempo un eterno ser-ya-encontrado, es algo distinto que nuestra torpe búsqueda que tan frecuentemente anda a tientas y tan a menudo deja de ser el camino inconcluso del amor para ser el camino finito cotidiano de nuestra obstinación. Sin embargo también descansa en esta disposición de seguir en búsqueda con los demás y de aceptarnos en nuestra provisionalidad un sí a lo inagotable del misterio de Dios; ella puede ser un acto de humildad en el que aceptemos nuestros límites y justamente así nos pasemos a la mayor verdad de Dios.

En este sentido diría que el diálogo teológico como búsqueda de la unidad en la fe tiene que continuar a todo trance. Pero los diálogos correspondientes deberían realizarse de una forma mucho más relajada, menos orientados a un resultado concreto, más «humilde», con mayor serenidad y paciencia. No siempre tienen que resultar de ellos textos de consenso. Es suficiente si crecen en ellos diversos testimonios de fe, en los que todos aprenden algo más de la riqueza del mensaje que nos une. Deberíamos aprender del modelo praxiológico, como quiero llamarlo, la paciencia dogmática sin la que descendemos a la indiferencia frente a la verdad y su manifestación verbal. De ello deberíamos estar dispuestos a aceptar las formas extensas de diversidad, sin exigir autosuficiencia o autocomplacencia. Deberíamos ser cuidadosos

---

[12] *En. in Ps.* 105,4 (CChr.SL XL 1537); en la interpretación que san Gregorio de Nisa hace del cántico la idea del descubrir que nunca termina constituye un motivo central, cf. la introducción de H. U. von Balthasar a su traducción alemana del texto: *Gregor von Nyssa. Der versiegelte Quell* (Einsiedeln 1984) 7-26. Cf. también W. Löser, *Im Geiste des Origenes. H. U. von Balthasar als Interpret der Theologie der Kirchenväter* (Frankfurt 1976) 107-109.

para que la unidad lograda no se pierda, para que la comunión eclesial no se escape de cualquier forma. Su exigencia para todo lugar y tiempo ha de quedar clara; tiene que quedar claro que la Iglesia no la hacemos nosotros mismos, sino que es formada por ÉL, en la palabra y el sacramento, y que sólo lo suyo permanece. De ahí que continuamente debamos liberarnos también de las propias instituciones para que aparezca lo esencial en su extensión y grandeza. Así pues, puede haber libertad para toda clase de formas que deberíamos aceptar con corazón generoso, sin conceptos pastorales de unidad. Siempre con la condición para ello de que esas formas desarrolladas humanamente no se conviertan en algo absoluto, sino que se abran hacia lo común y esencial. De esta forma existirán también enlaces colaterales entre las formaciones parecidas entre sí en las Iglesias y comunidades particulares, algo así como ocurre hoy en el movimiento de los focolares o en la relación entre las hermandades evangélicas y las comunidades católicas locales. Finalmente deberíamos someternos constantemente a la medida del amor a Dios y al prójimo, desde él intentar responder a los grandes retos de nuestro tiempo. Será demasiado tarde si sólo buscamos fuerzas para la reconciliación en el momento del conflicto, como ahora en la antigua Yugoslavia o también en Irlanda o en los países de la antigua Unión Soviética. La fe tiene que ser una formación permanente para el amor, para el respeto ante la fe del otro, para la tolerancia, para el trabajo conjunto desde la diferencia, para la renuncia, para una disponibilidad activa hacia la paz. Tiene que ser ensayada y vivida como tal fuerza práctica para el bien, para que en la crisis estén preparadas las fuerzas salvadoras. Más importante que todos los objetivos directamente político-eclesiásticos es la maduración renovada de lo esencial en el día a día: de una fe que actúa a través del amor (Gál 5,6). Me parece, pues, que el llamado nuevo paradigma nos puede señalar caminos en no pocas cuestiones prácticas, bajo la condición de que sea liberado de su ideología tendente al relativismo.

4. CONSIDERACIÓN FINAL: LA VISIÓN DE SOLOVIEV SOBRE LA UNIDAD ESCATOLÓGICA

Al reflexionar sobre la situación del ecumenismo y la situación de la cristiandad en general me viene a la memoria últimamente con más frecuencia la historia de Soloviev sobre el Anticristo. En el momento de la última decisión se muestra allí que en cada una de las tres comunidades, la de Pedro, la de Pablo y la de Juan, viven partidarios del Anticristo que lo tratan y se someten a él; pero igualmente se muestra que en todas ellas hay verdaderos cristianos fieles al Señor hasta la hora de su venida. A la vista de Cristo se reconocen los separados alrededor de Pedro, de Pablo y de Juan como hermanos; se reconocen los cristianos auténticos separados como unidos ya para siempre, como al contrario el grupo del Anticristo es conducido por su mentira. A la luz del Salvador se muestra quiénes eran y son los unos y los otros[13].

Sería totalmente equivocado pensar que esta visión del apasionado ecumenista Soloviev aplace el hecho de la unidad cristiana hasta el final de los tiempos o hasta lo pos-temporal en general. En la visión de Soloviev la escatología es correctamente entendida desde la perspectiva bíblica: no es el «temporalmente después» que en la sucesión de los días llegará a un futuro lejano indeterminado y que hoy no acaba de llegar. No, lo escatológico es lo propiamente real que será

---

[13] Cf. la edición traducida y comentada por L. Müller: W. Solowjev, *Kurze Erzählung vom Antichrist* (München 19866) 44s y 131ss.

revelado una vez como tal pero que imprime ya todos nuestros días. No se habría entendido nada del relato de Soloviev si se dijera que aplaza la unidad cristiana al final de los días. Antes bien, muestra que esa unidad es «escatológica» en el auténtico sentido del término: siempre ya presente y sin embargo nunca plena dentro del tiempo, nunca congelada sencillamente en un hecho empírico cerrado. Lo que se hará visible a la luz de la segunda venida de Cristo lo desvela la verdad de nuestro tiempo, de todo tiempo. En las tres grandes comunidades hay verdaderos cristianos, pero también en todas tiene el Anticristo sus seguidores, también dentro de los ministerios eclesiásticos más elevados. La separación definitiva sólo acontecerá en el día de la cosecha. Pero ya ahora deberíamos saber sobre esto escondido para nuestro consuelo y nuestro temor salvífico. Ya ahora deberíamos encontrarnos con la perspectiva escatológica; ya ahora deberíamos llevar en nosotros la alegría de la manifestación futura. Igualmente nos tiene que inquietar ya ahora y siempre que con grandes palabras y adornos cristianos nos convirtamos en servidores del Anticristo, que quiere establecer su reino en este mundo y hacer superfluo el Reino futuro de Cristo. Pedro, Pablo y Juan son inseparables. Junto a ellos, guiados por ellos, tenemos que buscar siempre nuevamente el rostro del Señor. Sólo desde él nos conocemos a nosotros mismos y nos reconocemos mutuamente. El ecumenismo no es propiamente otra cosa que vivir ya ahora en la luz escatológica, en la luz de la segunda venida de Cristo. Por ello esto significa también que reconocemos la provisionalidad de nuestro hacer que no podemos concluir por nuestras propias fuerzas; que queremos hacer por nosotros mismos lo que sólo puede conseguir el Cristo que regresa de nuevo. Estando en camino hacia él estamos en camino hacia la unidad.

XIII

LA HERENCIA DE ABRAHÁN [1]

En Navidad se intercambian regalos para hacer felices a los demás y para participar así de la alegría que anuncia el coro de los ángeles a los pastores, evocando el regalo por excelencia que Dios hizo a la humanidad cuando nos envió a su Hijo Jesucristo. Esto ha sido preparado por Dios *a través de una larga historia* en la que, como dice san Ireneo, Dios se acostumbró a estar con los hombres, y el hombre se acostumbró a estar en comunión con Dios.

Esta historia comienza con la fe de Abrahán, el padre de los creyentes, padre también de la fe de los cristianos y por la fe nuestro padre.

La historia continúa con la bendición de los patriarcas, con la manifestación a Moisés y con el éxodo de Israel hacia la tierra prometida. Una nueva etapa se abre con la promesa de un reino sin fin en David y su linaje. Los profetas, por su parte, interpretan la historia, llaman a la penitencia y a la conversión y preparan así el corazón de los hombres para recibir el don más grande.

Abrahán, el padre del pueblo de Israel, el padre de la fe, es de esta forma la raíz de la bendición, en el que «se bendecirán todas las familias del mundo» (Gn 12,3). Por ello es tarea del pueblo elegido donar a su Dios, al Dios único y verdadero, a todos los demás pueblos, y en realidad, nosotros los cristianos somos herederos de su fe en el único Dios.

---

[1] Publicado en italiano en «l'Osservatore Romano» del 29 de diciembre de 2000.

Por eso, debemos dar gracias a nuestros hermanos judíos, que a pesar de las dificultades de su historia han conservado hasta hoy la fe en este Dios y lo testimonian ante los demás pueblos, los cuales, sin el conocimiento del único Dios «están en tinieblas y en sombra de muerte» (Lc 1,79).

El Dios de la Biblia de los judíos —la cual, junto al Nuevo Testamento, es también la Biblia de los cristianos—, que a veces por ternura infinita y a veces por severidad infunde temor, es también el Dios de Jesucristo y de los Apóstoles. La Iglesia del siglo II tuvo que luchar frente al rechazo de ese Dios por parte de los gnósticos y sobre todo de Marción, que sustituyeron al Dios del Nuevo Testamento por un Dios-Creador demiurgo del que proviene el Antiguo Testamento. La Iglesia, en cambio, siempre ha mantenido *la fe en un único Dios, el Creador del mundo y el autor de los dos Testamentos.*

El conocimiento neotestamentario de Dios, que culmina en la definición joánica «Dios es amor» (1 Jn 4,16), no contradice el pasado, sino que incluye en sí toda la historia de la salvación, la que tuvo al principio a Israel como pionero. Por ello resuena en la liturgia de la Iglesia desde sus inicios hasta hoy las voces de Moisés y de los profetas; el libro de los Salmos de Israel es también el gran oracional de la Iglesia. En consecuencia, la Iglesia primera no se opuso a Israel, sino que creyó con toda sencillez ser su legítima continuación.

La espléndida imagen del capítulo 12 del Apocalipsis de Juan que representa una mujer vestida con el sol, coronada con doce estrellas, encinta y sufriendo las angustias del parto, es Israel que nace, que ha de gobernar todas las naciones «con cetro de hierro» (Sal 2,9); y sin embargo esa mujer se transforma en el nuevo Israel, en madre de nuevos pueblos, y es personificada en María, la madre de Jesús. Esta asociación de los tres significados —Israel, María, Iglesia— muestra lo indivisibles que eran y son Israel y la Iglesia para la fe de los cristianos.

Sabemos que todo nacimiento es difícil. Es cierto que desde el principio, la relación entre la Iglesia naciente e Israel fue a menudo de carácter conflictivo. La Iglesia fue considerada por su madre como hija degenerada, mientras que los cristianos consideraron a la madre ciega y obstinada. En la historia de la cristiandad las relaciones ya difíciles degeneraron posteriormente, dando origen en muchos casos incluso a actitudes de antijudaísmo, que han producido en la historia actos de violencia deplorables. A pesar de que la última experiencia execrable de la «shoah» fue perpetrada en nombre de una ideología anticristiana, que quería dañar a la fe cristiana en su raíz abrahámica, en el pueblo de Israel, no se puede negar que por parte de los cristianos cierta resistencia insuficiente a estas atrocidades se explica con la herencia antijudía presente en el alma de no pocos de ellos.

Quizá precisamente a causa de la dramaticidad de esta última tragedia *ha nacido una nueva visión de la relación entre Iglesia e Israel,* una sincera voluntad de superar todo tipo de antijudaísmo y de iniciar un diálogo constructivo de conocimiento recíproco y de reconciliación. Para que este diálogo dé frutos, es necesario que comience con una oración a nuestro Dios para que sobre todo nos permita a los cristianos tener una mayor estima y amor hacia este pueblo, los israelitas, que «fueron adoptados como hijos, tienen la presencia de Dios, la ley, el culto y las promesas; suyos son los patriarcas, y de ellos en lo humano nació el Mesías, suyo es el Dios soberano, bendito por siempre» (Rom 9,4-5), y esto no sólo en el pasado, sino también actualmente, «pues los dones y la llamada de Dios son irrevocables» (Rom 11,29). Rezaremos también porque les dé a los hijos de Israel un mayor conocimiento de Jesús de Nazaret, su hijo, y don que nos han hecho. Porque ambos aguardamos la salvación definitiva oramos para que nuestro camino discurra por líneas convergentes.

Es evidente que el diálogo de nosotros los cristianos con los judíos tiene lugar a un nivel distinto que con las otras religiones. *La fe atestiguada en la Biblia de los judíos, el Antiguo Testamento de los cristianos, no es para nosotros una religión distinta, sino el fundamento de nuestra fe.* Por eso los cristianos leen y estudian estos libros de la Sagrada Escritura —y hoy con una cooperación cada vez mayor junto a sus hermanos judíos— con gran dedicación y como parte de su propia herencia. Es cierto que también el Islam se considera hijo de Abrahán y ha heredado el mismo Dios de Israel y los cristianos, pero avanza por un camino distinto que precisa de otros criterios para el diálogo.

Volviendo al intercambio de regalos navideños con que he comenzado esta meditación, hemos de reconocer ante todo que todo lo que tenemos y hacemos es un *don de Dios*, que se obtiene por medio de la oración humilde y sincera, un don *que debe ser compartido entre diversas etnias, entre religiones en busca de un mayor conocimiento del misterio divino, entre naciones que buscan la paz y pueblos que quieren establecer una sociedad en la que reine la justicia y el amor.* Éste es el programa que el Concilio Vaticano II ha diseñado para la Iglesia del futuro. Y nosotros, católicos, pedimos al Señor que nos ayude a perseverar en ese camino.

XIV

LA CULPA DE LA IGLESIA. PRESENTACIÓN DEL DOCUMENTO *MEMORIA Y RECONCILIACIÓN* DE LA COMISIÓN TEOLÓGICA INTERNACIONAL

Para presentar este documento de la Comisión Teológica Internacional, puede quizá ser útil presentar antes de nada al autor. El autor es la Comisión Teológica Internacional, fundada en el año 1969 por el papa Pablo VI, como consecuencia de una propuesta del Sínodo de los Obispos, que habían expresado el deseo de que la colaboración entre el Magisterio de la Iglesia y los teólogos del mundo, tan fecunda en el Concilio, fuera de algún modo institucionalizada y continuada también en el futuro. Como instrumento de esta permanente colaboración, de esta atención recíproca entre Magisterio y Teólogos del mundo, ha sido creada esta Comisión, compuesta por treinta miembros, propuestos por las diferentes Conferencias Episcopales, y después nombrados por el Papa por un período de cinco años, y con la posibilidad de ser nombrados por otros cinco. Actualmente estamos en el sexto quinquenio de esta comisión que reúne a teólogos de todas las partes del mundo; teólogos que gozan de la confianza de sus Obispos y que refieren de este modo a la Comunidad Teológica Internacional su pensamiento en un determinado momento; esta Comisión es libre en su búsqueda; de hecho está presidida por el Prefecto de la Congregación para la doctrina de la Fe, pero como moderador que, ante todo, debe hacer respetar las reglas y la libertad de búsqueda de esta Comisión, que escoge en plena libertad los argumentos que deben ser estudiados, y como representante de la Comisión hacia el exterior. Existe también la posibilidad de que Órganos de la santa Sede, o también episcopales, inviten a estudiar un determinado argumento que sea de importancia para el Magisterio.

El tema que ahora nos ocupa expresa el deseo del Papa, dado a conocer por la Carta Apostólica *Tertio millenio adveniente,* de que el Año santo no debía ser solamente una ocasión especial para la penitencia individual, sino que también tenía que significar para la Iglesia una «purificación de la memoria» por la que debería recordar las *culpas del pasado* que pesan sobre la historia de la Iglesia. Con ello se le presentaba a la teología un tema que era nuevo en esa forma: ¿a quién hay que imputarle las múltiples culpas de las que nos habla la historia de la Iglesia? ¿Puede la Iglesia misma llegar a ser culpable? ¿Qué tipo de confesión, penitencia y perdón son aquí posibles? Creo que las ideas expuestas por el Papa constituyen un reto importante para la teología. Dialogando observé que también los miembros de la Comisión Teológica pensaban lo mismo. Por ello propuse reflexionar en común sobre el problema, cosa que fue acogida inmediatamente de forma positiva por los miembros de la Comisión. Lo nuevo en el pensamiento del Papa y en la liturgia penitencial de la Iglesia planificada por él enfrentaba a los teólogos a la tarea de reflexionar sobre el significado teológico de tal acontecimiento, buscar sus raíces en la historia de la fe y, con ello, aclarar también su significado para la fe y la vida de la Iglesia de hoy y de mañana.

No quisiera entrar ahora en los detalles de este documento; sobre ello hablará el P. Cottier. Pero sí quisiera exponer mis reflexiones personales con motivo de mi participación en las pesquisas y en las discusiones de los teólogos.

A mí me parecía —y me siento apoyado por el trabajo llevado a cabo por los teólogos— que el gesto del Papa, en la forma en que va a ser presentado, era nuevo, pero que estaba también en profunda continuidad con la historia de la Iglesia, con su autoconciencia, con su respuesta a la iniciativa de Dios. Yo he encontrado tres líneas de ideas y actitudes que desde el principio expresaban el motivo en la fe y en la vida de la Iglesia.

En los periódicos se habla, y se habla correctamente, del «Mea culpa» del Papa en nombre de la Iglesia, haciendo referencia a una oración litúrgica, el «*Confiteor*», que se introduce cada día en la celebración de la Liturgia. El sacerdote, el Papa, los laicos, todos, en su yo, cada uno en su singularidad y a la vez todos juntos delante de Dios, y en presencia de los hermanos y las hermanas, confiesan haber pecado, tener culpa; es más, tener «grandísima culpa». Dos aspectos me parecen muy importantes en este comienzo de la Sagrada Liturgia. Por una parte se habla del «yo». «Yo» soy el que ha pecado, y no confieso los pecados de los demás, no confieso los pecados anónimos de una colectividad, me confieso con mi «yo»; pero al mismo tiempo son todos los miembros los que mediante su «yo» dicen «he pecado», es decir, toda la Iglesia viva dice esto: «yo he pecado». Así, en esta comunión, al «confesar» surge una imagen de la Iglesia: la señalada por el Concilio Vaticano II en la *Lumen gentium* I, 8 : «Ecclesia... sancta simul et semper purificanda, paenitentiam et renovationem continuo prosequitur»; la Iglesia es santa, y, para ser santa, necesita purificarse; camina por la senda continua de la penitencia, que es su senda, y así encuentra la renovación, siempre necesaria. Esta imagen de la Iglesia, formulada por el Vaticano II, pero realizada cada día en la Liturgia de la Iglesia, reflexiona a su vez sobre aquella parábola del Evangelio de la cizaña y del grano que cae en el campo, o la parábola de la red que recoge toda clase de peces, buenos y malos. La Iglesia siempre ha encontrado de nuevo en estas parábolas su realidad, defendiéndose también de la pretensión de una Iglesia sólo santa. La Iglesia del Señor que ha venido a buscar a los pecadores y ha comido voluntariamente en la mesa junto a ellos no puede ser una Iglesia ajena a la realidad del pecado, sino una Iglesia en la que están presentes la cizaña y el grano, y los peces de todo tipo.

Para resumir esta primera figura, diría que son importantes tres cosas: el sujeto de la confesión es el *yo* —yo no confieso los pecados de los demás, sino los míos—. Pero, en segundo lugar, yo confieso mis pecados *en comunión con los demás,* ante ellos y ante Dios. Y finalmente pido a *Dios* el perdón, pues sólo Él puede otorgármelo. Pero ruego a *los hermanos y a las hermanas* que recen por mí, es decir, busco en el perdón de Dios también la reconciliación con los hermanos y las hermanas.

La segunda línea de ideas y actitudes que quiero considerar son los *salmos penitenciales del Antiguo Testamento,* sobre todo aquellos donde Israel, en la profundidad de su sufrimiento, de su miseria, confiesa los pecados de su historia, confiesa los pecados de sus padres, de la rebelión permanente, desde el principio de la historia hasta el momento actual. Existe un parecido que no hay que pasar por alto entre estos salmos penitenciales litúrgicos de Israel y la liturgia penitencial que el Papa ha celebrado con la Iglesia y para la Iglesia el 12 de marzo en San Pedro de Roma, es decir, se habla precisamente de los pecados del pasado, de una historia del pecado. Pero Israel, cuando reza así, no lo hace para condenar a los demás, a sus padres, sino para reconocer su situación en la historia de sus pecados, y prepararse de este modo para la conversión y el perdón. Los cristianos, desde siempre y junto con Israel, han rezado estos salmos y han renovado así esa misma conciencia. También nuestra historia es una historia como la que aparece en los Salmos, una historia de rebeliones, de pecados, de defectos, y también nosotros confesamos esto, no para condenar a los demás ni para ejercer de tribunal sobre los otros, sino para conocernos a nosotros mismos y abrirnos a la purificación de la memoria y a nuestra verdadera renovación. Podrían citarse multitud de ejemplos sobre esta realidad en la historia de la Iglesia. Quisiera citar aquí sólo uno: el de Máximo el Confesor (aprox. 580-662) que aplicó todas estas autoacusaciones del Antiguo Testamento a la cristiandad. Sólo un par de ejemplos: «Por eso el gran Isaías se lamenta de nosotros ...»; «De nosotros se queja Jeremías ... También oigo hablar de nosotros a Moisés ... También Miqueas se queja ... También el salmista habla de nostros de forma parecida: sálvame Señor porque no hay santos ...»; «Por eso sopla sobre nosotros, pues hemos caído en el sumo mal ... ¿No somos nosotros, que ahora portamos el nombre excelso de Cristo, peores pues que los judíos? Nadie debe indignarse cuando escucha la verdad ...». «Por eso un piadoso ejercicio en el que falta el amor no tiene nada que hacer ante Dios»[1].

El tercer modelo al que podría remitir la liturgia penitencial del 12 de marzo son para mí las admoniciones proféticas del Apocalipsis que hacen referencia a las Siete Iglesias, que desde el principio vienen siendo modelos de la admonición profética necesaria en todos los tiempos, tanto para las Iglesias locales como para la Iglesia Universal. Este tipo de reproche profético dado en el mismo Nuevo Testamento ha vuelto sobre la historia de la Iglesia. La crítica hacia la jerarquía llevada a cabo por tan grandes teólogos y maestros de la Iglesia como Alberto Magno y Buenaventura apenas se puede superar en rigor. Un ejemplo impresionante de este luchar con los pecados de la Iglesia nos lo ofrece Dante en el canto 32 del

---

[1] *Maximi Confessoris Liber Asceticus* (Peter van Deun, Turnhout – Leuven 2000) (CChr.SG 40) v. 669-671 / 563-577 / 596-615 / 714-716.

Purgatorio: él ve cómo primeramente un alazán se cuela en el carro de la Iglesia, después —imagen de la donación constantiniana— un águila, finalmente un dragón. El ejercicio de poder de Felipe el Hermoso de Francia sobre la Iglesia se plasma en la imagen terrorífica de una ramera en el carro santo. «A su lado vi a un gigante ... Y ambos se besaban una y otra vez. Y cuando dirigieron sus miradas lascivas y perdidas sobre mí entonces azotaron a los salvajes amantes desde la cabeza hasta las plantas de los pies». El documento de la Comisión Teológica cita la confesión de culpa de Adriano VI. Para acercarnos más al presente podríamos pensar en «las cinco plagas de la santa Iglesia» de Rosmini.

Ahora, una vez visto que existe esta historia permanente del «mea culpa» en la Iglesia, nos podemos preguntar —yo también me lo he preguntado— dónde está la sorpresa, dónde está lo nuevo en todo esto. No sé si tengo razón en las reflexiones que haré a continuación: mi impresión, probablemente tengan que corregirme, fue la siguiente: algo ha cambiado al comienzo de la época moderna, cuando el protestantismo ha creado una nueva *historiografía* de la Iglesia con la intención de mostrar que la Iglesia católica no sólo estaba manchada por el pecado, como desde siempre se sabía y se decía, sino totalmente corrupta y destruida. Ya no es Iglesia de Cristo, sino por el contrario, instrumento del Anticristo. Por tanto, tan profundamente corrupta ya no es Iglesia, sino anti-Iglesia. Desde ese momento, algo había cambiado; nacía una historiografía católica en contraposición a aquella, para demostrar que, a pesar de los innegables pecados, que resultaban demasiado evidentes, la Iglesia católica todavía era la Iglesia de Cristo, y siempre la Iglesia de los santos y la santa Iglesia. En este momento de enfrentamiento entre dos historiografías, en el que la parte católica se vio obligada a la apologética, a demostrar que la santidad en la Iglesia permanecía, se atenuó, naturalmente, la voz de la confesión de los pecados de la Iglesia.

La situación se agrava con las acusaciones de la Ilustración; recordemos a Voltaire: «Écrasez l'Infâme!». El crecimiento de estas acusaciones llega hasta Nietzsche, para quien la Iglesia no aparece sólo como pérdida de la voluntad de Cristo, sino como el gran mal de la humanidad en general, como la alineación del hombre de sí mismo, de la que él tiene que ser liberado definitivamente para volver a ser él mismo. Vemos el mismo motivo realizado de otra forma en el marxismo. También él considera que la Iglesia, el cristianismo, aliena a los hombres de sí mismos, destruye e impide el progreso. A partir de la Ilustración se engrandecen algunas tristes realidades y se hace de ellas verdaderos mitos, de modo que toda la historia de las cruzadas, de la inquisición y de la brujería se reducen a la única visión de la absoluta negatividad de la Iglesia. Cada intento de contemplar la historia un poco más diferenciadamente, de distinguir más claramente las distintas responsabilidades de unos y de otros, de considerar la complejidad del fenómeno y los diferentes esfuerzos de las responsabilidades particulares, es juzgado como concesión a la inhumanidad. Donde aparecen estos hechos tristes en forma de credo negativo y ya no pueden valorarse en el contexto de distintas fuerzas y acciones, es difícil que los creyentes puedan ponerse de acuerdo en la confesión de la culpa: ahora habría que esforzarse en demostrar que a pesar de elementos negativos como aquellos, la Iglesia ha sido y será instrumento de salvación y de bien, y no de la destrucción de la humanidad.

Hoy nos encontramos ante una nueva situación en la que la Iglesia, con una mayor libertad, puede volver a la confesión de los pecados e invitar así también a los demás a la confesión y a una profunda reconciliación. Hemos visto las grandes destrucciones provocadas por los ateísmos, que han creado una nueva situación de antihumanismo y de destrucción del ser humano. Las crueldades que han inventado y practicado los sistemas ateos de nuestro siglo hacen sombra a todo lo anterior; nosotros sólo podemos percibirlo con estremecimiento. El no a la Iglesia, el no a Dios y a Cristo no salva; al contrario, observamos qué terribles posibilidades origina en el hombre. Por todo hoy surge de nuevo la pregunta: ¿dónde estamos?, ¿qué es lo que nos salva? Así podemos, con una nueva humildad confesar la culpa y, al mismo tiempo, reconocer con nueva confianza el don del Señor que nos da a través de la Iglesia, don que todos los pecados en ella no podrían destruir y que nunca destruirán.

Para terminar, quisiera resumir todavía tres *criterios* para una interpretación correcta de la culpa de la Iglesia y para una forma auténtica de purificación de la memoria.

El primer criterio: aunque en el «mea culpa» se ven necesariamente implicados los pecados del pasado, porque sin los pecados del pasado no podemos entender la situación de hoy, la Iglesia del presente no puede constituirse como un tribunal que sentencia a las generaciones pasadas. La Iglesia no puede y no debe vivir con arrogancia en el presente, sentirse eximida del pecado e identificar como fuente del mal los pecados de los demás, del pasado. La confesión del pecado de los demás no exime de reconocer los pecados del presente, sirve para despertar la propia conciencia y abrir el camino de la conversión a todos nosotros.

Segundo criterio: confesar significa, según san Agustín, «hacer la verdad» [2], por tanto implica sobre todo la disciplina y la humildad de la verdad, no negar en modo alguno todo el mal cometido por la Iglesia, pero tampoco atribuirse, por

---

[2] Nota del editor: cf. J. Ratzinger, «Originalität und Überlieferung in Augustins Begriff der *confessio*»: «REAug» 3 (1957) 375-392, esp. 385.

falsa humildad, pecados no cometidos o pecados sobre los que no existe todavía una certeza histórica.

Tercer criterio: volviendo a san Agustín, debemos decir que una *confessio peccati* cristiana deberá siempre estar acompañada de una *confessio laudis*. En un sincero examen de conciencia, vemos que por nuestra parte el mal realizado ha sido mucho en todas las generaciones, pero vemos también que Dios purifica y renueva siempre la Iglesia, a pesar de nuestros pecados, y obra grandes cosas. Quién no podría ver, por ejemplo, en estos dos últimos siglos devastados por la crueldad de los ateísmos, cuánto bien ha sido creado por las nuevas congregaciones religiosas, por los movimientos laicos, en el sector de la educación, en el ámbito social, en la atención a los más débiles, a los enfermos, a los que sufren, a los pobres. Sería una falta de sinceridad ver solamente nuestro mal y no ver el bien realizado por Dios a través de los creyentes, y a pesar de sus pecados. Los Padres de la Iglesia han encontrado sintetizada la paradoja entre culpa y gracia en las palabras de la esposa del Cantar de los Cantares: «nigra sum sed formosa», «estoy manchada por el pecado, pero soy hermosa», bella, a pesar de todo, por tu gracia y por todo cuanto Tú has hecho. La Iglesia puede, franca y confiadamente, confesar los pecados del pasado y del presente, sabiendo que el mal no la destruirá jamás hasta el fondo, sabiendo que el Señor es más fuerte y la renueva para que sea instrumento de los bienes de Dios en nuestro mundo.

XV

LA IGLESIA EN EL UMBRAL
DEL TERCER MILENIO

En una revista he leído brevemente la sentencia de un intelectual alemán que decía de sí mismo que respecto a la cuestión de Dios era agnóstico, que ni se puede demostrar a Dios ni negar absolutamente su existencia, que la cuestión sigue abierta. Contrariamente a esto, sí que estaba convencido de la existencia del infierno; un vistazo a la televisión le bastaba para constatar que existe. Mientras que la primera parte de esta confesión corresponde del todo a la conciencia moderna, la segunda resulta extraña e incomprensible, al menos en una primera lectura. Pues, ¿cómo se puede creer en el infierno si Dios no existe? Mirando más de cerca esta afirmación resulta totalmente lógica: el infierno es precisamente la situación de ausencia de Dios. Ésta es su definición: donde no está Dios, donde ya no llega ningún rayo de su presencia, allí está el infierno. Quizá el ver diariamente la televisión no nos muestre precisamente esto, pero sí una mirada a la historia del siglo que ya ha pasado, que ha dejado tras de sí palabras como Auschwitz, archipiélago Gulag, o nombres como Hitler, Stalin, Pol Pot. Quien lee testimonios de aquellos ambientes encuentra visiones que no tienen que envidiar en nada la crueldad y destrucción del descenso a los infiernos de Dante; de hecho son más terribles porque aparecen dimensiones del mal que la mirada de Dante no había podido adelantar. Estos infiernos fueron construidos para poder originar el mundo futuro del hombre que se pertenece a sí mismo y que no habría de necesitar más a Dios. El hombre que ahora disponía totalmente de sí mismo y que ya no conocía límites para su disposición fue sacrificado al Molok de la utopía del mundo libre de dioses, liberado de Dios, porque ya no había Dios sobre él, porque ya no emanaba del hombre la luz de la imagen de Dios.

Allí donde no hay Dios surge el infierno, que consiste sencillamente en la ausencia de Dios. Esto puede desarrollarse también a través de formas sutiles y casi siempre bajo la idea de beneficio para los hombres. Cuando hoy se comercia con órganos humanos, cuando hoy se forman fetos para lograr provisión de órganos o para impulsar la investigación sobre la enfermedad y la salud, aparece de esta forma, ante todo, el contenido humanista de esta actuación; pero con el menosprecio hacia el hombre que ello conlleva, en esta utilización y consumo de los hombres nos encontramos precisamente de nuevo en el descenso a los infiernos. Esto no quiere decir que no pueda haber y haya de hecho ateos con un gran sentido ético. Pero aun así me atrevo a afirmar que este *ethos* consiste en los destellos aún no extinguidos de la luz que una vez provino del Sinaí, la luz de Dios. Estrellas lejanas y apagadas pueden resplandecer todavía entre nosotros. Incluso donde Dios parece muerto puede seguir actuando su luz. Pero Nietzsche ha señalado con razón que el momento en que llegue a todas partes el anuncio de la muerte de Dios, en que su luz sea apagada definitivamente, sólo puede ser terrible.

¿Por qué digo todo esto en una reflexión que aborda la cuestión sobre qué hemos de hacer hoy los cristianos en nuestro momento histórico, al comienzo del tercer milenio? Lo digo porque precisamente a partir de ahí se vislumbra nuestra tarea cristiana. Ésta es tan grande como sencilla: consiste en dar testimonio de Dios, abrir las ventanas cerradas que no dejan pasar la claridad, para que su luz pueda brillar entre nosotros, para que haya espacio para su presencia. Pues ahora, a la inversa, hay que decir que allí donde Dios está se halla el cielo, allí nuestra vida resulta luminosa incluso en las fatigas de nuestra existencia. El cristianismo no es una filosofía complicada y pasada de moda, no consiste en un bagaje incalculable de dogmas y prescripciones. *La fe cristiana es ser tocado por Dios y testimonio para Él.* Por eso Pablo, en el Areópago, transmitió su misión y su intención a los atenienses, a los que hablaba como representantes de los pueblos de la tierra, diciéndoles que quería darles a conocer al Dios desconocido, al Dios que había salido de su clandestinidad, que se había dado a conocer a sí mismo y que, por ello, podía ser anunciado por él (Hch 17,16-34). La relación con la palabra del Dios desconocido presupone que, de alguna forma, en su ignorancia el hombre sabe de Dios. Esto responde a la situación del agnóstico, que no conoce a Dios y tampoco puede excluirlo. Presupone también que el hombre espera de algún modo a Dios y, sin embargo, no puede avanzar hacia Él por sus propias fuerzas, es decir, precisa del anuncio, de la mano que le lleva hacia el espacio de su presencia.

Así podemos decir que *la Iglesia existe para que Dios, el Dios vivo, sea dado a conocer, para que el hombre pueda aprender a vivir con Dios, ante su mirada y en comunión con Él. La Iglesia existe para exorcizar el avance del infierno sobre la tierra, y hacerla habitable por la luz de Dios*. Sólo desde Dios, sólo a partir de Él, llegará a ser humana. También podemos formular la tercera petición del Padrenuestro: «Hágase tu voluntad en la tierra como en el cielo». Allí donde se cumple la voluntad de Dios está el cielo, puede la tierra convertirse en cielo. Por eso se trata de dar a conocer la voluntad de Dios, y armonizar la voluntad humana con la voluntad de Dios. Pues no puede reconocerse a Dios de una forma meramente académica; no se puede tomar nota de Él algo así como cuando registro la existencia de astros lejanos y datos de la historia pasada. El conocimiento de Dios es comparable al conocimiento del enamorado: él me afecta totalmente, exige también mi voluntad, y queda en nada cuando no es correspondido plenamente.

Pero con esto ya me he adelantado. Determinemos primeramente: para la Iglesia nunca se trata sólo de mantener su existencia ni tampoco de aumentar y extender su propia duración. *La Iglesia no existe para sí misma.* Ella no se parece a una asociación que quiere mantenerse a flote por sí misma en circunstancias adversas. Ella tiene una misión para con el mundo, para con la humanidad. Sólo por ello tiene que sobrevivir, porque su desaparición conduciría a la humanidad hacia el torbellino del eclipse de Dios y, así, hacia el oscurecimiento, a la destrucción de lo humano. Nosotros no luchamos por nuestra autoconservación, sabemos que se nos ha confiado una misión que nos impone una responsabilidad hacia todos. Por eso la Iglesia tiene que medirse a sí misma y ser medida por la presencia viva en ella de Dios, de su conocimiento y de la aceptación de su voluntad. Una Iglesia que sólo fuese para sí misma un aparato administrativo sería una caricatura de Iglesia. Cuanto más gira en torno a sí misma y mira sólo hacia los objetivos para su propia conservación se hace superflua y se desmorona incluso teniendo a disposición un gran centro y un gobierno competente. Ella sólo puede vivir y ser fructífera si está vivo en ella el primado de Dios.

La Iglesia no existe para sí misma, sino *para la humanidad.* Existe para *que el mundo llegue a ser un espacio para la presencia de Dios, espacio de alianza entre Dios y los hombres.* En esa dirección apunta la afirmación del relato de la creación (Gn 1,1–2,4): el transcurso del texto hacia el *Sabbat* quiere manifestar que la creación tiene un fundamento interno. Ella existe para que pueda darse la alianza en la que Dios regala su amor y obtiene una respuesta de amor. La idea de que la Iglesia existe para la humanidad aparece últimamente en una variante que resulta evidente para nuestro pensamiento, pero que pone en juego lo esencial. Se dice que la historia de la teología y de la autocomprensión eclesial pasó en los primeros tiempos por tres fases: del eclesiocéntrico al cristocéntrico y, finalmente, al teocéntrico. Esto sería un progreso, pero el punto conclusivo todavía no habría sido alcanzado. Resulta evidente, se dice, que el eclesiocéntrico fue equivocado: la Iglesia no puede hacerse a sí misma su propio centro, ella no está ahí para sí misma. Por tanto avanza hacia lo cristocéntrico, Cristo debe ser el centro. Pero entonces comprendió que Cristo remite por sí mismo al Padre, y llegó a lo teocéntrico, lo cual significa al mismo tiempo un abrirse progresivo de la Iglesia hacia fuera, hacia las otras religiones: la Iglesia desune, pero también Cristo separa, según se dice. Y ahora se añade: también Dios separa, pues las imágenes de Dios son opuestas, y hay religiones que no tienen un Dios personal, visiones del mundo que no tienen Dios. Por tanto, como cuarto nivel y en conexión aparente con el Evangelio, se postula la centralidad del Reino, que ahora ya no es Reino de Dios, sino simplemente Reino, como cifra que designa el mundo mejor alcanzable. La centralidad del Reino significa que ahora todo, más allá de los límites de las religiones y las ideologías, podría colaborar por los valores del Reino, como son: la paz, la justicia, la conservación de la creación. Esta tríada de valores se ha erigido hoy en sustituto del concepto perdido de Dios y, al mismo tiempo, como fórmula de unión que, más allá de todas las diferencias, podría establecer la comunidad universal de los hombres de buena voluntad (¿y quién no la tiene?), y, justamente así, podría hacer surgir realmente el mundo mejor. Esto suena tentador. ¿Quién no se sabría obligado a alcanzar la gran meta de la paz sobre la tierra? ¿Quién no lucharía porque se haga justicia, porque desaparezcan definitivamente las diferencias que claman entre clases, razas y continentes? Y, ¿quién no vería hoy la necesidad de defender la creación frente a las destrucciones modernas? ¿Dios se ha hecho por tanto superfluo? ¿Puede esta tríada de valores ocupar su lugar? ¿De dónde tomamos el criterio para la justicia y la distinción entre lo que nos acerca a ella y lo que nos aleja de ella? ¿Y cómo reconocemos dónde es la técnica adecuada a las exigencias de la creación y dónde significa su destrucción? Quien observa el funcionamiento mundial a partir de esta tríada de valores no puede ocultar que se convierte cada vez más en campo de acción de las ideologías, y que no puede subsistir sin un criterio unificado de lo que es conforme al ser, a la creación y a los hombres. Los valores no pueden sustituir a la verdad, no pueden reemplazar a Dios, del cual son su reflejo y sin cuya luz confunden sus contornos.

De esta forma hay que mantener que *sin Dios, el mundo no puede ser iluminado, y la Iglesia sirve al mundo para que Dios viva en él y para que lo transparente, para que lo lleve a la humanidad.* Con esto llegamos ahora finalmente a la pregunta absolutamente práctica: ¿Cómo se hace esto? ¿Cómo podemos nosotros mismos reconocer a Dios y cómo podemos llevarlo a los otros? Pienso que para ello tienen que combinarse distintos caminos. Primeramente está el camino que Pablo propuso en el Areópago, *partir de ese saber previo sobre Dios derramado en los hombres, apelar a la razón.* «Dios no está lejos de cada uno de nosotros», dice Pablo allí, «en Él vivimos, nos movemos y existimos» (Hch 17,27s). La misma idea la encontramos aún más acentuada en la Carta a los Romanos: «Desde que el mundo es mundo, lo invisible de Dios, es decir, su eterno poder y su divinidad, resulta visible» (1,20). La fe cristiana apela a la razón, a la trasparencia de la creación para con el Creador. La religión cristiana es *religión del Logos*: «Al principio era la Palabra», traducimos la primera frase del evangelio de Juan, que, por su parte, remite intencionadamente a la primera frase de toda la Biblia, al relato de la creación por la palabra. Pero «palabra» (*logos*), en sentido bíblico significa también razón, su poder creador. Sin embargo, ¿vale también para hoy la frase sobre el comienzo del mundo en el término así entendido? ¿Puede la Iglesia apelar también hoy a la razón con la Biblia, puede remitir a la trasparencia de la creación para con el espíritu creador? Existe hoy día una versión materialista de la teoría de la evolución que se presenta como la última palabra de la ciencia y a través de sus hipótesis tiene la pretensión de hacer prescindible el espíritu creador, de haberlo descartado definitivamente. Jacques Monod, que ha elaborado esta visión con una lógica admirable, ha dicho siendo fiel a su teoría: «El milagro ha sido ciertamente "desvelado"; no obstante sigue siendo para nosotros un milagro». Cita entonces el comentario que François Mauriac hizo de su tesis: «Lo que dice este profesor es aún más increíble que lo que nosotros, pobres cristianos, creemos». Y añade a esto: «Esto es tan cierto como el hecho de que no logramos desarrollar una representación mental satisfactoria a partir de determinadas abstracciones de la física moderna. Pero sabemos también que tales dificultades no pueden valer como argumento contra una teoría basada en las certidumbres de la experiencia y de la lógica»[1]. Aquí hay que preguntar: ¿qué lógica? No quiero ni puedo seguir aquí esta disputa, sólo decir que la fe no tiene ningún motivo para abandonar el terreno: la opción de que el mundo procede de la razón y no de la sinrazón es razonablemente justificable también hoy, tiene que ser formulada, desde luego, en diálogo con los conocimientos reales de las ciencias naturales. Hoy la Iglesia tiene la tarea de poner en marcha de forma nueva la disputa sobre la razón de la fe o de la increencia. La fe no es enemiga de la razón, sino abogada de su grandeza, como el Papa ha expuesto apasionadamente en su encíclica sobre *Fe y razón*. Considero *la lucha por la nueva presencia*

---

[1] J. Monod, *El azar y la necesidad* (Barral, Barcelona 1972) 153.

de la razón en la fe como una tarea urgente de la Iglesia en nuestro siglo. La fe no puede retirarse dentro del propio caparazón de una decisión que ya no tiene que ser fundamentada, no puede reducirse a una especie de sistema de símbolos en el que se acomoda pero que finalmente continúa siendo una elección casual entre otras visiones de la vida y del mundo. Ella necesita el amplio espacio de la razón abierta, necesita la confesión del Dios creador, pues sin esta confesión se reduce también la cristología, pues ésta aún habla de Dios sólo indirectamente refiriéndose a una experiencia religiosa particular, pero que necesariamente es limitada y no deja de ser una experiencia más entre otras.

La llamada a la razón es una gran tarea de la Iglesia precisamente hoy, pues allí donde fe y razón se separan una de la otra, enferman las dos. La razón se vuelve fría y pierde sus criterios, se hace cruel porque ya no hay nada sobre ella. La limitada comprensión del hombre decide ahora por sí sola cómo se debe seguir actuando con la creación, quién debe vivir y quién ha de ser apartado de la mesa de la vida: vemos entonces que el camino hacia el infierno está abierto. Pero también la fe enferma sin un espacio amplio para la razón. Vemos en nuestro presente con profusión qué graves estragos pueden surgir de una religiosidad enfermiza. No en vano el Apocalipsis presenta la religión enferma que se ha despedido de la grandeza de la fe en la creación como el auténtico poder del Anticristo.

Sigue siendo cierto naturalmente que la revelación de la creación, a la que Pablo remite en el discurso del Areópago y en la Carta a los Romanos, no se basta por sí sola para relacionar verdaderamente a los hombres con Dios. *Dios ha salido al encuentro del hombre. Le ha mostrado su rostro, le ha abierto su corazón.* «A Dios nadie lo ha visto jamás; es el Hijo único, que es Dios y que está al lado del Padre, quien lo ha explicado», dice el evangelio de Juan (1,18). La Iglesia tiene que continuar este anuncio. Tiene que llevar los hombres a Cristo, Cristo a los hombres, para llevarlos hacia Dios y Dios a ellos. Cristo no es cualquier gran hombre con una experiencia religiosa significativa: él es Dios, Dios que se hizo hombre para que exista un puente entre hombre y Dios y para que el hombre pueda llegar a ser verdaderamente él mismo. Quien ve a Cristo sólo como una gran figura religiosa no le ve realmente. El camino de Cristo y hacia Cristo tiene que llegar allí donde desemboca el evangelio de Marcos, en la confesión del centurión romano ante el crucificado: «Verdaderamente este hombre era Hijo de Dios» (15,39). Tiene que llegar allí donde desemboca el evangelio de Juan, en la confesión de Tomás: «¡Señor mío y Dios mío!» (20,28). Tiene que recorrer el gran arco que tiende el evangelio de Mateo desde la historia del anuncio hasta el discurso de envío del Resucitado. En la historia del anuncio, Jesús es presentado como «Dios con nosotros» (1,23). Y las últimas palabras del evangelio recogen ese mensaje: «Mirad que yo estoy con vosotros cada día hasta el fin del mundo» (28,19). Para conocer a Cristo hay que recorrer el camino que nos indican los evangelios.

La gran tarea central de la Iglesia es hoy, como siempre lo ha sido, mostrar ese camino y ofrecerse en él como *comunidad en camino*. Antes dije: a Dios no se le conoce simplemente con el entendimiento, sino al mismo tiempo con la voluntad y con el corazón. Por eso el conocimiento de Dios, el conocimiento de Cristo, es un camino que reclama la totalidad de nuestro ser. Lucas ofrece la presentación más hermosa de este nuestro estar en camino en el relato de los discípulos de Emaús. Se trata de un *estar en camino con la palabra viva de Cristo, que nos interpreta la palabra escrita, la Biblia; él mismo se hace camino durante el cual el corazón está ardiendo y, de esta forma, al final se abren los ojos:* la Escritura, el verdadero árbol del conocimiento, nos abre los ojos si nosotros, al mismo tiempo, comemos del árbol de la vida, de Cristo.

Entonces estaremos viendo verdaderamente, y entonces viviremos realmente. Tres elementos confluyen en este camino: la comunidad de discípulos, la Escritura, la presencia viva de Cristo. Así, este camino de los discípulos de Emaús es al mismo tiempo una descripción de la Iglesia, una descripción de cómo madura el conocimiento que lleva hacia Dios. Ese conocimiento será comunión de unos con otros, desemboca en la fracción del pan, en el que el hombre se convierte en invitado de Dios y Dios en anfitrión del hombre. Resulta claro aquí que no se puede tener a Cristo sólo para sí. Él no sólo nos conduce hacia Dios, sino también unos hacia otros. Por ello Cristo e Iglesia forman un conjunto, así como lo forman Iglesia y Biblia. Tarea central de la Iglesia, ayer, hoy y mañana, continúa siendo realizar esta gran comunidad en las comunidades particulares concretas del Obispo, el párroco, los movimientos eclesiales. Como comunidad en camino tiene que experimentarse en nuestras preocupaciones, en la palabra de Dios, en Cristo, y llevarnos hacia el don del sacramento, en el que se anticipa una y otra vez el banquete nupcial de Dios con la humanidad.

Echemos un vistazo a lo dicho hasta ahora; así, podemos decir que el tema Cristo no es en definitiva un tema particular, secundario, junto al tema de Dios, sino la manera como se ha concretizado de forma absoluta el tema de Dios para nosotros, que mueve el cuerpo y llega hasta el alma. Y tampoco el tema Iglesia es un tercer tema particular, sino que está insertado en el tema de Cristo de forma servicial: *la Iglesia es comunidad en camino con él y hacia él,* y sólo cuando ella continúa en ese papel la entendemos correctamente; entonces podremos amarla también verdaderamente, como se ama a los compañeros de camino.

Ahora tendrían que ser desarrollados propiamente todavía algo más los *elementos particulares de ese estar en camino*. Sobre esto el Papa ha dicho todo lo esencial en su Carta

Apostólica *Novo millennio ineunte,* así que me contentaré en la parte conclusiva de estas consideraciones con un par de anotaciones al respecto. En este texto, el Papa habla detalladamente del *significado de la oración,* que es la que primero hace cristianos a los cristianos. En la oración, dice, experimentamos el primado de la gracia: Dios siempre nos precede. El cristianismo no es un moralismo, algo hecho por nosotros. Primero es Dios el que se acerca a nosotros, después podemos ir con Él, entonces serán liberadas nuestras fuerzas interiores. Y la oración, continúa, nos permite experimentar el primado de Cristo, el primado de la interioridad y de la santidad. A este respecto el Papa añade una pregunta digna de consideración: «Cuando no se respeta este principio, ¿ha de sorprender que los proyectos pastorales lleven al fracaso y dejen en el alma un humillante sentimiento de frustración?» (38). Hemos de aprender de nuevo el primado de la interioridad por encima de todo nuestro activismo, el componente místico del cristianismo tiene que ganar fuerza otra vez.

De la oración personal, el Papa continúa consecuentemente hacia la oración litúrgica común, sobre todo a la Eucaristía dominical. *El domingo como día de la resurrección y la Eucaristía como encuentro con el Resucitado* se corresponden mutuamente. El tiempo precisa de su ritmo interno. Necesita la correspondencia entre la cotidianidad de nuestro trabajo y el encuentro festivo con Cristo en la Iglesia, en el sacramento. El Papa considera la recuperación del domingo como una tarea pastoral de primer rango. El tiempo recibe así su orden interno, Dios vuelve a ser de nuevo el punto de partida y la meta del tiempo. Éste es, al mismo tiempo, el día de la comunidad humana, el día de la familia pequeña y el día en el que se forma la gran familia, la familia de Dios en la Iglesia, y en que la Iglesia se convierte en vivencia. Si sólo se conoce la Iglesia a partir de reuniones y papeles es que no se conoce.

Entonces se convierte en escándalo, porque se convierte en objeto de nuestro propio hacer o aparece como extraño e impuesto a nosotros desde fuera. Sólo conocemos desde dentro a la Iglesia cuando la experimentamos en el punto donde se supera a sí misma, donde el Señor entra en ella y donde la convierte en su casa y con ello nos hace a nosotros sus hermanos. Por eso es tan importante también la celebración digna de la Eucaristía, en la que tiene que aparecer esa autoexpropiación de la Iglesia. La liturgia no la hacemos nosotros mismos. Nosotros no imaginamos algo, como hace un comité de festejos mundanos o como hace el presentador de concursos. El Señor viene. La liturgia ha crecido en la fe de la Iglesia a partir de él, a partir de los Apóstoles. Nosotros nos introducimos en ella, no la hacemos. Sólo así llega a ser una fiesta, y la fiesta, como anticipación de la libertad futura, es imprescindible para los hombres. Podría decirse realmente que esta es la *tarea de la Iglesia, regalarnos la vivencia de la fiesta.* La fiesta ha surgido en toda la historia de la humanidad como acontecimiento cultual, y no imaginable sin la presencia de lo divino. Encuentra aquí su medida plena, donde realmente Dios se hace nuestro invitado y nos invita a su banquete.

Aún quiero mencionar dos puntos. El Papa pasa de la liturgia dominical al *sacramento de la Reconciliación.* Ningún otro sacramento se nos ha hecho más extraño en las últimas décadas. Y sin embargo, ¿quién no sería consciente de que necesitamos reconciliación, de que nos hace falta el perdón, la purificación interior? Entre tanto acudimos a la psicoterapia y al psicoanálisis, cuya finalidad y posibilidades no se niegan, pero sin la palabra de reconciliación que proviene de Dios nuestros intentos de reparar el alma enferma resultan insuficientes. Esto me lleva a la segunda referencia. Dije que para el conocimiento de Dios es necesario todo el hombre, entendimiento, voluntad y corazón. Esto significa a nivel práctico que no podemos conocer a Dios si no estamos dispuestos a introducirnos en su voluntad, a reconocerle como medida y dirección de nuestra vida. Esto significa más concretamente que a la comunidad que camina en la fe, a la comunidad que camina hacia Dios, pertenece la vida según los mandamientos. Esto no supone ninguna determinación extraña que le es impuesta al hombre. En el consentimiento a la voluntad de Dios se realiza nuestro parecido con Dios y llegamos a ser aquello que somos: imagen de Dios. Y porque Dios es amor, los *mandamientos*, en los que se manifiesta su voluntad, son las variaciones fundamentales del único tema del amor. Son las *reglas concretas del amor* a Dios, al prójimo, a la creación, a nosotros mismos. Y porque nuevamente en Cristo se encuentra el sí absoluto a la voluntad de Dios, el ser imagen en su plena medida, la vida según el amor y la voluntad de Dios constituye seguimiento de Cristo, ir hacia él e ir con él. La referencia a los mandamientos también ha descendido en la Iglesia en las últimas décadas; ha crecido demasiado la sospecha de legalismo y moralismo. De hecho la palabra de los mandamientos queda como algo externo si no es examinada por la interioridad de Dios en nosotros mismos y por la precedencia de Cristo respecto de todos nosotros. Se queda en moralismo si no está bajo la luz de la gracia del perdón. Israel estaba orgulloso de conocer la voluntad de Dios y de conocer así el camino hacia la vida. El salmo 119 es una constante irrupción nueva de agradecimiento y de alegría por conocer la *voluntad de Dios*. Nosotros conocemos ahora esa voluntad *encarnada en Jesucristo como orientación y al mismo tiempo como misericordia que una y otra vez nos acoge y nos guía.* ¿No deberíamos alegrarnos de nuevo de ello en medio de un mundo lleno de confusión y oscuridad? *Despertar de nuevo la alegría en Dios, la alegría por la revelación de Dios, por la amistad con Dios, me parece una tarea urgente de la Iglesia en nuestro siglo.* También para nosotros son válidas las palabras que el sacerdote Esdras dirige al pueblo de Israel que se había desanimado un poco tras el destierro: la alegría en el Señor es nuestra fortaleza (Neh 8,10).

Quiero concluir con una imagen de la *Divina comedia* de Dante. Habíamos salido del descenso a los infiernos, en el mundo sin Dios. Dante describe el camino de la purificación, el camino hacia Dios como la ascensión a una montaña. El camino exterior es símbolo del camino interior hacia la altura propia, hacia la altura de Dios. Al principio, la ascensión le resulta al hombre ligado a la tierra infinitamente difícil. En la visión poética de Dante tras la primera etapa del camino un ángel borra el signo de la soberbia de la frente del que sube, y entonces le sobreviene en la continuación de la marcha un sentimiento singular: «Subíamos ya las rocas sagradas y era como si me hubiese vuelto mucho más ligero de lo que anteriormente me había sentido. Entonces dije: "Maestro, di, ¿qué pesada carga me has quitado de encima que apenas siento fatiga alguna al caminar?"» (II, 12, 115-120). La liberación de la soberbia fue la superación de la carga. Nuestras convicciones, así como el orgullo, la codicia, la ambición y también lo peor y más oscuro que habita en nuestra alma constituye un peso de plomo que nos estorba en la subida, que nos hace incapaces de ascender. «Cuanto más puro sea el hombre más semejante será a lo Alto. Pierde su peso, crece su fuerza de ascensión ... La libertad crece, se realiza, cuando la voluntad coincide con la exigencia»[2]. La *comunidad que camina en la fe*, que nosotros llamamos Iglesia, ha de ser una comunidad en ascensión, una comunidad en que se realicen en nosotros aquellas purificaciones que nos capaciten para la

---

[2] R. Guardini, *Der Engel in Dantes göttlicher Komödie* (Mainz – Paderborn ³1995) 48s.

auténtica altura del ser humano, de la comunidad con Dios. Con la medida de la purificación, la ascensión, que al principio es tan penosa, se vuelve alegría. Esa alegría tiene que surgir de la Iglesia cada vez más intensamente para iluminar el mundo.

BIBLIOGRAFÍA DEL CARDENAL JOSEPH RATZINGER
(hasta el 1 de febrero de 2002)

ADVERTENCIA PRELIMINAR

En *Weiheit Gottes – Weisheit der Welt. Festschrift für Joseph Kardinal Ratzinger*, editada por el *Schülerkreis* (St. Ottlien 1987), H. Höfl publica una bibliografía que se extiende hasta el año 1986. Incluye también recensiones, predicaciones y alocuciones, así como emisiones de trabajos radiofónicos de Joseph Ratzinger. Además documenta el diálogo científico con él a través de recensiones. En la colección editada diez años después con motivo de su 70 cumpleaños (Joseph Ratzinger, *Vom Wiederauffinden der Mitte. Grundorientierungen. Texte aus vier Jahrzehnten*, Freiburg 1997) se encuentra una selección bibliográfica elaborada por V. Pfnür ordenada por puntos temáticos esenciales y que abarca hasta el año 1997, así como una colección de literatura secundaria elaborada por el Prelado H. Moll que muestra «la recepción y la confrontación con la obra teológica del Cardenal Joseph Ratzinger». La bibliografía que aquí presentamos comprende las publicaciones propias, la actividad editorial y las colaboraciones en obras conjuntas y en revistas hasta enero de 2002. Abarca todo el período de publicaciones, de ahí que se llame la atención sobre las traducciones más recientes de publicaciones de años anteriores. Con ello no se ha pretendido ser exhaustivos. En Internet se hallan más informaciones bibliográficas, pero sobre todo en las siguientes obras: N. Aidan OP, *The theology of Joseph Ratzinger* (Edinburgh 1988); A. F. Utz (ed.) *Glaube und demokratischer Pluralismus im wissenschaftlichen Werk von Joseph Cardinal Ratzinger* (Bonn 1989, ²1991); Th. Weiler, *Volk Gottes – Leib Christi* (Mainz 1997).

Las siglas se rigen por la relación de abreviaturas de la tercera edición del *Lexikon für Theologie und Kirche* (W. Kasper ed., Freiburg 1993), lo demás según la relación de siglas reunidas por S. Schwertner en IATG (Berlin/New York 1974).

1. Publicaciones propias

Volk und Haus Gottes in Augustinus Lehre von der Kirche (München 1954). Reimpresión inalterada con un prólogo nuevo: St. Ottilien 1992. Italiano: *Popolo e casa di Dio in S. Agostino* (Milano 1979).

Die Geschichtstheologie des heiligen Bonaventura (München 1959). Reimpresión inalterada con un prólogo nuevo: St. Ottilien 1992. Inglés: *The Theology of History in St. Bonaventure* (Chicago 1971, ²1989). Francés: *La théologie de l'histoire de saint Bonaventure* (Paris 1988). Italiano: *La teologia della storia di san Bonaventura* (Milano 1978, 1991).

Der Gott des Glaubens und der Gott der Philosophen (München 1960). Español: *El Dios de la fe y el dios de los filósofos* (Madrid 1962). Ruso: *Bog very i Bog filosofov* (Samizdat, Leningrado 1977).

Die christliche Brüderlichkeit (München 1960). Publicado por primera vez en «Der Seelsorger» 26 (1958) 387-429. Francés: *Frères dans le Christ. L'esprit de la fraternité chrétienne* (Paris 1962). Italiano: *Fraternità cristiana* (Roma 1962). Holandés: *De Christelijke broederlijkhei* (Hilversum/Antwerpen 1963). Griego: *'Adeljosunh* (Atenas 1964). Inglés: *Christian Brotherhood* (London 1966). Americano: *The open circle. The meaning of Christian brotherhood* (New York 1966). Español: *La fraternidad cristiana* (Madrid 1966). Húngaro: Guardini/Pieper/Rahner/Balthasar/Varvier, *A szeretetről* (Budapest 1987) 207-272. Japonés (Tokio 1972).

En colaboración con Karl Rahner: *Episkopat und Primat* (Quaestiones disputatae 11) (Freiburg 1961, ²1963).
Inglés: *The Episcopate and the Primacy* (London/Edimburgh/New York 1962).

Español: *Episcopado y primado* (Herder, Barcelona 1965).
Italiano: A. Bellini (ed.), *Episcopato e primato* (Brescia 1966).

Die erste Sitzungsperiode des 2. Vatikanischen Konzils. Ein Rückblick (Köln 1963).
Inglés: «The Furrow» 14 (1963) 267-288.
Español: *La Iglesia se renueva* (Buenos Aires 1965).
Americano: en *Theological Highlights of Vatican II* (New York 1966).

Das Konzil auf dem Weg. Rückblick auf die zweite Sitzungsperiode (Köln 1964).
Italiano: *Concilio in cammino: Sguardo retrospettivo sulla seconda sessione* (Roma 1965).
Español: *La Iglesia se mira a sí misma* (Buenos Aires 1965).
Americano: en *Theological Highlights of Vatican II* (New York 1966).

Der gegenwärtige Stand der Arbeiten des Zweiten Vatikanischen Konzils. Conferencia dada el 1 de octubre de 1964, editada por la Radio y Televisión Católicas de Alemania (Bonn 1964).

Ergebnisse und Probleme der dritten Konzilsperiode (Köln 1965).
Español: *Resultados y perspectivas en la Iglesia conciliar* (Buenos Aires 1965).
Italiano: *Problemi e risultati del concilio Vaticano II* (Brescia 1966).
Inglés: en *Theological Highlights of Vatican II* (New York 1966).

(En colaboración con Karl Rahner) *Offenbarung und Überlieferung* (Quaestiones disputatae 25; Freiburg 1965).
Holandés: *Openbaring on overlevering* (Hilversum 1965).
Americano/inglés: *Revelation and Tradition* (New York/London 1965).

Italiano: *Rivelazione e Tradizione* (Brescia 1970).
Español: *Revelación y tradición* (Herder, Barcelona 1970).
Francés: *Révélation et tradition* (Paris 1972).
Portugués (1970).

Probleme der vierten Konzilsperiode. Conferencia dada el 28 de octubre de 1965 en Roma, editada por la Radio y Televisión Católicas de Alemania (Bonn 1965).

Vom Sinn des Christseins. Drei Adventspredigten (München 1965, ²1966, ³1971).
Italiano: *Il senso dell'existenza cristiana* (Catania 1966, ²1974).
Español: en *Ser cristiano* (Salamanca 1967, ²1972 (contiene: *El fundamento sacramental de la existencia cristiana*, 1966, y *Meditaciones para la Semana santa*, 1969).
Inglés: *Being Christian* (Chicago 1970).
Francés: *Un seul Seigneur, une seule foi* (Paris 1971, Tours 1973).

Die letzte Sitzungsperiode des Konzils (Köln 1966).
Italiano: *Problemi e risultati del concilio Vaticano II* (Brescia 1966).
Español: *La Iglesia en el mundo de hoy* (Buenos Aires 1968).
Inglés: *Theological Highlights of Vatican II* (New York 1966).

Die sakramentale Begründung christliche Existenz (Meitingen/Freising 1966, ²1967, ³1970, ⁴1973).
Francés: «Sacrements et existence chrétienne»: «Prière et vie» 142 (1967) 277-285 y 341-350.
Español: *Ser cristiano* (Salamanca 1967, ²1972).
Italiano: *Il fondamento sacramentale dell'esistenza cristiana* (Brescia 1971).

Das Problem der Dogmengeschichte in der Sicht der katholischen Theologie (Köln/Opladen 1966).
Italiano: «Testimonianze» 13 (1970) 126, pp. 510-534.

Einführung in das Christentum. Vorlesung über das Apostolische Glaubensbekenntnis (München [1-5]1968, [6-9]1969, [10-11]1970, [12]1977. Edición de bolsillo: 1971, [2]1972, [3]1977, [4]1980. Otra edición de bolsillo: 1974, [2]1976, [3]1977, [4]1980, [5]1985, [6]1990, [7]1998; Nueva edición invariada y con una introducción nueva: München 2000).
Inglés: *Introduction to Christianity* (London 1969, [2]1985).
Francés: *Foi chrétienne, hier et aujourd'hui* (Paris/Tours 1969, [2]1985).
Holandés: *De kern van ons geloof* (Tielt/Utrecht [1-3]1970).
Italiano: *Introduzione al cristianesimo* (Brescia 1969, [5]1974, [7]1984, [9]1990).
Inglés: *Introduction to Christianity* (New York 1970, [2]1979; nueva edición 1990).
Croata: *Uvod u kršćanstvo. Predavanja o apostolskom vjeroranju* (Zagreb 1970).
Polaco: *Wprowadzenie w chrześcijaństwo* (Cracovia 1970, [2]1994).
Portugués: *Introdução ao cristianismo* (Sao Paulo 1970).
Español: *Introducción al cristianismo* (Salamanca 1969, [2]1970, [3]1976, [4]1979, [5]1982, [6]1987, [8]1996, [9]2001; con un prólogo nuevo).
Japonés: *Kirisutokyô Nyûmon* (Tokio 1973).
Coreano: *Geuriseudo sinang* (Seúl 1974, [2]1983).
Húngaro: *A keresztény hit. Gondolatok az Apostoli Hitvallás nyomán* (Viena 1976).
Además: eslovaco (1975), ruso (Bruselas 1988), checo (Brno 1991), lituano (Vilnius 1991), árabe (Beirut 1993) y noruego (Oslo 1993).

Meditationen zur Karwoche (Meitingen/Freising 1969, ²⁻³1970, ⁴1973, ⁵1974, ⁶1978, ⁷1980).
Español: en *Ser cristiano* (Salamanca 1967, ²1972). Reproducción parcial (Sábado santo) en «Humanitas» 12 (1997) 116-123.

Das neue Volk Gottes. Entwürfe zur Ekklesiologie (Düsseldorf 1969, ²1970. Edición de bolsillo: 1972, ²1977).
Francés: *Le nouveau peuple de Dieu* (Paris 1971; traducción parcial).
Italiano: *Il nuovo popolo di Dio* (Brescia 1971, ²1972, ³1984).
Español: *El nuevo pueblo de Dios* (Barcelona 1972).
Portugués: *O novo povo de Deus* (Sao Paulo 1974).
Polaco (Poznan 1975).

Glaube und Zukunft (München 1970, ²1971).
Inglés: *Faith and Future* (Chicago 1971).
Francés: *Foi et avenir* (Paris 1971).
Holandés: *De toekomst van het geloof* (Tielt/Utrecht 1971).
Italiano: *Fede e futuro* (Brescia 1971, ²1984).
Español: *Fe y futuro* (Salamanca 1973).
Polaco: *Wiara i przyszlaść* (Varsovia 1975).
También existe una edición en japonés (Tokio 1971) y en portugués (1971).

En colaboración con H. Maier:
Demokratie in der Kirche. Möglichkeiten, Grenzen, Gefahren (Limburg 1970). Edición ampliada con trabajos adicionales de ambos autores: *Demokratie in der Kirche. Möglichkeiten und Grenzen* (Limburg/Kevelaer 2000).
Italiano: *Democrazia nella chiesa. Possibilità, limiti, pericoli* (Roma 1971).
Español: *¿Democracia en la Iglesia?* (Madrid 1971).
Francés: *Démocratisation dans l'Église? Possibilités, limites, risques* (Paris 1972; Sherbrooke/Canadá 1973).
Portugués: *Democracia na Igreja: possibilidades, limítes, perigos* (Sao Paulo 1976).

En colaboración con el Cardenal J. Höffner:
Die Situation der Kirche heute. Hoffnungen und Gefahren (Köln ⁱ⁻⁴1970, ⁵1971, ⁶1973; 7ª edición variada levemente en 1977, en *Rufe in die Zeit 4* (sin el trabajo del Cardenal J. Höffner).

En colaboración con H. U. von Balthasar:
Zwei Pläyoders. Warum ich noch ein Christ bin. Warum ich noch in der Kirche bin (München ¹⁻²1971). Extracto en *Die Furche* 1975, n. 36, 10.
Inglés: *Two say why. Why I am still a Christian. Why I am still in the Church* (Chicago/London 1971).
Italiano: *Perché sono ancora cristiano. Perché sono ancora nella Chiesa* (Brescia 1971).
Francés: "L' Église du Christ, bien de ma foi", en G.-M. Garonne, J. Daniélou, J. Ratzinger, H. U. v. Balthasar, *Je crois en l'Église, que je n'en sois jamais séparé* (Tours/Paris 1972), 79-109.
Español: *¿Por qué soy cristiano? Por qué permanezco todavía en la Iglesia?* (Salamanca ¹⁻²1974, ³1975).

Die Einheit der Nationen. Eine Vision der Kirchenväter (Salzburgo-München 1971).
Español: *La unidad de las naciones. Aportaciones para una teología política* (Madrid 1972).
Italiano: *L'unità delle nazioni. Una visione dei padri della Chiesa* (Brescia 1973).
Portugués (Sao Paulo 1975).

Teología e historia. Notas sobre el dinamismo histórico de la fe (Salamanca 1971).
Italiano: *Storia e dogma* (Milano 1971).

Die Hoffnung des Senfkorns (Meitingen/Freising 1973, ²1974, ³1978).
Italiano: *Speranza del grano di senape* (Brescia 1974).
Español: en *El rostro de Dios* (Salamanca 1983).
También hay una edición en húngaro (1979).

Dogma und Verkündigung (München/Freiburg 1973, ²1974, ³1977).
Italiano: *Dogma e predicazione* (Brescia 1974).
Español: *Palabra en la Iglesia* (Salamanca 1976).
Portugués: *Dogma e Anunciação* (Sao Paulo 1977).
Inglés: *Dogma and Preaching* (selección) (Chicago 1985).

(En colaboración con U. Hommes) *Das Heil des Menschen. Innerweltlich – christlich* (München 1975).
Italiano: *La Salvezza dell'uomo* (Brescia 1976).

Der Gott Jesu Christi. Betrachtungen über den Dreieinigen Gott (München 1976, ²1977).
Francés: *Le Dieu de Jesus-Christ: Méditations sur Dieu-Trinité* (Paris 1977).
Americano: *The God of Jesus Christ. Meditations on God in the Trinity* (Chicago 1978).
Italiano: *Il Dio di Gesù Cristo* (Brescia 1978).
Español: *El Dios de Jesucristo: Meditaciones sobre el Dios uno y trino* (Salamanca 1978, ²1980).
Polaco: *Bóg Jezusa Chrystusa: medytacie o Bogu trójcy* (Cracovia 1995).

En colaboración con Karl Lehmann:
Mit der Kirche leben (Freiburg ¹⁻⁴1977).
Americano: *Living with the Church* (Chicago 1978).
Francés: *Vivre avec l'Église* (Paris 1978).
Italiano: *Vivere con la Chiesa* (Brescia 1978).

Eschatologie. Tod und ewiges Leben (Regensburg ¹⁻²1977, ³⁻⁵1978. Versión variada: Leipzig 1981. Edición ampliada: Regensburg 1990).
Francés: *La mort et l'au-delà. Court traité d'espérance chrétienne* (Paris 1979, ²1994).
Italiano: *Escatologia - morte e vita eterna* (Asís 1979).
Español: *Escatología: la muerte y la vida eterna* (Barcelona 1979, ²1984).

Polaco: *Eschatologia - śmierć i życie wieczne* (Poznań 1984, Varsovia ²1986, ³2000).
Americano (edición completada): *Eschatology, Death and Eternal Life* (Chicago 1988).
Lituano: *Eschatologija* (Vilnius 1996).
Erlosung, mehr als eine Phrase? (Steinfeld 1977).
Die Tochter Zion. Betrachtungen über den Marienglauben der Kirche (Einsiedeln ¹⁻²1977, ³1978, ⁴1990).
Italiano: *La figlia di Sion. La devozione a Maria nella Chiesa* (Milano 1979).
Americano: *Daughter Zion* (San Francisco 1983).
Húngaro: en *Jézus és az Egyház Anyja* (Eisenstadt 1987) 24-62.
Polaco: *Córa Syjonu* (Varsovia 1997).
Coreano (1990).
Gottes Angesicht suchen. Betrachtungen im Kirchenjahr (Freising 1978, ²1979).
Inglés: *Seeking God's face* (con *The lesson of Christmas Donkey* del papa Juan Pablo II). (Chicago 1982).
Español: en *El rostro de Dios* (Salamanca 1983).
Italiano: en *Cerco il tuo volto Dio* (Milano 1985).
Licht, das uns leuchtet. Besinnungen zu Advent und Weihnachten (junto a la meditación *Die Lektion des Weihnachtsesels* del papa Juan Pablo II) (Freiburg ¹⁻⁴1978, ⁵⁻⁶1979, ⁷1982, nueva edición [sin la meditación del Papa Juan Pablo II] 1999).
Español: en *El rostro de Dios* (Salamanca 1983).
Italiano: *Cerco il tuo volto Dio* (Mailand 1985).
Eucharistie - Mitte der Kirche (München 1978). Aparece en: *Gott ist uns nah. Eucharistie: Mitte des Lebens* (Augsburg 2001).
Mitarbeiter der Wahrheit. Gedanken für jeden Tag (München 1979; nueva edición reelaborada y aumentada: Wurzburgo ²1990, ³1992).
Francés: *Vivre sa foi. Méditations pour chaque jour de l'année sur des thèmes spirituels et théologiques* (Paris 1979).
Polaco: *Służyć Prawdzie.* Poznań/Varsovia/Lublin 1983, Wrocław 2001).

Inglés: *Co-Workers of the Truth. Meditations for Every Day of the Year* (San Francisco 1992).
Italiano: *Collaboratori della verità* (Cinisello Balsamo 1994).

A Mustármag remény (Eisenstadt 1979) (selección de distintos trabajos).
«Ich glaube». Strukturen des Christlichen (Leipzig 1979) (selección a partir de diversas obras).
Zum Begriff des Sakramentes (München 1979).

En colaboración con H. U. v. Balthasar:
Maria- Kirche im Ursprung (Freiburg 1980; 4ª edición aumentada: Einsiedeln/Freiburg 1997).
　Ruso: *Marija -praobraz Cerkvi* (Leningrad 1980).
　Francés: *Marie, première Eglise* (Paris 1981, ²1987; 3ª edición aumentada: 1998).
　Italiano: *Maria, chiesa nascente* (Roma 1981; nueva edición aumentada: 1998).
　Español: *María, primera Iglesia* (Madrid 1982; nueva edición aumentada: 1999).
　Polaco: *Dlaczego wołaśnie Ona* (Varsovia 1991).
Konsequenzen des Schöpfungsglaubens (Salzburg 1980).
Glaube - Erneuerung - Hoffnung. Theologisches Nachdenken über die heutige Situation der Kirche (Leipzig 1981) (selección a partir de distintas obras).
Umkehr zur Mitte. Meditationen eines Theologen (Leipzig 1981).
Das Fest des Glaubens. Versuche zur Theologie des Gottesdienstes (Einsiedeln 1981, ²1982).
　Italiano: *La festa della fede* (Milano 1984).
　Francés: *La Célébration de la foi: essai sur la théologie du culte divin* (Paris 1985).
　Inglés: *The Feast of Faith* (San Francisco 1986).
　Español: *La fiesta de la fe: Ensayo de Teología Litúrgica* (Bilbao 1999).

Christlicher Glaube und Europa. 12 Predigten (München 1981, ²1982, ³1985).
Theologische Prinzipienlehre. Bausteine zur Fundamentaltheologie, (München 1982, ²1983).
Francés: *Les Principes de la théologie catholique: esquisse et matériaux* (Paris 1985).
Español: *Teoría de los principios teológicos* (Barcelona 1985).
Italiano: *Elementi di teologia fondamentale. Saggi sulla fede e sul ministero* (Brescia 1986) (traducción parcial)
Inglés: *Principles of Catholic Theology* (San Francisco 1987).

Zeitfragen und christlicher Glaube. Acht Predigten aus den Münchner Jahren (Würzburg 1982, ²1983).
(En colaboración con H. Schlier) *Lob der Weihnacht* (Freiburg 1982).
Die Krise der Katechese und ihre Überwindung. Rede in Frankreich (Einsiedeln 1983) (con discursos de D. J. Ryan, G. Daneels, F. Macharski)
Francés: *Transmettre la foi aujourd'hui. Conférences données à Notre-Dame de Paris* (Paris 1983).
Demokratie, Pluralismus, Christentum. Discurso de apertura en el Congreso Internacional de la Fundación Hanns-Martin-Schleyer y del Consejo Pontificio para la Cultura el 24.4.1984 en München (Leutesdorf 1984)
Schauen auf den Durchbohrten. Versuche zu einer spirituellen Christologie (Einsiedeln 1984, ²1990).
Inglés: *Behold The Pierced One* (San Francisco 1986).
Checo (Brno 1996).
Suchen, was droben ist. Meditationen das Jahr hindurch (Freiburg 1985).
Inglés: *Seek that which is above* (San Francisco 1986).
Italiano: *Cercate le cose di lassù* (Milano 1986). *Il cammino pasquale. Corso di Esercizi Spirituali tenuti in Vaticano alla pre-*

senza di S.S. Giovanni Paolo II (Milano 1985, ²1986, 3ª edición renovada 2000).
Portugués: *O Caminho Pascal* (São Paulo 1986).
Francés: *Le Ressuscité* (Paris ¹⁻²1986).
Inglés: *Journey Towards Easter* (New York 1987, ²1996).
Inglés: *Journey towards Easter* (Middlegreen 1987).
Español: *El camino pascual* (Madrid 1990).
Polaco: *Droga Paschalna* (Cracovia 2001).

Rapporto sulla fede. Vittorio Messori a colloquio con Joseph Ratzinger (Torino ¹⁻²1985).
Inglés: *The Ratzinger Report* (San Francisco 1985, ²1986).
Alemán: *Zur Lage des Glaubens* (München 1985).
Francés: *Entretien sur la foi* (Paris 1985).
Portugués: *A fé em crise?* (São Paulo 1985).
Español: *Informe sobre la fe* (Madrid ¹⁻¹⁰1985, ¹¹1986).
Húngaro: *Beszélgetés a Hitrol* (Budapest 1985, 1990).
Polaco: *Raport o stanie* (Cracovia-Varsovia 1986).
Además: coreano (Seúl 1993, nueva edición: 1994 y 1995) y croata (1998).

Im Anfang schuf Gott. Vier Predigten über Schopfung und Fall, (München 1986; 2ª edición aumentada: Einsiedeln-Freiburg 1996).
Francés: *Au commencement, Dieu créa le ciel et la terre* (Paris 1986).
Italiano: *Creazione e peccato* (Milano 1986).
Inglés: *In the beginning ... A Catholic Understanding of the Story of Creation and the Fall* (Huntington/Ind. 1990; nueva edición 1995).
Español: *Creación y pecado* (Pamplona 1992; *En el principio creó Dios. Consecuencias de la Fe en la Creación* (Valencia 2001).

Politik und Erlösung. Zum Verhältnis von Glaube, Rationalität und Irrationalem in der sogenannten Theologie der Befreiung (Opladen 1986).
Español: en «Tierra nueva» 16 (1987) 38-51.

Iglesia Comunicadora de Vida. Conferencias y Homilías pronunciadas en su visita al Perú (Lima 1986). *Kirche, Ökumene und Politik. Neue Versuche zur Ekklesiologie* (Einsiedeln 1987).
  Francés: *Église, oecuménisme et politique* (Paris 1987).
  Italiano: *Chiesa, ecumenismo e politica. Nuovi saggi di ecclesiologia* (Milano 1987).
  Español: *Iglesia, Ecumenismo y Política. Nuevos ensayos de eclesiología* (Madrid 1987).
  Inglés: *Church, Ecumenism and Politics. New Essays in Ecclesiology* (Middlegreen 1988).
Abbruch und Aufbruch. Die Antwort des Glaubens auf die Krise der Werte (München 1988).
  Italiano: en *Avvenire* (Marz 1988); como edición especial: *Il tramonto dell'uomo* (Padua 1988).
  Español: en ABC 31.3.1988, 27-29; 1./2.4.1988, 25-27.
Diener eurer Freude. Meditationen über die priesterliche Spiritualität (Freiburg 1988).
  Inglés: *Ministers of Your Joy* (Slough 1989).
  Inglés: *Ministers of Your Joy* (Ann Arbor 1989).
  Italiano: *Servitore della vostra gioia* (Milano 1989).
  Francés: *Serviteurs de votre joie. Méditations sur la spiritualité sacerdotale* (Paris 1990).
  Además: polaco (1990); español: *Servidores del pueblo de Dios* (Dinor, San Sebastián 1967).
Auf Christus schauen. Einübung in Glaube, Hoffnung, Liebe (Freiburg 1989, ²1990).
  Italiano: *Guardare Cristo. Esercizi di Fede, Speranza e Carità* (Milano 1989).
  Eslovaco: *Zazrti v Kristusa* (Ljubljana 1990).
  Español: *Mirar a Cristo. Ejercicios de fe, esperanza y amor* (Valencia 1990).
  Polaco: *Patrzć na Chrystusa* (Varsovia 1991).
  Inglés: *To look on Christ. Exercises in faith, hope, and love* (New

York 1991).
Francés: *Regarder le Christ. Exercices de foi, d'espérance et d'amour* (Paris 1992).

Zur Gemeinschaft gerufen. Kirche heute verstehen (Freiburg 1991).
Italiano: *La Chiesa. Una comunità sempre in cammino* (Milano 1991, ed. aumentada).
Portugués: *Questões sobre a Igreja* (Lisboa 1991); *Compreender a Igreja hoje* (Petropolis 1992).
Español: *La Iglesia. Una comunidad siempre en camino* (Madrid ²1992).
Francés: *Appelés à la Communion. Comprendre l' Église aujourd'hui* (Paris 1993).
Polaco: *Kościół wspólnota* (Lublin 1993).
Eslovaco: *Poklicani v občestvo: današnji prgled na Cerkev* (Ljubljana 1993).
Inglés: *Called to Comunión* (San Francisco 1991, ²1996).
Sueco: *Kallad till gemenskap* (Malmö 1997).
Checo (Praga 1995).

Conscience and truth (New Haven 1991).
Español: en *Boletín oficial del Arzobispado de Toledo* (1991) 528-549.
Inglés (más debate): en *Catholic conscience foundation and formation* (New Haven 1992) 7-27, diálogo en 29-35 y 279-289.

Wendezeit für Europa? Diagnosen und Prognosen zur Lage von Kirche und Welt (Einsiedeln/Freiburg 1991, ²1992).
Italiano: *Svolta per l'Europa? Chiesa e modernità nell'Europa dei rivolgimenti* (Milano 1992).
Español: *Una mirada a Europa* (Madrid 1993); *Iglesia y Modernidad* (Buenos Aires 1992).
Inglés: *A Turning Point for Europe?* (San Francisco 1994).
Francés: *Un tournant pour l' Europe?* (Paris 1996).
Polaco: *Czas przemian w Europie* (Cracovia 2001).

Eglise et théologie (Paris 1992).
Wesen und Aufgabe der Theologie (Einsiedeln/Freiburg 1993).

Italiano: *Natura e compito della Teologia. Il Teologo nella disputa contemporanea. Storia e dogma* (Milano 1993; nueva edición también de *Storia e dogma*, 1971).

Wahrheit, Werte, Macht. Prüfsteine der pluralistischen Gesellschaft, (Freiburg 1993, [2]1994, [3]1995; nueva edición: Frankfurt 1999).

Español: *Verdad, valores, poder. Piedras de toque de la sociedad pluralista* (Madrid 1995, [2]1998, [3]2000).

Italiano: *Cielo e terra. Riflessioni su politica e fede* (Casale Monferrato 1997).

Polaco: *Prawda, wartości, wladza* (Cracovia 1999).

Checo (1996).

Evangelium, Katechese, Katechismus. Streiflichter anf den Katechismus der katholischen Kirche (München 1995).

Ein neues Lied für den Herrn. Christusglaube und Liturgie in der Gegenwart (Freiburg 1995).

Francés: *Un chant nouveau pour le Seigneur: la foi dans le Christ et la liturgie aujourd'hui* (Paris 1995).

Italiano: *Cantate al Signore un canto nuovo* (Milano 1996).

Inglés: *A new song for the Lord. Faith in Christ and liturgy today* (New York 1997).

Polaco: *Nowa pieśń dla Pana. Wiara w Chrystusa a liturgia dzisiaj* (Cracovia 1999).

Español: *Un canto nuevo para el Señor. La fe en Jesucristo y la liturgia hoy* (Salamanca 1999).

Ser cristiano en la era neopagana (Madrid 1995).

Salz der Erde. Christentum und katholische Kirche an der Jahrtausendwende. Ein Gespräch mit Peter Seewald (Stuttgart [1-5]1996, [6-9]1997, [10]1998; edición de bolsillo: München 1998).

Español: *La Sal de la Tierra. Cristianismo e Iglesia católica ante el nuevo milenio. Una conversación con Peter Seewald* (Madrid 1997).

Holandés: *Zout der aarde. Christendom en katholieke kerk aan het einde von het millennium. Een gesprek mit Peter Seewald* (Barn 1997).

Portugués: *O Sal da terra. O Cristianismo e a Igreja Católica no Liminar do Terceiro Milénio. Uma Entrevista com Peter Seewald* (Lisboa 1997).

Polaco: *Sól ziemi. Chrześcijaństwo i kościol katolicki na przelomie tysiacleci* (Cracovia 1991).

Eslovaco: *Sól Zeme. Krestanstvo a katolicka cirkev na prelone tisícrocí. Rozhovor a Petrom Seewaldom* (Trnava 1997).

Inglés: *Salt of Earth. Christianity and the Catholic Church at the End of the Millenium. An Interview with Peter Seewald* (San Francisco 1997).

Esloveno: *Sol zemlje. Krščanstvo in katoliška Cerkev ob prelomu tisočletja. Pogovor s Petrom Seewaldom* (Ljubljana 1998).

Noruego: Jordens Salt. Kristendom og Den Katolske Kirke ved Årtusenskiftet. (Oslo 1998).

Además: croata, húngaro, francés, italiano, checo (todos 1997), chino (1998), coreano (Seúl 2000).

La via della fede. Le ragioni dell'etica nell'epoca presente (Milano 1996).

Español: *La fe como camino. Contribución al ethos cristiano en el momento actual* (Barcelona 1997).

Bilder der Hoffnung. Wanderungen im Kirchenjahr (Freiburg 1-3 1997).

Húngaro: *A Remény Forrásai* (Budapest 1997).

Croata: *Slike nade* (Zagreb 1998).

Español: *Imágenes de la esperanza* (Madrid 1998).

Polaco: *Obrazy Nadziei* (Poznan 1998).

Italiano: *Immagini di speranza* (Milano 1999).

Heiligenpredigten (München 1997).

Español: *De la mano de Cristo. Homilías sobre la Virgen y algunos santos* (Pamplona 1998).

Cielo e terra. Riflessioni su politica e fede (Casale Monferrato 1997).

La mia vita. Ricordi (1927-1977) (Milano 1997).

Español: *Mi vida. Recuerdos (1927-1977)* (Madrid 1997).

Alemán: *Aus meinem Leben. Erinnerungen (1927-1977),*

(Stuttgart [1-3]1998; edición de bolsillo: München 2000).
Francés: *Ma vie. Souvenirs* (1927-1977) (Paris 1998).
Inglés: *Milestones. Memoirs* (1927-1977) (San Francisco 1998).
Además: polaco (1998), checo (Brno 1999).
Die Vielfalt der Religionen und der Eine Bund (Bad Tölz [1-2]1998.
Francés: *L'unique alliance de Dieu et le pluralisme des religions* (Saint-Maur 1999).
Inglés: *Many Religions - One Covenant. Israel, the Church and the World* (San Francisco 1999).
Italiano: *La Chiesa, Israele e le religioni del mondo* (Cinisello Balsamo 2000.
Vom Wiederauffinden der Mitte. Grundorientierungen. Texte aus vier Jahrzehnten (Freiburg/Basilea/Viena 1997, [2]1998.
La fede e la teologia ai giorni nostri. Guardare Cristo. Coscienza e verità (Milano 1997).
Weihnachtspredigten (München 1998.
Polaco: *Wczas Bożego Narodzenia* (Cracovia 2001).
Il Sabato della Storia (Milano 1998).
Español: *El sábado de la historia* (Madrid 1998).
Inglés: *The Sabbath of History* (Washington 2000).

(En colaboración con otros) *Giovanni Paolo II. Vent'anni nella storia* (Cinisello Balsamo 1998).
Polaco (en colaboración con F. Macharski): *20 lat w historii Kościola i świata* (Częstochowa 1999).
Francés: *Jean Paul II. Vingt ans dans l'histoire* (Paris 1999).
Español: *Juan Pablo II. Un Papa entre dos milenios* (Buenos Aires 2000).
Portugués: *João Paulo II. Vinte anos na história* (Lisboa 2001).
Der Geist der Liturgie. Eine Einführung (Freiburg/Basilea/Viena [1-5]2000, [6]2002).
Inglés: *The Spirit of the Liturgy* (San Francisco 2000).
Italiano: *Introduzione allo spirito della liturgia* (Cinisello Bal-

samo ¹⁻³2001).
Croata: *Duh Liturgije. Temeljna promišljanja* (Mostar-Zagreb 2001).
Portugués: *Introdução ao espírito da liturgia* (Lisboa 2001).
Español: *El espíritu de la Liturgia: una introducción* (Madrid 2001).
Francés: *L'esprit de la liturgie* (Ginebra 2001).

En colaboración con H. Maier: *Demokratie in der Kirche. Möglichkeiten und Grenzen* (Limburg/Kevelaer 2000). Nueva edición aumentada con trabajos de ambos autores: *Demokratie in der Kirche. Möglichkeiten, Grenzen, Gefahren* (Limburg 1970).
Berührt vom Unsichtbaren. Jahreslesebuch (Freiburg/Basilea/Viena 2000).
Gott und die Welt. Glauben und Leben in unserer Zeit. Ein Gespräch mit Peter Seewald (Stuttgart ¹⁻²2000, ³2001).
Italiano: *Dio e il mondo. In colloquio con Peter Seewald* (Cinisello Balsamo 2001).
Francés: *Voici quel est notre Dieu. Croire et vivre aujourd'hui. Conversations avec Peter Seewald* (Paris 2001).
Polaco: *Bóg i świat kardynalem Josephem Ratzingerem rozmawia Peter Seewald* (Cracovia 2001).
Gott ist uns nah. Eucharistie: Mitte des Lebens (Augsburg 2001).

2. J. RATZINGER COMO EDITOR O COEDITOR

Studium Generale. Zeitschrift für die Einheit der Wissenschaften. Editado en colaboración con numerosos especialistas. Desde el n. 14 (1961) hasta el final en 1971.
Einsicht und Glaube. Festschrift für Gottlieb Sohngen zum 70. Geburtstag. Editado en colaboración con H. Fries (Freiburg 1962, ²1963).
Münsterische Beiträge zur Theologie. Editado en colaboración con B. Kötting, desde el n. 28 (1965).

Theologische Quartalschrift. Editado en colaboración con otros especialistas. 146 (1966)- 149 (1969).

Theologie im Wandel. Festschrift zum 150jährigen Bestehen der katholisch-theologischen Fakultät an der Universität Tübingen. 1817-1967. Editado en colaboración con J. Neumann. (München/Freiburg 1967).

Ökumenische Forschungen. Editado en colaboración con H. Küng. (Freiburg 1967-1970).

Zweites Vatikanisches Konzil. Dogmatische Konstitution über die Kirche. Latín-alemán. Münster $^{1-5}$1965, 6ª edición reelaborada 1965, ^{7}1966 y completada con una tabla de materias 1966).

Lexikon für Theologie und Kirche. Das Zweite Vatikanische Konzil. Konstitutionen, Dekrete und Erklärungen. Lat.-dt. Kommentare. Erg. Bde. I, II, III. Editado en colaboración con H. S. Brechter, B. Haring, J. Hofer *et al*. (2 ediciones completamente reelaboradas: Freiburg 1966-1968).

Kleine Katholische Dogmatik. Editado en colaboración con J. Auer. 9 vol. Regensburg 1970ss.

Internationale katholische Zeitschrift Communio. Editado en colaboración con otros especialistas 1 (1972) -11 (1982).

Die Frage nach Gott (Quaestiones Disputatae 56) (Freiburg 1972).
  Español: *Dios como problema* (Cristiandad, Madrid 1973).
  Italiano: *Saggi sul problema di Dio* (Brescia 1975).

Aktualität der Scholastik? (Regensburg 1975).

Prinzipien christlicher Moral (Kriterien 37) Editado en colaboración con H. Schürmann y H. U. von Balthasar. Einsiedeln $^{1-2}$1975, ^{3}1981).
  Francés: *Principes d'éthique chrétienne* (Paris 1979).
  Inglés: *Principles of Christian Morality* (San Francisco 1986).
  Polaco: *Podstawy moralności chrześcijanskiej* (Poznan 1999).

Mysterium der Gnade. Festschrift für Johann Auer zum 65. Geburtstag. Editado en colaboración con H. Rossmann (Regensburg 1975).

Salvezza cristiana tra storia e aldilà. Editado en colaboración con L. Sartori (Roma 1976).
Dienst an der Einheit. Zum Wesen und Auftrag des Petrusamtes. Düsseldorf 1978.
Wege zur Wahrheit. Die bleibende Bedeutung von Romano Guardini (Düsseldorf 1985).
Schriftauslegung im Widerstreit (Quaestiones Disputatae 117) (Freiburg 1989).

3. Artículos en obras conjuntas y revistas

1954

Herkunft und Sinn der Civitas-Lehre Augustins, en: *Augustinus Magister.* Vol. II (Paris 1954) 965-979, y en: *Geschichtsdenken und Geschichtsbild im Mittelalter.* Editado por W. Lammers (Darmstadt 1961) 55-75.

1956

Beobachtungen zum Kirchenbegriff des Tyconius im «Liber regularum», en: «REAug» 2 (1956) 173-185. También en: *Das neue Volk Gottes* (ver apartado I).
«Die Kirche als Geheimnis des Glaubens»: «LebZeug» 4 (1956/57) 19-34. Reproducido en: *Das neue Volk Gottes* (ver apartado 1).

1957

«Der Einfluss des Bettelordenstreites auf die Entwicklung der Lehre vom päpstlichen Universalprimat», en: *Theologie in Geschichte und Gegenwart. FG für Michael Schmaus zum 60. Geburtstag.* Editado por J. Auer (München 1957) 697-724.

También en: *Das neue Volk Gottes* (ver apartado 1).
Originalität und Überlieferung in Augustins Begriff der confessio: «REAug» 3 (1957) 375-392.

1958

«Offenbarung -Schrift -Überlieferung. Ein Text des hl. Bonaventura und seine Bedeutung für die gegenwärtige Theologie»: «TThZ 67» (1958) 13-27.

«Gedanken zur Krise der Verkündigung»: «KlBl» 38 (1958) 211s und 235 ss.

«Vom Sinn des Advents»: «KlBl» 38 (1958) 418-420. También en: *Dogma und Verkündigung* (ver apartado 1).

«Die neuen Heiden und die Kirche»: «Hochl» 51 (1958/59) 1-11. También en: *Das neue Volk Gottes* (ver apartado 1).

1959

«Das Geheimnis der Ostemacht»: «KlBl» 39 (1959) 101-102. También en: *Dogma und Verkundigung* (ver apartado 1).

«Tod und Auferstehung. Erwägungen zum christlichen Verständnis des Todes»: «KlBl» 39 (1959) 366-370. Ampliado en: *Dogma und Verkündigung* (ver apartado 1).

«Auferstehung und ewiges Leben», en: *Tod und Leben. Von den letzten Dingen*: «LuM» 25 (1959) 92-103. También en: *Dogma und Verkündigung* (ver apartado 1).

Elmélkedések Nagypéntektől Mennybemenetelig (extraído de: *Dogma und Ver-kündigung*), en: Munkálatok, Magyar Egyházirodalmi Iskolája (Készült 1959) 37-50.

«Primat, Episkopat und successio apostolica»: «Cath» 13 (1959) 260-277. También en «ThJb» (L) 1962, 118-133.

«Das unbesiegte Licht. Eine Ansprache»: Hochl 52 (1959/60) 97-100. También en: *Dogma und Verkündigung* (ver apartado 1).

Paulinisches Christentum? Zu G. Schneider: Kernprobleme des Christentums: «Hochl» 52 (1959/60) 367-375.

1960

«Zum Problem der Entmythologisierung des Neuen Testamentes»: «RHS» 3 (1960) 2-11.

«Theologia perennis? Über Zeitgemässheit und Zeitlosigkeit in der Theologie»: «WuW» 15 (1960) 179-188.

Inglés (extracto): «ThD» 10 (1962) 71-76).

«Der Mensch und die Zeit im Denken des hl. Bonaventura», en: *L'homme et son destin d'aprés les penseurs du moyen âge* (Lovaina/Paris 1960) 473-483.

«Grundgedanken der eucharistischen Erneuerung des 20. Jahrhunderts»: «KlBl» 40 (1960) 208-211.

«Licht und Erleuchtung. Erwägungen zu Stellung und Entwicklung des Themas in der abendländischen Geistesgeschichte»: «StGen» 13 (1960) 368-378.

«Wesen und Weisen der auctoritas im Werk des hl. Bonaventura», en: *Die Kirche und ihre Ämter und Stände. FG für Kardinal Frings.* Editado por W. Corsten, A. Frotz, P. Linden (Köln 1960) 58-72.

1961

«Wiedervereinigung im Glauben in katholischer Sicht»: «KlBl» 41 (1961) 25-28.

«Christozentrik in der Verkündigung»: «TThZ» 70 (1961) 1-14 y «KatBl» 86 (1961) 299-310, y «ThJb» (L) 1962, 437-449. Ampliamente reelaborado en: *Dogma und Verkündigung* (ver apartado 1).

«Bewusstsein und Wissen Christi. Zu E. Gutwengers gleichnamigem Buch»: «MThZ» 12 (1961) 78-81.

«Der Tod und das Ende der Zeiten», en: *Die Kirche und die Machte der Welt. Seelsorge für morgen.* Editado por K. Rudolf (Viena

1961) 97-107; Reproducción parcial: «Der Tod im Leben des Christenmenschen»: «Christophorus» 6/7 (1962) 25-28.

Der Eucharistische Weltkongress im Spiegel der Kritik, en: Statio orbis I. Editado por R. Egenter, O. Pirner y H. Hofbauer (München 1961) 227-242.

«Die Kirche in der Frömmigkeit des hl. Augustinus»: *Sentire Ecclesiam. Das Bewusstsein von der Kirche als gestaltende Kraft der Frömmigkeit. FS für P. Hugo Rahner.* Editado por J. Daniélou y H. Vorgrimler (Freiburg 1961) 152-175. También en: *Das neue Volk Gottes* (ver apartado 1).

«Menschheit und Staatenbau in der Sicht der frühen Kirche»: StGen 14 (1961) 664-682. También en: *Die Einheit der Nationen* (ver apartado I).

«Eine Theologie über Fatima. Zu Virgil Marions gleichnamigem Buch»: «MThZ» 12 (1961) 305-307.

«Christlicher Universalismus. Zum Aufsatzwerk H. U. von Balthasars»: «Hochl» 54 (1961/62) 68-76.

«Zur Theologie des Konzils»: Militärseelsorge 4 (1961/62) 8-23; con pequeños cambios: Cath 15 (1961) 292-304; y en: *Vaticanum secundum I: Die erste Konzilsperiode*. Editado por O. Müller (Leipzig 1963) 29-39. Ampliamente reelaborado en: *Das neue Volk Gottes* (ver apartado I).

1962

«Kritik an der Kirche? Dogmatische Bemerkungen. Kirche der Heiligen Kirche der Sünder»: «Test. Zeugnisse studentischer Sozialarbeit» 3 (1962) 22-25.

«Mariä Heimsuchung. Eine Homilie»: «BiLe» 3 (1962) 138-140. También en: *Dogma und Verkündigung* (ver apartado 1).

Gratia praesupponit naturam. Erwägungen über Sinn und Grenze eines scholastischen Axioms, en: *Einsicht und Glaube. FS für Gottlieb Söhngen zum 70. Geburtstag.* Editado por J. Ratzinger und H. Fries (Freiburg 1962) 135-149. También en: *Dogma und Verkündigung* (ver apartado 1).

«Freimut und Gehorsam. Das Verhältnis des Christen zu seiner Kirche»: «WuW» 17 (1962) 409-421; inglés en: *The Church Readings in Theology* (New York 1963) 194-217; un extracto en: «ThD» 13 (1965) 101-106. También en: *Das neue Volk Gottes* (ver apartado 1).

«Der Stammbaum Jesu. Eine Homilie»: «BiLe» 3 (1962) 275-278. También en: *Dogma und Verkündigung* (ver apartado 1).

Vom Ursprung und Wesen der Kirche, en: *Humanitas christiana. Werkblatt für das Erzbischöfliche Abendgymnasium Collegium Marianum Neuss* 6 (1962) 2-11. Prácticamente sin cambios con el título: «Die Kirche als Geheimnis des Glaubens»: «Leb-Zeug» 4 (1956/57) 19-34.

«Vom Geist der Brüderlichkeit»: «Horizonte» 1 (1962) 1-2. También en: *Dogma und Verkündigung* (ver apartado 1).

1963

«Die Vision der Väter von der Einheit der Volker»: «KathGed» 19 (1963) 1-9. También en: *Die Einheit der Nationen* (ver apartado 1).

«Erwägungen zur dogmatischen und aszetischen Bedeutung der christlichen Brüderlichkeit»: «Korrespondenzblatt des Collegium Canisianum» 97 (1963) 2-14; ampliado: «Bruderschaft und Brüderlichkeit»: «Pastoralkatechetische Hefte» 22 (1964) 9-35.

Wesen und Grenzen der Kirche, en: *Das Zweite Vatikanische Konzil. Studien und Berichte der Katholischen Akademie in Bayern* H. 24. Editado por K. Forster (Wurzburgo 1963) 47-68. También en: *Das neue Volk Gottes* (ver apartado 1).

Der Wortgebrauch von natura und die beginnende Verselbständigung der Metaphysik bei Bonaventura, en: MM II: Die Metaphysik im Mittelalter (Berlin 1963) 483-498.

«Eine deutsche Ausgabe der Franziskuslegende Bonaventuras»: «WiWei» 26 (1963) 87-93.

«Sentire Ecclesiam»: «GuL» 36 (1963) 321-326.

«Das geistliche Amt und die Einheit der Kirche»: «Cath» 17 (1963) 165-179; También en: *Die Autorität der Freiheit* I + II. Editado por J. Chr. Hampe (München 1967) 417-433; también: «ThJb(L)» 1969, 405-418 y en: Das neue Volk Gottes (ver apartado 1); inglés: «JES» 1 (1964) 42-57).
Theologische Fragen auf dem II. Vatikanischen Konzil, en: *Protokoll der Dechanten-Konferenz vom 4-6.6.1963* (Münster) 10-15.

1964

«Atheismus»: «Rhs» 7 (1964) 1-6; además en: *Wahrheit und Zeugnis*. Editado por M. Schmaus y A. Lapple (Düsseldorf 1964) 94-100.
«Glückwünsche für Karl Rahner»: «Der christliche Sonntag» 16 (1964) 75s.
Der christliche Glaube und die Weltreligionen, en: *Gott in Welt* II (*FG für Karl Rahner*). Editado por J. B. Metz, W. Kern, A. Darlapp, H. Vorgrimler (Freiburg 1964) 287-305. También en: *Vom Wiederauffinden der Mitte* (ver apartado 1).
Zeichen unter den Völkern, en: *Wahrheit und Zeugnis*. Editado por M. Schmaus y A. Lapple (Düsseldorf 1964) 456-466.
«Die Kirche und die Kirchen»: «Reformatio» 13 (1964) 85-108.
«Papst, Patriarch, Bischof», en: *Ende der Gegenreformation? Das Konzil. Dokumente und Deutung*. Editado por J. Chr. Hampe (Stuttgart/Berlin/Mainz 1964) 155-163.
«Zurück zur Ordnung der Alten Kirche», en: *Ende der Gegenreformation? Das Konzil. Dokumente und Deutung*. Editado por J. Chr. Hampe (Stuttgart/Berlin/Mainz 1964) 183s.
«Zur Katechismuslehre von Schrift und Tradition»: «ThRv» 60 (1964) 217-224.
Zur Konzilsdiskussion über das Verhältnis von Schrift und Überlieferung, en: *Das Zweite Vaticanum. Dritte Konzilsphase*. Editado por F. Buschmann (Giessen 1964) 147-155.
«Naturrecht, Evangelium und ideologie in der katholischen Sozia-

llehre», en: *Christlicher Glaube und Ideologie*. Editado por Kl. v. Bismarck und W. Dirks (Stuttgart/Mainz 1964) 24-30.

1965

«Pastoralen Implikationen der Lehre von der Kollegialität der Bischöfe»: «Conc»(D) 1 (1965) 16-29 (igualmente en inglés, francés, italiano, español y portugués). También en: *Das neue Volk Gottes* (ver apartado 1).

«Nachfolge Christi»: ««KlBl»» 45 (1965) 140s y en: Die Funkpostille, ein Querschnitt durch das Wortprogramm des Saarländischen Rundfunks (1964/65) 99-104. También en: *Dogma und Verkündigung* (ver apartado 1).

«Das Problem der Mariologie. Überlegungen zu einigen Neuerscheinungen»: «ThRv» 61 (1965) 73-82.

«Angesichts der Welt von heute. Überlegungen zur Konfrontation mit der Kirche im Schema XIII»: «WuW» 20 (1965) 493-504; versión ampliada bajo un título distinto en: *Weltverständnis im Glauben*. Editado por J. B. Metz (Mainz 1965) 143-160. De forma nueva también en: *Dogma und Verkündigung* (ver apartado 1).

Das Geschick Jesu und die Kirche (según un esquema para una clase, para su publicación ha sido adaptado por W. D. Theurer), en: *Kirche heute (Theologische Brennpunkte II)*. Editado por V. Schurr und B. Haring (Bergen-Enkheim 1965, ²1985) 7-18.

«Over het Kerkbegrip der Vaders»: «Doc dossiers» 4, Veranderd Kerkbewustzijn (Hilversum 1965) 18-30; italiano en: «La fine della chiesa come società perfetta» (Milano 1969) 47-64; francés en: «Pour une nouvelle image de l'Église» (Roma/Ginebra 1970) 31-48.

Salus extra Ecclesiam nulla est (*ibíd*. 42-50; ampliamente refundido en: *Das neue Volk Gottes* (ver apartado 1); portugués en: *O Mistério da Igreja. Temas Conciliares I* (Lisboa 1965) 57-67; italiano en: *La fine della chiesa come società perfetta* (Milano

1969) 65-77; francés en: *Pour une nouvelle image de l'Église* (Roma/Ginebra 1970) 51-61.

«Die sakramentale Begründung christlicher Existenz», en: «*blätter*». *Zeitschrift für Studierende* (Viena) 20 (1965/66) 22-27 (ver también apartado 1).

1966

«Zum Personverständnis in der Dogmatik», en: *Das Personverständnis in der Pädagogik und ihren Nachbarwissenschaften*. Editado por J. Speck (Münster 1966) 157-171). Levemente variado en: *Dogma und Verkündigung* (ver apartado 1); inglés: «Communio» 17 (otoño 1990) 439-454.

«Die bischöftliche Kollegialität. Theologische Entfaltung», en: *De «Ecclesia» II*. Editado por G. Baraúna (Freiburg/Frankfurt 1966) 44-70. También en: *Das neue Volk Gottes* (ver apartado 1).

Kommentar zu de «Bekanntmachungen» (= Nota praevia explicativa, Konstitution über die Kirche): «LThK» EI (1966) 348-359.

«Vorwort», en: P. Hacker, *Das Ich im Glauben bei Martin Luther* (Graz 1966) 7-9.

«Ecclesiologische aantekeningen betreffende het schema over de bisschop-pen»: «doc dossiers» 6, Primaat, Collegialiteit, Bischoppenconferenties (Hilversum 1966) 152-165; portugués en: *Novas Estruturas na Igreja. Temas Conciliares IV* (Lisboa 1966) 183-202.

«Weltoffene Kirche?», en: *Umkehr und Erneuerung, Kirche nach dem Konzil*. Editado por Th. Filthaut (Mainz 1966) 273-291). También en: *Das neue Volk Gottes* (ver apartado 1).

«Was heisst Erneuerung der Kirche?»: «Diakonia» 1 (1966) 303-316. También en: *Das neue Volk Gottes* (ver apartado 1).

«Der Katholizismus nach dem Konzil - Katholische Sicht», en: *Auf Dein Wort hin. 81. Deutscher Katholikentag* (Paderborn 1966) 245-266; también en numerosas revistas alemanas; ampliado en: *Das neue Volk Gottes* (ver apartado 1); francés: «La documentation catholique» 63 (1966) 1557-1576; inglés: «The Furrow» 18 (1967) 3-23; italiano (extracto): «StCatt» 69 (1966) 44-47.

1967

«Kardinal Frings. Zu seinem 80. Geburtstag»: «Christ in der Gegenwart» 19 (1967) 52.

«Christi Himmelfahrt»: «GuL» 40 (1967) 81-85. También en: *Dogma und Verkündigung* (ver apartado 1).

«Das Menschenbild des Konzils in seiner Bedeutung für die Bildung», en: *Christliche Erziehung nach dem Konzil. Berichte und Dokumentationen*. Editado por la Asesoría Cultural del Comité Central de los Católicos Alemanes (Köln 1967) 33- 65.

«Ist die Eucharistie ein Opfer?»: «Conc»(D) 3 (1967) 299-304 (igual en inglés, francés, italiano, español y portugués).

«Gottlieb Söhnge»: «Christ in der Gegenwart» 19 (1967) 182s.

«Das Problem der Transsubstantiation und die Frage nach dem Sinn der Eucharistie»: «ThQ» 147 (1967) 129-158. También en «ThJb»(L) (1969) 281-301; italiano en: J. Ratzinger/W. Beinert, *Il problema della transsustanziazione e del significato dell'Eucaristia* (Roma 1969) 7-58.

«Das Problem der Absolutheit des christlichen Heilsweges», en: W. Bold et al., *Kirche in der ausserchristlichen Welt* (Regensburg 1967) 7-29; también en: *Das neue Volk Gottes* (ver apartado 1); inglés en: Teaching all Nations 4 (1967) 183-197.

«Konzilsaussagen über die Mission ausserhalb der Missionsdekrete», en: *Mission nach dem Konzil*. Editado por J. Schütte (Mainz 1967) 21-47; igual en francés. También en: *Das neue Volk Gottes* (ver apartado 1).

«Heilsgeschichte und Eschatologie. Zur Frage nach dem Ansatz des theologischen Denkens», en: *Theologie im Wandel (FS zum 150jahrigen Bestehen der Katholisch-Theologischen Fakultät an der Universität Tübingen. 1817-1967)*. Editado por J. Neumann y J. Ratzinger (München/Freiburg 1967) 68-89. También en: «ThJb(L)» (1970), 56-73, así como en: *Theologische Prinzipienlehre* (ver apartado 1).

«Einleitung zum Kommentar zur Offenbarungskonstitution des II. Vaticanums und Kommentar zu Kap. 1, 2 und 6 der Konstitution»: «LThK.» E II (1967) 498-528 y 571-581.

1968

«Vielleicht ist es aber wahr. Von der Unabweisbarkeit des Glaubens»: «Orien» 32 (1968) 5-7.

«Von dannen er kommen wird, zu richten die Lebendigen und die Toten»: «Hochl» 60 (1968) 493-498.

«Die Bedeutung der Väter für die gegenwärtige Theologie»: «ThQ» 148 (1968) 257-282; también en «Kl» 1 (1969) 15-38; publicado junto a un debate en: *Geschichtlichkeit der Theologie*. Editado por Th. Michels (Salzburg/München 1970) 63-81, debate en 81-95; español (extracto) en «SelTeol» 31 (1969) 265-272).

«Zur Frage nach dem Sinn des priesterlichen Dienstes»: «GuL» 41 (1968) 347-376; italiano (como folleto): *Il senso del ministero sacerdotale* (Trento 1969); americano en: «Emmanuel» 76 (1970), también como folleto en 1971; español: «Liturgia» 3 (Argentina 1972) 82-94.

«Schöpfungsglaube und Evolutionstheorie», en: H.J. Schultz, *Wer ist das eigentlich Gott?* (München 1969) 232-245. También en: *Dogma und Verkündigung* (ver apartado 1).

«Kommentar zu Art. 11-22 der Pastoralkonstitution *Gaudium et spes*»: «LThK» E III (1968) 313-354.

«Tendenzen in der katholischen Theologie der Gegenwart»: «Attempto» 29/30 (1968) 46-51; español: «Revista de Occidente» 76 (julio 1968) 23-38.

«Schwierigkeiten mit dem Apostolicum: Hollenfahrt - Himmelfahrt - Auferstehung des Fleisches», en: *Veraltetes Glaubensbekenntnis?* (editado por P. Brunner Regensburg 1968 97-123; en italiano, todo el libro: Asís 1971; además en español (1971).

«Zur Frage nach der Geschichtlichkeit der Dogmen», en: *Martyria. Liturgia. Diakonia. (FS für Hermann Volk zum 65. Geburtstag)* (editado por O. Semmelroth (Mainz 1968) 59-70.

1969

«Zur Theologie der Ehe»: «ThQ» 149 (1969) 53-74; además en: *Theologie der Ehe*. Editado por G. Krems y R. Mumm (Regensburg/Göttingen 1969) 81-115. También en: W. Ernst, *Moraltheologische Probleme in der Diskussion* (Leipzig 1971) 246-265.

Theologische Aufgaben und Fragen bei der Begegnung lutherischer und katholischer Theologie nach dem Konzil, en: *Oecumenica. Jahrbuch für ökumenische Forschung* (editado por F. W. Kantzenbach y V. Vajta (Gütersloh 1969) 251-270. También en: *Das neue Volk Gottes* (ver apartado 1).

De relatione inter conceptum historiae salutis et quaestionem eschatologicam, en: *Acta congressus internationalis de theol. Conc. Vat. II*. Editado por D. Schönmetzer (Roma 1969) 484-489.

«Kommentar zu Art. 26 der Kirchenkonstitution», en: P. Foot et al., *Church* (New York 1969) 57.

«Gibt es eine Zukunft - was kommt nach dem Tod?», en: *Dialog mit dem Zweifel*. Editado por G. Rein (Stuttgart 1969) 108-113. También en: *Deutsche Zeitung* 1972; en: *Die Furche* (1973) n. 17 (28.4.) 8; en: *An die Hinterbliebenen. Gedanken über Leben und Weiterleben*. Editado por W. Erk (Stuttgart 1973) 206-211; además en: *Dogma und Verkündigung* (ver apartado 1).

«Der Priester im Umbruch der Zeit»: ««KlBl»» 49 (1969) 251-254. Publicado con algunos cambios en «Civitas» 25 (1969) 251-261; italiano en: «StCatt» 108 (1970) 183-189.

«Glaube, Geschichte und Philosophie. Zum Echo auf "Einführung in das Christentum"»: «Hochl» 61 (1969) 533-543; italiano: «doc internazionale» 1 (1979) Courrier doc.

«Bemerkungen zur Frage der Charismen in der Kirche», en: *Korrespondenzblatt der Priestergemeinschaft des Collegium Canisianum zu Innsbruck* 104 (1969/70) 12-22. Algo ampliado en: *Die Zeit Jesu. FS für Heinrich Schlier zum 70. Geburtstag*. Editado por G. Bornkamm y K. Rahner (Freiburg 1970) 257-272.

«Nachwort des Theologen zu Karl Hummel, Was Theologen nicht mehr sagen sollten»: «ThQ» 149 (1969) 336-349.

«Heil und Geschichte. Gesichtspunkte zur gegenwärtigen theologischen Diskussion des Problems der Heilsgeschichte»: «Regensburger Universitätszeitung» 5 (1969) n. 11, S. 2-7; además: «WuW» 25 (1970) 3-14. Español (extracto): «SelTeol» 40 (1971) 314-322. Ampliamente refundido en: Theologische Prinzipienlehre (ver apartado 1).

«Der Verstand, der Geist und die Liebe»: «Rheinische Post» (24 mayo 1969), 119; también en: *Dogma und Verkündigung* (ver apartado 1).

1970

«Die Zeit der vierzig Tage. Predigt zum Aschermittwoch der Künstler in München»: «KlBl» 50 (1970) 75ss. También en: *Dogma und Verkündigung* (ver apartado 1).

«Vom Alpha zum Omega. Von der Vergöttlichung des Menschen im Opfer»: «Die Presse» (Viena 28/29 marzo 1970) XV. También en: *Dogma und Verkündigung* (ver apartado 1).

«Il ministero sacerdotale»: «OR» 110 (28.5.1970) 3 y 8.

«Schlusswort zu der Diskussion mit W. Kasper»: «Hochl» 62 (1970) 157ss.

«Die anthropologischen Grundlagen der Bruderliebe»: «Caritasdienst» 23 (1970) 45-49. También en: «Pro Filia» 58 (1970) 109-118; además en: *Dogma und Verkündigung* (ver apartado 1).

«Der Holländische Katechismus. Versuch einer theologischen Würdigung»: «Hochl» 62 (1970) 301-313; también en: *Dogma und Verkündigung* (ver apartado 1); sueco en: Katolsk informationstjänst (1970) 363-368 y 390-393; inglés en: «The Furrow» 22 (1971) 739-754.

Der Weg der religiösen Erkenntnis nach dem heiligen Augustinus, en: *KYRIAKON. FS für Johannes Quasten*. Editado por P. Granfield y J. A. Jungmann (Münster 1970) 553-564.

«Kirche - Dienst am Glauben», en: *Offene Horizonte*. Editado por E. Spath (Freiburg 1970) 119-124. También en: *Dogma und Verkündigung* (ver apartado 1).

1971

Widersprüche im Buch von Hans Küng, en *Zum Problem der Unfehlbarkeit. Antwort auf die Anfrage von Hans Küng* (QD 54). Editado por Karl Rahner (Freiburg 1971) 97-116.

«Das Ganze im Fragment. Gottlieb Söhngen zum Gedächtnis»: «Christ in der Gegenwart» 23 (1971) 398s. Bajo otro título: «Cath» 26 (1972) 2-6.

«Primacy and episcopacy»: «ThD» 19 (1971) 200-207 (tomado de: *Das neue Volk Gottes*; ver apartado 1).

1972

«Einheit der Kirche - Einheit der Menschheit. Ein Tagungsbericht»: «IKaZ» 1 (1972) 78-83.

«Die Auferstehung Christi und die christliche Jenseitshoffnung», en: *Christlich - was heisst das?* (editado por G. Adler [Düsseldorf 1972] 34-37).

«Was eint und was trennt die Konfessionen? Eine ökumenische Besinnung»: «IKaZ» 1 (1972) 171-177.

«Opfer, Sakrament und Priestertum in der Entwicklung der Kirche»: «Cath» 26 (1972) 108-125. Extracto: «ThD» 21 (1973) 100-105.

«Zur Frage nach der Unauflöslichkeit der Ehe. Bemerkungen zum dogmen- geschichtlichen Befund und zu seiner gegenwärtigen

Bedeutung», en: *Ehe und Ehescheidung. Diskussion unter Christen.* Editado por F. Henrich y V. Eid (München 1972) 35-56.

«Wozu noch Christentum?», en: *Lebendige Kirche. Mitteilungen des Diozesanrates im Erzbistum Köln* (1972) 6-9; también: «OR(D)» 2 (1972) n. 23, 10. Extractos divulgados por «KNA» en más semanarios. También en: *Dogma und Verkündigung* (ver apartado 1).

«Jenseits des Todes»: «IKaZ» 1 (1972) 231-244. También en: *Leben nach dem Sterben.* Editado por A. Rosenberg (München 1974) 15-31). Abreviado: «SelTeol» 13 (1974) 204-211.

«Die Christologie im Spannungsfeld von altchristlicher Exegese und moderner Bibelauslegung», en: *Urbild und Abglanz. FG für Herbert Doms zum 80. Geburtstag.* Editado por J. Tenzler (Regensburg 1972) 359-367.

«Metanoia als Grundbefindlichkeit christlicher Existenz», en: *Busse und Beichte. Drittes Regensburger Ökumenisches Symposion.* Editado por E. Chr. Suttner (Regensburg 1972) 21-37. Bajo otro título en: *Theologische Prinzipienlehre* (ver apartado 1).

«Taufe und Formulierung des Glaubens»: «Didaskalia» 2 (1972) 23-34; asimismo: «EthL» 49 (1973) 76-86. Bajo otro título: *Theologische Prinzipienlehre* (ver apartado 1).

«Das Gewissen in der Zeit»: «IKaZ» 1 (1972) 432-442; igual en: Reinhold - Schneider - Gesellschaft e. v: n. 4, julio 1972, 13-29; además en: *Kirche, Ökumene, Politik* (ver apartado 1).

Der Priester als Mittler und Diener Christi, en: *100 Jahre Priesterseminar in St. Jakob zu Regensburg 1872-1972.* Editado por P. Mai (Regensburg 1972) 53-68. Bajo otro título en: *Theologische Prinzipienlehre* (ver apartado 1).

«Die Bedeutung der Ökumene am Ort»: «OR»(D) 2 (1972) Nr. 49, 8-10. También en: *Theologische Prinzipienlehre* (ver apartado 1). Ampliado: «Cath» 27 (1973) 152-165.

«Die Legitimität des christologischen Dogmas»: «EE» 47 (1972) 487-503.

1973

«Abschied vom Teufel?», en distintas hojas diocesanas (Regensburg, München, Passau, Bamberg, Rottenburg, Wurzburgo, Aachen, Speyer) primavera 1973. También en: *Dogma und Verkündigung* (ver apartado 1).

«Antwort», en: *Wer ist Jesus von Nazaret - für mich? 100 zeitgenössische Antworten*. Editado por H. Spaemann (München 1973) 23-26. También en: *Dogma und Verkündigung* (ver apartado 1); portugués en: *Questões actuais de Cristología*. Editado por J.E.M. Terra (São Paulo 1985) 66-69.

«Noch einmal: "Kurzformeln des Glaubens". Anmerkungen»: «IKaZ» 2 (1973) 258-264.

«Les Sources Chrétiennes et la source unique»: «Bulletin des amis de Sources chrétiennes» 29 (mayo 1973) 28-32.

«Verkündigung von Gott heute»: «IKaZ» 2 (1973) 342-355. También en: *Dogma und Verkündigung* (ver apartado 1). Extracto en: «ThD» 22 (1974) 196-201. Publicado de nuevo en «ThJ» (L) (1975) 336-348.

«Vom Sinn des Kirchbaus», en: *Kirchenbau in Diskussion. Ausstellungskatalog* (München 1973). También en: *Dogma und Verkündigung* (ver apartado 1).

«Fragen zur Apostolischen Nachfolge. Zum Memorandum der sechs ökumenischen Universitätsinstitute», en: «Suchen und finden. Der katholische Glaube» 22 (1973) 172-177, antes divulgado por «KNA».

«Einleitung und Kommentar zu den Thesen I-VIII und X-XII», en: *Die Einheit des Glaubens und der theologische Pluralismus*. Editado por la Comisión Teológica Internacional (Einsiedeln 1973) 11-51 y 61-67; italiano: *Unità della fede e pluralismo teologico* (Bolonia 1978); español: *El pluralismo teológico* (Madrid 1976); francés: *L'unité de la foi et le pluralisme théologique* (1978).

«È partendo da Cristo che l'altro diventa prossimo»: «Settimana del clero» 40 (noviembre 1973).

Vorfragen zu einer Theologie der Erlösung, en: *Erlösung und Emanzipation*. Editado por L. Scheffczyk (Freiburg 1973) 141-155.

1974

«Der Heilige Geist als Communio. Zum Verhältnis von Pneumatologie und Spiritualität bei Augustinus», en: *Erfahrung und Theologie des Heiligen Geistes*. Editado por C. Heitmann y H. Mühlen (Hamburg/München 1974) 223-238.

«Tradition und Fortschritt»: «ibw-Journal» 12 (1974) 1-7; además en: *Freiheit des Menschen*. Editado por A. Paus (Graz 1974) 9-30. Publicado en «ThJb»(L) (1979) 189-203; bajo otro título en: *Theologische Prinzipienlehre* (ver apartado 1); inglés: «Communio» 25 (verano 1998) 325-339.

«Ökumenisches Dilemma? Zur Diskussion um die Erklärung Mysterium Ecclesiae»: «IKaZ» 3 (1974) 56-63. También en «OR»(D) 4 (1974) 6s. Bajo otro título en: *Theologische Prinzipienlehre* (ver apartado 1).

«Das Ende der Bannflüche von 1054. Folgen für Rom und die Ostkirchen»: «IKaZ» 3 (1974) 289-303. Además en: *Pro oriente. Auf dem Weg zur Einheit des Glaubens* (Innsbruck/Viena/München 1976) 101-113; bajo otro título en: *Theologische Prinzipienlehre* (ver apartado 1); francés: «Istina» (1975) 87-99.

«Zur theologischen Grundlegung der Kirchenmusik», en: *Gloria Deo - Pax hominibus. Festschrift zum 100jährigen Bestehen der Kirchenmusikschule Regensburg*. Editado por F. Fleckenstein (Regensburg 1974) 39-62. Reproducción parcial en Osterr. ««KlBl»» 108 (1975) 127 y en «OR»(D) 5 (1975) 7. Versión completa en ««KlBl»» 5 (1975) 263-267, así como en: *Das Fest des Glaubens* (ver apartado 1).

«Kirchliches Lehramt - Glaube – Moral» (primero en italiano: «OR» 114 (1974) (15 diciembre 1974) 3 s; alemán: «OR»(D) 5 (1975) n. 4, 8 s. Ampliado en: *Prinzipien christlicher Moral* (ver apartado II); inglés en: *Readings in Moral Theology* 2: *The Distinctiveness of Christian Ethics*. Editado por Ch. E. Curran y R. Mc Connick (New York 1980) 174-189; español en: J. Ratzinger, Hans Urs von Balthasar, Heinz Schürmann, *Principios de moral cristiana. Compendio* (Comercial, Valencia 2000) 43-69.

En colaboración con S. Horn: *Die Struktur der Kirche*, (japonés en: *Fides et theologia*. Editado por L. Elders y H. van Straelen (Tokio 1974) 43-71.

1975

Ich glaube an Gott den allmächtigen Vater: «IKaZ» 4 (1975) 10-18; también en: *Ich glaube*. Editado por W. sandfuchs (Würzburg 1975) 13-24; reelaborado en: *Brückenbau im Glauben*. Editado por W. sandfuchs (Leipzig 1979) 17-29, y en: *Theologische Prinzipienlehre* (ver apartado 1); italiano en: «*Communio*» 4 (1975); español en: «SelTeol» 15 (1976) 254-259; completo en: *Yo creo*. Editado por J. Auer e.a. (Madrid 1981); francés en: *Je crois. Explication du symbole des apôtres* (Paris 1978).

Vorwort en: *Stylianos Harkianakis, Orthodoxe Kirche und Katholizismus. Ähnliches und Verschiedenes* (München 1975) 7-10.

«Institución, Carisma, Sacramentos», en: Conferencia Episcopal de Colombia, *Cuestiones actuales de Teología* (Bogotá 1974) 55-118.

«Theologie und Theos», en: *Die Verantwortung der Wissenschaft*. Editado por K. Ulmer et al. (Bonn 1975) 46-61.

«Bedarf der Christ des Alten Testaments? Eine Anmerkung zu Meinrad Limbecks gleichnamigem Artikel»: «HerKorr» 29 (1975) 253 s.

«Der Weltdienst der Kirche. Auswirkungen von "Gaudium et spes" im letzten Jahrzehnt»: «IKaZ» 4 (1975) 439-454. Nuevamente publicado en: *Zehn Jahre Vaticanum II*. Editado por A. Bauch et al. (Regensburg 1976) 36-53.

«Bildung und Glaube in unserer Zeit. Drei Thesen zur christlichen

Bildung»: «ibw-Journal» 13 (1975) 113-116.
Gebet und Meditation, en: *Beten - leben - meditieren*. Editado por W. Rupp (Würzburg 1975) 76-81.
«Auferbaut aus lebendigen Steinen», en: *Kirche aus lebendigen Steinen*. Editado por W. Seidel (Mainz 1975) 30-48. Además en: *Ein neues Lied für den Herrn* (ver apartado 1).
«Was ist für den christlichen Glauben heute konstitutiv?», en: *Mysterium der Gnade. FS für J. Auer*. Editado por H. Rossmann y J. Ratzinger (Regensburg 1975) 11-19; también en: *Theologische Prinzipienlehre* (ver apartado 1).
«Christ sein plausibel gemacht»: «ThRv» 71 (1975) 353-364. También en: «Unsere Seelsorge» 26 (1976) 28-33; inglés: «DoLi» 27 (1977) 3-17; francés en: «Communio» 3 (1978) 84-95.
«Theologische Fakultät und Seelsorge», en: «KlBl» 55 (1975) 39).

1976

«Wer verantwortet die Aussagen der Theologie? Zur Methodenfrage», en: H. U. v. Balthasar et al., *Diskussion über Hans Küngs «Christ sein»* (Mainz 1976) 7-18; francés en: *Comment être chrétien?* Editado por J. R. Armogathe (Paris 1979) 69-86.
«Kirchenmusikberuf als liturgischer und pastoraler Dienst», en: *Kirchenmusik im Gespräch*. Editado por F. Fleckenstein (Bonn 1976) 24-27.
«Taufe, Glaube und Zugehörigkeit zur Kirche»: «IKaZ» 5 (1976) 218-234; extracto: ThD 25 (1977) 126-131 y «SelTeol» 16 (1977) 237-248; francés: «Communio» 1 (1976) 9-21; italiano: «K» 5 (1976) 22-39.
«Die kirchliche Lehre vom sacramentum ordinis», en: *Pluralisme et Oecuménisme en Recherches Théologiques. Mélanges offerts au R. P. Dockx O.P. BeThL XLIII* (Paris 1976) 155-166; además: «IKaZ» 10 (1981) 435-445, también en: *Theologische Prinzipienlehre* (ver apartado 1).
«Meditationen», en: *Pastoralblatt für die Diözesen Aachen, Berlin, Essen, Köln, Osnabrück* 28 (1976) 1, 33, 65, 97, 129, 161, 193,

225, 257, 289, 321, 353. Selección en: *Die Hoffnung des Senfkorns* y en: *Gottes Angesicht suchen* (ver apartado 1).

«Prognosen für die Zukunft des Ökumenismus», en: *Bausteine für die Einheit der Christen* 17, n. 65 (1977) 6-14; además en: *Ökumenisches Forum. Grazer Hefte für konkrete Ökumene* 1 (1977) 31-41; también en: *Pro oriente. Ökumene - Konzil - Unfehlbarkeit* (Innsbruck 1979) 208-215, y en: *Theologische Prinzipienlehre* (ver apartado 1), y en: *Vom Wiederauffinden der Mitte* (ver apartado 1); francés en: *Proche Orient Chrétien:* «Jerusalem» 26 (1976) 209-219; inglés (extracto): «ThD» 25 (1977) 200-205.

«Stimme des Vertrauens. Kardinal Frings auf dem Zweiten Vaticanum», en: *Ortskirche im Dienst der Weltkirche. FG für die Kardinale Höffner und Frings*. Editado por N. Trippen y W. Mogge (Köln 1976) 183-190.

1977

«Il sacerdozio dell'uomo: un'offesa ai diritti della donna?»: «OR» 117 (26.3.1977); alemán: ««KlBl»» 5 (1977), LS 27 (1977) n. 2,1-4 y OR(D); español en: *Misión de la mujer en la Iglesia* (Madrid 1978) 149-160; nuevamente publicado en: Congregatione per la Dottrina della Fede, *Dall' Inter insignores all' Ordinatio sacerdotalis. Documenti e commenti* (Città del Vaticano 1996) 150-158.

«Eschatologie und Utopie»: «IKaZ» 6 (1977) 97-110; además en: *Abschied von Utopia? Anspruch und Auftrag der Intellektuellen*. Editado por O. Schatz (Graz 1977) 193-210; también en: *Kirche, Ökumene, Politik* (ver apartado 1); inglés, francés e italiano en las correspondientes ediciones de «Communio».

«Alcune forme bibliche ed Ecclesiali di presenza dello Spirito nella storia», en: *Spirito santo e storia*. Editado por L. Sartori (Roma 1977) 51-64.

Die Gabe der Weisheit, en: *Die Gaben des Geistes. Acht Betrachtungen.* Editado por W. sandfuchs (Wurzburgo 1977) 35-48.

«Der Stärkere und der Starke. Zum Problem der Mächte des Bösen in der Sicht des christlichen Glaubens», en: M. Adler et al., *Tod und Teufel in Klingenberg. Eine Dokumentation* (Aschaffenburg 1977) 84-101.

«Gestalt und Gehalt der eucharistischen Feier», en: «IKaZ» 6 (1977) 385-396; francés: «Communio» 2 (1977) 31-32; inglés (extracto): «ThD» 26 (1978) 117-121; francés en: «L'eucharistie» (Paris 1981) 34-51.

«Liturgie - wandelbar oder unwandelbar? Fragen an J. Ratzinger»: «IKaZ» 6 (1977) 417-427; francés en: «L'eucharistie» (Paris 1981) 161-176.

«Wissenschaft - Glaube – Wunder», en: *Jenseits der Erkenntnis.* Editado por L. Reinisch (Frankfurt 1977) 28-44.

«Kirche als Heilssakrament», en: *Zeit des Geistes. Zur heilsgeschichtlichen Herkunft der Kirche.* Editado por J. Reikerstorfer (Viena 1977) 59-70.

«Meditationen» en: *Pastoralblatt f. d. Diozesen Aachen, Berlin, Essen, Koln, Osnabrück* 29 (1977) 1, 33, 65, 97, 129, 161, 193, 225, 257, 289, 321, 353. Selección en: *Die Hoffnung des Senfkorns*, y en: *Gottes Angesicht suchen* (ver apartado 1).

«Ist der Glaube wirklich "Frohe Botschaft"?», en: *In libertatem vocati estis. Miscellanea Bernhard Häring zum 65. Geburtstag:* StMor 15. Editado por H. Boelaars y R. Tremblay (Roma 1977) 523-533; italiano en: *Chiamati alla libertà* (Roma 1980) 149-161).

«Zum Zölibat der katholischen Priester»: «StZ» 195 (1977) 781-783; húngaro: «Szolgalat» 37 (1978) 73-75.

1978

«Wandelbares und Unwandelbares in der Kirche»: «IKaZ» 7 (1978) 182ss.

«Der Primat des Papstes und die Einheit des Gottesvolkes», en: *Dienst an der Einheit* (ver apartado 2), también en: *Kirche, Ökumene, Politik* (ver apartado 1).

«Vom Verstehen des Glaubens. Anmerkungen zu K. Rahners Grundkurs des Glaubens»: «ThRv» 74 (1978) 177-186.

«Kirche und wissenschaftliche Theologie», en: *Die Kirche*. Editado por W. sandfuchs (Wurzburgo 1978) 83-95; también en: *Theologische Prinzipienlehre* (ver apartado 1); inglés: «Communio» 7 (1980) 332-347.

«Anmerkungen zur Frage einer "Anerkennung" der Confessio Augustana durch die katholische Kirche»: «MThZ» 29 (1978) 225-237; también en: *Theologische Prinzipienlehre* (ver apartado 1).

«Zur Frage nach der Struktur der liturgischen Feier»: «IKaZ» 7 (1978) 488-497, y en: *Das Fest des Glaubens* (ver apartado 1); italiano: «Communio» 7 (1978) 177-186.

Theologische Probleme der Kirchenmusik. (Kirchenmusik eine geistig-geistliche Disziplin. Gastvorträge an der kath. Kirchenmusikabteilung der Staatl. Musikhochschule Stuttgart Heft 1. Editado por R. Walter (Rottenburg 1978); también en: «MS»(D) 99 (1979) 129-135, e «IKaZ» 9 (1980) 148-157; inglés en: *Crux et cithara*. Editado por R. A. Skeris (Altötting 1983) 214-222. Nuevamente publicado en: «Musicae Sacrae Ministerium» XXVI- XXVII (1989/90) 44-54; francés: «Communio» 4 (1979) 84-93.

Intervenciones, en: *Congreso Mariano Nacional. Memorias*. T. II. (Guayaquil 1978) 21-44.

Aus meinem Leben, en: *Kardinal Ratzinger. Der Erzbischof von München und Freising in Wort und Bild*. Editado por K. Wagner y A. H. Ruf (München 1978) 54-67.

«Zum Geleit», en: R. Graber, *Starke deine Brüder* (Regensburg 1978) 17s.

1979

«Was ist Theologie? Rede zum 75. Geburtstag von Hermann Kardinal Volk»: «IKaZ» 8 (1979) 121-128; también en: *Theologische Prinzipienlehre* (ver apartado 1); francés: «Communio» 4 (1979) 89-96, y en: H. Volk, *La foi comme adhésion* (Paris/Namur O.J. [1980]) 149-168.

Europa verpflichtendes Erbe für die Christen. Editado por la Academia Católica de Baviera (München 1979); también: zur debatte 9 (1979) 1-4; nuevamente publicado en: *Europa. Horizonte der Hoffnung*. Editado por F. König y K. Rahner (Graz 1983) 61-74; además en: *Kirche, Ökumene, Politik* (ver apartado 1); francés: «RevSR» 54 (1980) 41-54; también en: J. Ratzinger, Damaskinos métropolite de Suisse, *L'héritage chrétien de l'Europe* (Tesalónica 1989) 9-26; portugués: «Communio» 3 (1986) 101-113; húngaro: Mérleg 1989/4, 376-388.

«Kleine Korrektur. Zur Frage der Eucharistie»: «IKaZ» 8 (1979) 381 s. Ampliado en: *Das Fest des Glaubens* (ver apartado 1).

«Erwägungen zur Stellung von Mariologie und Marienfrömmigkeit im Ganzen von Glaube und Theologie», en: *Maria die Mutter des Herrn*. Editado por los Obispos Alemanes (Bonn 1979) 13-27. También en: *Maria, Kirche im Ursprung* (ver apartado 1), y en «ThJb(L)» 1983, 137-166.

Préface, en: Commission théologique internationale: Ph. Delhaye, W. Ernst et al., *Problèmes doctrinaux du mariage chrétien* (Louvain-la-Neuve 1979) 7-12.

1980

«Erfahrung und Glaube. Theologische Bemerkungen zur katechetischen Dimension des Themas»: «IKaZ» 9 (1980) 58-70. También en: *Theologische Prinzipienlehre* (ver apartado 1).

«Zwischen Tod und Auferstehung»: «IKaZ» 9 (1980) 209-223; «ThJb(L)» (1984) 274-287; en francés: «Communio» 5 (1980) 4-19; en español (extracto): «SelTeol» 21 (1982) 37-46.

«La sinfonia della Croce: La conoscenza di Dio che rifulge sul volto di Cristo»: «Anton» 55 (1980) 280-286.

«Geleitwort», en: H. Schlier, *Der Geist und die Kirche* (Freiburg 1980) VII-X.

«Das "Vater unser" sagen dürfen»: *Sich auf Gott verlassen. Erfahrungen mit Gebeten*. Editado por R. Walter (Freiburg 1980) 64-69, también en: *Mit tausend Flügeln trägst du mich* (editado por A. L. Balling; Freiburg 1986, ²1987) 15-22.

«Theologie und Kirchenpolitik»: «IKaZ» 9 (1980) 425-434, también en: *Wem nützt die Wissenschaft?* Editado por L. S. Schulz (München 1981) 106-117; además en: *Kirche, Ökumene, Politik* (ver apartado 1); en italiano: «Communio» 9 (1980) 60-71; en francés: «Communio» 6 (1981) 29-40.

«Gemeinde aus der Eucharistie», en: *800 Jahre St. Martini Münster*. Editado por W. Hülsbusch (Münster 1980) 32-34; además en: *Vom Wiederauffinden der Mitte* (ver apartado 1).

«Lehramt schützt den Glauben der Einfachen»: Bausteine 20 (1980) n. 80, 3-10.

«Dorothea von Montau», en: *Zeugen der Wahrheit*. Editado por W. Herbstrith (München 1980) 63-66.

Worte der Widmung, en: *Gottesherrschaft - Weltherrschaft. FS für Bischof Rudolf Graber*. Editado por J. Auer, J. Mussner, G. Schweizer (Regensburg 1980) 7-9.

«Wort bei der Schlussversammlung der Augsburger CA. Festtage»: «US» 35 (1980) 199.

Europa: Erstanden aus dem christlichen Glauben, en: *Eine Pilgerreise durch Polen*. Editado por R. Hammerschmid (Kevelaer 1980) 55-64.

En colaboración con la Comisión Teológica Internacional: «Questiones selectae de christologia»: «Gr» 61 (1980) 609-632.

1981

«L'essentiel des propositions élaborées par le Synode», en: *Aujourd'hui la famille*. Editado por J. Potin (Paris 1981) 281-303; la ponencia de Introducción, 25-43 y la ponencia 12, 221-232. También: «EeV» 91 (1981) 241-252; abreviado en «Louvain» 1 (1981) 8-23.

Geleitwort para: L. Weimer, *Die Lust an Gott und seiner Sache* (Freiburg 1981) 5s.

«Freiheit und Bindung in der Kirche», en: *Die Grundrechte des Christen in Kirche und Gesellschaft.* Editado por E. Corecco et al. (Fribourg/Freiburg/ Milano 1981); también en: *Verein der Freunde der Universität Regensburg,* (n. 7, 5-21; además en: *Kirche, Ökumene, Politik* (ver apartado I); en holandés: «Communio» 7 (1982) 386-400; en francés: «StMor» 22 (1984) 171-188.

«Das I. Konzil von Konstantinopel 381. Seine Voraussetzungen und seine bleibende Bedeutung»: «IKaZ» 10 (1981) 555-563; también en: *Theologische Prinzipienlehre* (ver apartado 1).

Sicherheit im Aspekt der Sozialethik, en: *Sicherheit - verwirklichbar, vergleichbar, tragbar?* (Gesellschaft f. Sicherheitswissenschaften), editado por P. C. Compes (Wuppertal 1981) 17-27; además: «IKaZ» 11 (1982) 51-57; también en: *Technik und Ökonomie im Lichte sozialethischer Fragestellungen.* Editado por M. Spangenberger (Beiträge zur Gesellschafts - und Bildungspolitik. Institut der deutschen Wirtschaft 106) (Köln 1985) 24-34; en inglés: «Communio» 9 (1982) 238-246.

«Misterio Pascual y culto al Corazón de Jesús»: «Tierra nueva» 11 (1982) 77-86; en francés: «Le coeur de Jésus, coeur du monde» (Paris 1982) 141-156; holandés: «De volheid van Gods Genade» (Brujas 1982) 75-97; en alemán: J. Ratzinger et al., «Entwicklung und Aktualität der Herz-Jesu-Verehrung» (Aschaffenburg 1984) 128-144; además en: *Schauen auf den Durchbohrten* (ver apartado 1).

«Hort des Glaubens und der Hoffnung», en: *Benedikt 480-1980. Ettal 1330-1980. FS zum Ettaler Doppeljubiläum 1980* (número especial de «Ettaler Mandl» 59). Editado por A. Kalff (Ettal 1981) 50-53.

«Theologische Grundlagen der Kirchenmusik», en: *Das christliche Universum*. Editado por B. Moser (München 1981) 362.

1982

«"Wähle das Leben". Eine Firmhomilie»: «IKaZ» 11 (1982) 444-449; en francés: «Communio» 7 (1982) 65-69; en italiano: «Communio» 11 (1982) 40-46.

«Matrimonio e famiglia nel piano di Dio», en: *Familiaris consortio* (Città del Vaticano 1982) 77-88; en alemán: «OR»(D) 12 (1982) Nr. 25, 8s.

Geleitwort para: *Episcopale munus. Recueil d'études sur le ministère episcopal offertes en hommages à son Excellence Msgr. J. M. Gijsen.* Editado por Ph. Delhaye y L. Elders (Assen 1982) XI-XVl.

Interpretation - Kontemplation - Aktion. Überlegungen zum Auftrag ei-ner Kath. Akademie. Sonderdruck Nr. 7 der Kath. Akademie in Bayern (München 1982); además: «IKaZ» 12 (1983) 167-179; también en: *Wesen und Auftrag der Theologie* (ver apartado 1).

«Stellungnahme zum offiziellen orthodox-katholischen Dialog», en: *Ut omnes unum*, 45 (1982) 154-158.

«Über die Wurzeln des Terrors in Deutschland», en: *Almanach für das Erzbistum Köln 2. Folge.* Editado por D. Froitzheim y A. Wienand (Köln 1982) 99-103.

«Was feiern wir am Sonntag?»: «IKaZ» 11 (1982) 226-231.

1983

Transmission de la Foi et sources de la Foi (edición especial, Paris 1983); además en: D. J. Ryan et al., *Transmettre la foi aujourd'hui* (Paris 1983) 41-61; en italiano: *Cristianità - Organo ufficiale di Alleanza Cattolica* 11 (1983, n. 96) 5-11; en inglés: *The Wanderer*; «Communio» 10 (1983) 17-34; en español: «Scripta theologica» 15 (1983) 9-29; en portugués: «Communio»/Brasil 3 (1984) 177-201).

«Anglican-Catholic Dialogue: Its problems and hopes» en: *Insight. A Journal for church and community* 1 (1983) 2-11; en alemán: «IKaZ» 12 (1983) 244-259; con un epílogo en: *Kirche, Ökumene, Politik* (ver apartado 1).

L'eucarestia al centro della comunità e della sua missione (edición especial Collevalenza 1983); versión reelaborada en: *Schauen auf den Durchbohrten* (ver apartado 1).

«Schwierigkeiten mit der Glaubensunterweisung heute. Interview mit F. Greiner»: «KaZ» 12 (1983) 259-267 y «Pastoralblatt» 35 (1983) 196-203; en inglés: «Communio» 11 (1984) 145-156.

«Auf Dein Wort hin. Eine Meditation zur priesterlichen Spiritualität», en: J. Ratzinger, H. Volk, B. Henrichs, *«Auf Dein Wort hin» Kölner Beitrage - Neue Folge* 9 (Köln 1983) 15-36.

«La speranza, elemento fondamentale che definisce l'esistenza del cristiano»: «OR» 123 (10 junio 1983) 5; en francés: «L'homme nouveau» 37 (1983) n. 837/838 (3-17 julio 1983) 7-9 (= versión abreviada en: *Sulla speranza* (ver más abajo).

«Orientaciones cristológicas», en: Consejo Episcopal Latinoamericano CELAM, *Cristo el Señor. Ensayos Teológicos* (1983) 5-22. Reelaboración en: *Schauen auf den Durchbohrten* (ver apartado 1).

«Luther und die Einheit der Kirchen»: «IKaZ» 12 (1983) 568-582; con un epílogo en: *Kirche, Ökumene, Politik* (ver apartado 1); en inglés: «Communio» 11 (1984) 210-226; en francés: «La doc. cath». (1984) 121-128.

«Erwägungen zur Stellung von Mariologie und Marienfrömmigkeit im Ganzen von Glaube und Theologie»: «ThJb»(L) 1983, 137-166 (tomado de: *Maria - Kirche im Ursprung* (ver apartado 1).

1984

«Sulla speranza», en: *La speranza* II. Editado por B. Giordani (Brescia/Roma 1984); (anteriormente un resumen en OR (ver arriba); en alemán: «IKaZ» 13 (1984) 293-305; también en otras ediciones de «Communio».

«Vi spiego la teologia della liberazione»: «30 Giorni» (febrero 1984) 48-55; publicado en distintas lenguas y revistas.

«Obispos, Teólogos y Moralidad», en: *Teología moral hoy*. Editado por J. Lozano Baragan (México 1984) 23-52; en francés: «Communio» 9 (1984) 21-40; además en: «Bulletin de la conférence episcopale française» 17 (1984); en alemán: «IKaZ» 13 (1984) 524-538; también en otras ediciones de «Communio»; en italiano una edición especial en «CRIS, Documenti» 54 (Roma 1985).

Der Streit um die Moral. Fragen der Grundlegung ethischer Werte. Festvortrag Regensburger Fortbildungstagung für Ärzte (1984), también en: «ibw journal» 10 (1985) 1-11; en italiano: «Vita e pensiero» (1989) 173-184; además: «Studi sociali» 29 (1989) 9-23; checo en: *Studie II-III* 1989, *Císlo* 122-123, pp. 84-95; en francés: «Sources» 16 (1990) 1-12.

«Kirchenverfassung und Umkehr. Fragen an Joseph Kardinal Ratzinger»: «IKaZ» 13 (1984) 444-457; muy abreviado en: *Ein neues Lied für den Herrn* (ver apartado 1).

«Problemas principales de la teología contemporánea»: «La Revista Católica» 84 (1984) nn. 1063/64, 13-23.

«Christliche Orientierung in der pluralistischen Demokratie?», en: *Pro fide et iustitia. FS Kard. Casaroli zum 70. Geburtstag*. Editado por H. Schambeck (Berlin 1984) 747-761; además en: *Das europäische Erbe und seine christliche Zukunft*. Editado por N. Lobkowicz (Köln 1985) 20-25; también en: *Kirche, Ökumene, Politik*, y en: *Vom Wiederauffinden der Mitte* (ver apartado 1); en español: Universidad del Norte (Chile)-Teología (1985); además: «ScrTh» 16 (1984) 815-829; «Communio»/ América Latina 3 (1985) 52-63; también en: *Hablan tres Cardenales* (Santiago 1986); en polaco: Znak: «Czasu» 12 (1988) 90-102.

«Gesicht und Aufgabe einer Glaubensbehörde. Ein Gespräch mit Joseph Kardinal Ratzinger über die römische Glaubenskongregation»: «HerKorr» 38 (1984) 360-368.

«Intrução sobre a Teologia da libertação»: «REB» 44 (1984) 691-695.
(Colaboración) *Teología de la liberación: Documentos sobre una polémica* (san José/Costa Rica 1984).
«Die Theologie der Befreiung»: «Nord» 38 (1984) 285-295.

1985

«Glaube, Philosophie und Theologie»: «IKaZ» 14 (1985) 56-66; en inglés: «Communio» 1985 y en: *Pope John Paul Lecture Series*, College of St. Thomas (1985) 10-14; en francés: «Communio» 10 (1985) 24-37.

«Scopi e metodi del Sinodo dei vescovi», en: *Il Sinodo dei vescovi. Natura - metodi - prospettiva*. Editado por J. Tomko (Città del Vaticano 1985) 45-58; reelaborado en: *Kirche, Ökumene, Politik* (ver apartado 1).

«Zum Sinn des Sonntags», en: «Pastoralblatt für die Diözesen Aachen, Berlin, Essen, Hildesheim, Köln, Osnabrück» 37 (1985) 258-269; también en «FoKTh» 1 (1985) 161-175, y en ««*KlBl*»» 65 (1985) 209-214; además en: *Ein neues Lied für den Herrn* (ver apartado 1); en español: «La Revista Católica» 88/1078 (1988) 135-146.

«Von der Liturgie zur Christologie. Romano Guardinis theologischer Grundansatz und seine Aussagekraft», en: *Wege zur Wahrheit* (ver apartado 2), 121-144; *Prólogo* en *ibíd.*, 7.

«L'ecclesiologia del Vaticano II», en: J. Ratzinger et al., *La Chiesa del Concilio* (Milano 1985) 9-24; en alemán: «IKaZ» 15 (1986) 41-52; «OR»(D) 15 (1985) n. 4, 4 ss; *Pastoralblatt für die Diözesen Aachen, Berlin, Essen, Hildesheim, Köln, Osnabrück* 38 (1986) 130-139; «KlBl» (1986); con un apéndice en: *Kirche, Ökumene, Politik* (ver apartado 1); en español: *Iglesia comunicadora de Vida* (ver apartado 1).

«La celebrazione del sacramento con assoluzione generale», en: La *reconciliatio et paenitentia* (Città del Vaticano 1985) 136-145; en alemán: «OR»(D) 15 (1985) n. 10, 1 s.

Unità e pluralismo nella Chiesa dal Concilio al post-Concilio: Orientamenti pastorali 12 (1985) 125-144 (primero en: «Bollettino diocesano per gli ufficiali e le attività pastorali dell'arcidiocesi di Bari» LXI [1985] n. 1); en alemán: «FoKTh» 2 (1986) 81-96; en francés: «StMor» 24 (1986) 299-318.

Pourquoi la foi est en crise: «PenCath» 214 (1985) 22-58.

Préface en: J. H. Nicolas, *Synthèse dogmatique* (Freiburg/Paris 1985) V-VI.

Zuversicht für ein Leben in Freiheit. Das Ende des Krieges im Mai 1945: «OR(D)» 15 (1985) n. 18, 11.

1986

«Liturgie und Kirchenmusik»: «OR(D)» 16 (1986) n. 6, 10-12; además: «MS(D)» 106 (1986) 3-12; también «IKaZ» 15 (1986) 243-256; también como edición especial en: *Musikverlag Sikorski* (Hamburg 1987) y en *Ein neues Lied für den Herrn* (ver apartado 1); en inglés: Sacred Music 112 (1985) 13-22; también en: «Homiletic and pastoral review» 86 (1986) 10-22; en francés: «Una voce» 126 (enero-febrero 1986) 13-22 (extractos); en italiano: «Bollettino Ceciliano» 81 (1986) 99-112; en italiano, alemán, francés, inglés y español: *«Christus in Ecclesia» cantat*. Editado por J. Overath (Roma o. J. [1986]) 47-114; en español: «Gladino» (Buenos Aires) 9/1987, 5-22.

«Kirche und Wirtschaft in der Verantwortung für die Zukunft der Weltwirtschaft», en: *Technik und Mensch (in Verbindung mit Renovatio)* 1 (1986) 7-9; además en: *Kirche und Wirtschaft in der Verantwortung für die Zukunft der Weltwirtschaft*. Editado por G. Fels (Köln 1987) 29-37; en inglés: «Communio» 13 (1986) 199-204; nuevamente publicado en: *Church and Economy. Common Responsibility for the Future of the World Economy*. Editado por J. Thesing (Mainz 1987) 21-27.

«Teses de Cristologia», en: *Novo Testamento e Cristo*. Editado por J. E. M. Terra (São Paulo 1986) 3-5 (tomado de: *Dogma und Verkündigung* (ver apartado 1).

«A Cristologia nasce da oração», en: *Questões actuais de Cristologia*. Editado por J. E. M. Terra (São Paulo 1985) 52-65 (tomado de: *Orientaciones Cristológicas* 1983, ver arriba).

«Theologie und Kirche»: «IKaZ» 15 (1986) 515-533; en italiano: «Communio» 15 (1986) 92-111; en inglés: *University of St. Michael College* (Toronto 1986); en español: «Tierra nueva» 16 (1987) 5-19.

«Freiheit un Befreiung. Die anthropologische Vision der Instruktion "Libertatis conscientia"»: «IKaZ» 15 (1986) 409-424; en italiano: «Il nuovo Areopago» 5 (1986) 7-24; en húngaro: «Mérleg» 1987/3, 219-236; en polaco: «Znak» 40 (1988) n. 388, 4-20.

«Geleitwort», en: R. Spaemann, R. Low, P. Koslowski, *Evolutionismus und Christentum* (Weinheim 1986) VII-IX.

«Zum Fortgang der Ökumene»: «ThQ» 166 (1986) 243-248; además en: *Kirche, Ökumene, Politik* (ver apartado 1).

«Wie sollte heute ein Bischof sein? Gedanken aus Anlass eines Jubiläums», en: *Der Bischof in seiner Zeit. FG für Joseph Kardinal Hoffner*. Editado por P. Berglar y O. Engels (Köln 1986) 469-475.

«Le baptême et la foi»: «Al-Liqâ»/ «Communio» 1 (1986) 15-24.

«Marktwirtschaft und Ethik», en: *Stimmen der Kirche zur Wirtschaft*. Editado por L. Roos (Köln 1986) 50-58.

1987

«Omelia in occasione della festa di S. Tommaso d' Aquino»: «Ang» 64 (1987) 189-192; en inglés: «New Blackfriars» 68 (1987) 113-115.

«Buchstabe und Geist des Zweiten Vatikanums in den Konzilsreden von Kardinal Frings»: «IKaZ» 16 (1987) 251-265; también: Kölner Beiträge - «Neue Folge» 12 (1987); en inglés: «K» 14 (1988) 131-147.

«Das Zeichen der Frau», en: Papa Juan Pablo II, *Maria - Gottes Ja zum Menschen. Enzyklika «Mutter des Erlösers»* (Freiburg 1987) 105-128; en italiano: *Maria, il Sì di Dio all'uomo* (Brescia 1987) 7-37; en inglés: *Mary: God's Yes to Man* (San Francisco 1988) 9-40.

«Pater Rupert Mayer - Zeuge der Wahrheit», en: «IKaZ» 16 (1987) 357-363; además en: *Predigtsammlung zur Seligsprechung von P. Rupert Mayer SJ* (München 1987) 24-32.

«Omelia, 11. 4. 1987»: «Romana. Bollettino della Prelatura della santa Croce e Opus Dei» 3 (1987) 114-117.

«Sintesi sull'Enciclica "Redemptoris Mater"», en: J. Ratzinger et al., *La Madonna a vent'anni dal Concilio* (Nápoles/Roma 1987) 13-22; además en: *Una luce sul cammino dell'uomo* (Città del Vaticano 1988) 3-12; en lituano: *Jonas Paulius II, Enciklika Redemptoris Mater*, en: *Logos Knyga* (1992) 81-98.

«Gottes Macht - unsere Hoffnung»: ««KlBl»» 67 (1987) 343-347; además: Pastoralblatt Aachen, Berlin etc. 40 (1988) 71-83; también en: *Kirche, Ökumene, Politik* (ver apartado 1).

1988

«Geleitwort», en: *M. J. Scheeben - teologo cattolico d'ispirazione tomista* (Città del Vaticano 1988) 9-13; en italiano: 14-18.

Prefazione, en: *Incontrare Cristo nei sacramenti*. Editado por H. Luthe (Cinisello Balsamo 1988) 5-9.

«Biblical Interpretation in Crisis: On the question of the foundations and approaches of Exegesis today. Erasmus Lecture 1988»: «This World. A Journal of religion and public life» 22 (verano 1988) 1-19; nuevamente en: *Biblical interpretation in crisis. The Ratzinger Conference in Bible and Church*. Editado por R. J. Neuhaus (Michigan 1989) 1-23; en italiano: I. de la Potterie et al., *L'esegesi cristiana oggi* (Casale Monferrato 1991) 93-125.

«Homilie zum Heimgang von H. U. von Balthasar»: «IKaZ» 17 (1988) 473-476. Publicado de nuevo en: *Hans Urs von*

Balthasar. Gestalt und Werk. Editado por K. Lehmann y W. Kasper (Köln 1989) 349-354.

«El cisma de Lefèbvre»: «La Revista Católica» 88 (1988) n. 1079, 224-228. Traducido a diversos idiomas, entre ellos: *Cuestiones actuales de cristología y eclesiología* (Bogotá 1990) 27-31.

«Dieci anni di pontificato», en: *Giovanni Paolo II pellegrino per il Vangelo* (Roma 1988) 17-21; en polaco: «Ethos Rok» 1 (1988) Nr. 4,5-11; además en español (1989).

Presentazione, en: G. Vigini, *Agostino d'Ippona* (Milano 1988) 5s.

«Uno sguardo teologico sulla procreazione umana», en: *Medicina e morale* 3/4 (1988) 507-521; en alemán: «IKaZ» 18 (1989) 61-71; también en: *Bioethik*. Editado por R. Low (Köln 1990) 28-47; en español: «Ecclesia» 3 (1989) 159-174; en polaco: «Ethos Rok» 1 (1988) n. 4, 134-147.

«"Du bist voll der Gnade". Elemente biblischer Marienfrömmigkeit»: «IKaZ» 17 (1988) 540-550; en inglés: «Communio» 16 (1989) 54-68; en italiano, edición privada (Cinisello Balsamo 1990); en español: *Cuestiones actuales de cristología y eclesiología* (Bogotá 1990) 11-23; en portugués: «Communio»/Brasil 8 (1991) 455-467.

«Die Frau, Hüterin des Menschen», en: *Die Zeit der Frau. Apostolisches Schreiben «Mulieris dignitatem» Papst Johannes Pauls II* (Freiburg 1988) 109-120; en italiano: *Il tempo della donna* (Brescia 1990) 5-17.

1989

«Vorwort und Schriftauslegung im Widerstreit. Zur Frage nach Grundlagen und Weg der Exegese heute», en: *Schriftauslegung im Widerstreit* (ver apartado II). Versión ampliada por: *Biblical Interpretation in Crisis?* (ver arriba); en italiano: *L'esegesi cristiana oggi* (Casale Monferrato 1991) 93-125; en español: *La interpretación bíblica en crisis* (Lima 1995); en francés: R. Guardini et al., *L'Exégèse chrétienne aujourd'hui* (Paris 2000) 63-109.

«Omelia in occasione della festa delle stimmate di S. Francesco nel santuario della Verna»: «StFr» 85 (1988) 395-399.

«Ce que croire veut dire»: «Sources» 14 (1989) 49-63.

«Der Auftrag der Religion angesichts der gegenwärtigen Krise von Friede und Gerechtigkeit»: «IKaZ» 18 (1989) 113-22; también en: *Der konziliare Prozeß -Utopie und Realität*. Editado por P. Beyerhaus y L. von Padberg (Asslar 1990) 124-136; en italiano: «Mondo e missione» (diciembre 1989) 656-660; en inglés: «Communio» 16 (invierno 1989) 540-551; en español: «Communio»/Chile 7 (1990) 5-13.

«Anstelle eines Festschriftbeitrags. Brief an Helmut Kuhn», en *ANOΔOΣ für Helmut Kuhn*. Editado por R. Hofmann et al. (Weinheim 1989) 1-3.

«Difficoltà di fronte alla fede oggi in Europa»: «OR» 139 (30.6/1.7.1989) 7; traducido en las distintas ediciones de «OR»; publicado en diversas revistas.

«Der Heilige Geist und die Kirche», en: *Servitium pietatis. FS für Hans Hermann Kard. Groer*. Editado por A. Coreth e I. Fux (Maria Roggendort 1989) 91-97; también en: *Bilder der Hoffnung* (ver apartado 1).

Introduzione, en: Congregazione per la Dottrina della Fede, «*Mysterium Filii Dei*». *Dichiarazione e commenti* (Città del Vaticano 1989) 9-24.

1990

«Perspektiven der Priesterausbildung heute», en: *Unser Auftrag*. Editado por K. Hillenbrand (Wurzburgo 1990) 11-38; también en: *Ein neues Lied für den Herrn* (ver apartado 1); en francés: J. Ratzinger et al., *Mission et formation du prêtre* (Namur 1990) 1-24; en inglés: *The Catholic Priest* (San Francisco 1990).

«Jesus Christus heute»: «IKaZ» 19 (1990) 56-70; en español: *Jesucristo hoy. Cursos de Verano de El Escorial* (Complutense, El Escorial 1989) 297-316; en inglés: «Communio» 16 (1990)

68-87; en italiano: «Communio» 19 (1990) 121-139; también en «Rivista Cistercense» VII (1990) 223-237; en portugués: «Communio» 14 (1997) 202-218.

«Perspectivas y tareas del Catolicismo en la Actualidad y de cara al futuro»: «Catolicismo y cultura» (Madrid 1990) 89-115; publicado de otra forma en «Communio»/Chile 7 (1990) 79-90; en italiano: «Il nuovo Areopago» 9 (1990, Nr. 2) 7-24; publicado de otra forma bajo el título: *Le vie della fede nell'attuale momento della svolta* (Roma 1990).

«Die Aktualität der Gestalt Pius' V. (1566-1572)», en: *Pax et Iustitia. FS für Alfred Kostelecky zum 70. Geburtstag*. Editado por H. W. Kaluza et al. (Berlin 1990) 623-629.

«Ein Katechismus für die Weltkirche?»: «HerKorr» 44 (1990) 341 ss.

Presentazione, en: Congregazione per la Dottrina della Fede, «*Donum vitae. Istruzione e commenti*» (Città del Vaticano 1990) 5-10.

«Glaube - eine Antwort auf die Urfrage des Menschen. Die Instruktion über die kirchliche Berufung des Theologen»: «OR» (D) 20 (1990) n. 27, 6-7; também en «OR» 140 (27 junio 1990) 1, 6; además: «IKaZ» 19 (1990) 561-565.

«Entgegnung zu Th. Schneider, Römisch (und) Katholisch?»: «OR» 39 (1990) 318-320.

«Una compagnia sempre riformanda»: «Litterae Communionis» 24, 1990; también: «Communio» 19 (1990) 91-105 (publicado varias veces).

Europa - Hoffnungen und Gefahren (Speyer 1990).

«Discorso introduttivo alla III giornata del Simposio di Newman»: «ED» 43 (1990) 431-436; en alemán: *J. H. Newman, Lover of Truth*. Editado por K. Strolz und M. Binder (Roma 1991) 141-146.

«Capire e valutare il Sacerdozio»: «Vivere in» 18 (1990) 17-26; en alemán: «Amtsblatt der Österreichischen Bischofskonferenz» 4 (1990) 7-12; en inglés: «Communio» 17 (1990) 617-627.

«Chiara, "silenziosa parola" di vita per la Chiesa»: «Forum Sororum» 4-5 (1990) 234-239; en español: «Selecciones de Franciscanesimo» 30 (1992) 268-274.

1991

«Le primat de Pierre et l'unité de l'Église»: «PenCath» 46 (1991) 11-25; en español: «Selecciones de Francescanesimo» 30 (1992) 268-274; en portugués: «Communio»/Brasil 7 (1990) 249-260; en italiano: «ED» 44 (1991) 158-176; en inglés (resumen): «Sceptre Bulletin» 17 (1992) 3-9.

«Origem e natureza da Igreja»: «Communio»/Brasil 7 (1990) 234-248; en español: «Ecclesia» 5 (1991) 7-23.

Igreja universal e Igreja particular: a missão do bispo: «Communio»/Brasil 7 (1990) 261-272.

«Biblische Vorgaben für die Kirchenmusik», en: *Brixener Initiative Musik und Kirche. 3. Symposion «Choral und Mehrstimmigkeit» 1990* (Brixen 1991) 9-21; también en: *Ein neues Lied für den Herrn* (ver apartado 1).

«Omelia per il IX Centenario della nascita di S. Bernardo»: «Riv. Cistercense» VII (1990) 219-222.

Presentazione, en: M. Di Ruberto, *Bibliografia del Card. Pietro Parente* (Ciudad del Vaticano 1991) 3-6.

Introduzione, en: Congregazione per la Dottrina della Fede, *«Orationis Formas». Lettera e commenti* (Ciudad del Vaticano 1991) 9-13.

«The nature of priesthood»: «Faith» 23 (1991) 13ss.

Presentazione, en: *santi e santità dopo il Concilio Vaticano II.* Editado por F. Peloso (Roma 1991) 5s.

«"Vorsitz in der Liebe". Der Cathedra-Altar von St. Peter zu Rom», en: *Kirche im Kommen. FS für J. Stimpfle.* Editado por E. Kleindienst y G. Schmuttermayr (Berlin 1991) 423-429; además en: *Bilder der Hoffnung* (ver apartado 1).

Geleitwort, en: P. Berglar, *Vom Fischer zum Stellvertreter* (München 1991) 7s.

1992

Vorwort-J.-B. d'Onorio, *Le pape et le gouvernement de l'Église*

(Paris 1992) 9s.
Presentazione, en: *Giovanni Paolo II, I dieci commandamenti*. Editado por D. del Río (Cinisello Balsamo 1992) 5ss.
«Predigt am Fest des hl. Augustinus», en: *Busse-Umkehr. Formen der Vergebung*. Editado por F. Breid (Steyr 1992) 250-256.
«Geleitwort», en: *Enchiridion Familiae I*. Editado A. Sarmiento y J. Escrivá Ivars (Madrid 1992) CXV-CXX.
«Die Bedeutung religiöser und sittlicher Werte in der pluralistischen Gesellschaft»: «IKaZ» 21 (1992) 500-512; además: *Wahrheit, Werte, Macht* (ver apartado 1); en italiano: «Communio» 22 (1993) 372-389; en francés: «Communio» 19 (1994) 50-66.
«Gewissen und Wahrheit», en: *Fides quaerens intellectum. Beiträge zur Fundamentaltheologie. M. Seckler zum 65. Geburtstag*. Editado por M. Kessler et al. (Tübingen/Basilea 1992) 293-309; muy abreviado en: *Die Weltfriedensbotschaften Papst Johannes Pauls II*. Editado por D. Squicciarini (Berlin 1992) 289-300; nuevamente publicado en: *Der Wahrheit verpflichtet*. Editado por St. Rehder y M. Wolff (Wurzburgo 1998) 135-158; además en: *Wahrheit, Werte, Macht*, así como en: *Vom Wiederauffinden der Mitte* (ver apartado 1); en polaco: «Ethos» 15/16 (1991) 171-184; en alemán: «Ethos» 1 (1993) 131-166; en francés: «Communio» 21 (1996) 93-114; en inglés: *Crisis of Conscience*. Editado por J. M. Haas (New York 1996) 1-20.
«"Dass Gott alles in allem sei". Vom christlichen Glauben an das ewige Leben»: «KlBl» 72 (1992) 203-207; también en: N. Kutschki, J. Hoeren, *Kleines Credo für Verunsicherte* (Freiburg 1993) 121-140; en italiano: «Palestra del Clero» 71 (1992) 7-20; Adria/ Rovigo 1992.
«Communio - ein Programm: «IKaZ» 21 (1992) 454-463; en distintas ediciones de «Communio».
«Thorn in the flesh», en: *The Catholic Worlds Report* (1992) 48-54.
«Probleme von Glaubens - und Sittenlehre im europäischen Kontext», en: J. Ratzinger et al., *Zu Grundfragen der Theologie heute* (Paderborn 1992) 7-17; además en: *Ein neues Lied für den Herrn;*

también en: *Vom Wiederauffinden der Mitte* (ver apartado 1).
«Der Mensch - Objekt oder Person? Christliche Erwägungen zu Fragen der Bioethik»: Christliches Krankenhaus 31 (1992) 12-22; en italiano: *Bioetica fondamentale e generale*. Editado por G. Russo (Turín 1995) 325-329.
Bioética e Moral Cristã, en: «Leopoldianum/santos»-Brasil XVIII (1992) 121-130.

1993

Introduzione, en: *Il Catechismo del Vaticano II* (Cinisello Balsamo 1993) 5-13.
«Der christliche Glaube vor der Herausforderung der Kulturen», en: *Evangelium und Inkulturation (1492-1992). Salzburger Hochschulwochen 1992*. Editado por P. Gordan (Graz 1993) 9-26; además: KNA, «Oki» 52/53 (diciembre 1992) 5-15; en español: «Ecclesia» 7 (1993) 369-386; «Mercurio» (1993); en italiano (versión variada): «Nuova umanità» 16 (1994) 95-118; en inglés (versión ampliada): «Origins: Christ, faith and the Challenge of Cultures» 24 (1995) 678-686; en español (la misma versión): «Communio» 18 (1996) 152-170.
«Igreja e Europa»: «Communio» 9 (1992) 540-547.
«Natura e finalità del Catechismo della Chiesa cattolica e inculturazione della fede», en: *Un dono per oggi. Il catechismo della Chiesa cattolica. Riflessioni per l'accoglienza*. Editado por T. Stenico (Milano 1992) 29-39.
«L'educazione dei figli di Dio»: «Il nuovo Areopago» 11 (1992) 110-112).
Réponse, en: Institut de France. Académie des sciences morales et politiques. *Installation du Card. Ratzinger* (Paris 1992) 19-23; además en: «Acta philosophica» 2 (1993) 301-306; en húngaro: «Mérleg» 1993/1, 15-19; «Communio»/Brasil 10 (1993) 430-434.

Presentazione, en: *L. Giussani. Un avvenimento di vita cioe una storia.* Editado por C. Di Martino (Roma 1993).

«Qué cree la Iglesia»: «Communio» 15 (1993) 93-98; en italiano: *Sínodo Romano. La fede della Chiesa di Roma. Quaderni nuovi,* serie 2 (1993) 67-63; además en: *Il Catechismo della Chiesa Cattolica* (Ciudad del Vaticano 1993) 7-13.

Introduzione, en: Congregazione per la Dottrina della Fede. «*Mysterium Ecclesiae*». *Dichiarazione e commenti* (Ciudad del Vaticano 1993) 7-15.

«Catechismo della Chiesa cattolica e l'ottimismo dei redenti»: «Communio» 22 (1993) 8-23.

«Wollen, was Gott will. Der selige Josemaría Escrivá», en: *Die Welteine Leidenschaft. Chance und Charisma des Seligen Josemaría Escrivá.* Editado por K. M. Becker y J. Eberle (St. Ottilien 1993) 10-17.

Presentación del Catecismo de la Iglesia católica: «Ecclesia» 7 (1993) 131-136.

«Hinführung zum Katechismus der katholischen Kirche», en: J. Ratzinger, Chr. Schönborn, *Kleine Hinführung zum Katechismus der katholischen Kirche* (München 1993) 9-34; en español: *El Catecismo posconciliar.* Editado por O. González de Cardedal y J. A. Martínez Camino (San Pablo, Madrid 1993) 47-64; en inglés: «Communio» 19 (1993) 469-484; *Introduction to the Catechism of the Catholic Church* (San Francisco 1994) 11-36; en polaco: Wprowadzenie do Katechizmu Kościola katolickiego (Warszawa 1994) 9-22; en francés: *Introduction au Catéchisme de l'Église catholique* (Paris 1995); además en catalán (1995) y eslovaco (1995).

«L'attualità di S. Brigida di Svezia», en: *santa Brigida profeta di tempi nuovi* (Roma 1993) 71-81; en inglés: *ibíd.,* 82-92.

«Glaube als Weg: Hinführung zur Enzyklika des Papstes über die Grundlagen der Moral»: «IKaZ» 22 (1993) 564-570; en italiano: Medicina e morale (1993/6) 1101-1110; también en: *Veritatis splendor. Testo integrale e commento filosofico-teologico.* Editado por A. Lucas (Milano 1994) 5-9; además en: *Veritatis splendor*. Editado por G. Russo (Roma 1994) 9-19; en inglés: «Communio» 20 (1994) 199-207.

«Geleitwort», en: F. Mussner, *Maria, die Mutter Jesu im Neuen Testament* (St. Ottilien 1993) 7-12.

Introduzione a: Congregazione per la Dottrina della Fede, *«Donum Veritatis». Istruzione e commenti* (Ciudad del Vaticano 1993) 9-14.

1994

«Un passato che non li riguarda» (texto de la entrevista en el Times), anexo: «30 Giorni» (1/1994) 3-30.

Mein Bruder, der Domkapellmeister, en: *Der Domkapellmeister. Georg Ratzinger–ein Leben für die Regensburger Domspatzen*. Editado por P. Winterer (Regensburg 1994) 11-23.

Evangelisierung, Katechese und Katechismus. Edición especial (Paderborn 1994); además en: *ThGl* 84 (1994) 273-288; en italiano: «Vivens homo. Rivista teologia Fiorentina» 5/1 (1994) 5-19.

«La lettera Apostolica "Ordinatio Sacerdotalis"»: «CivCatt» 145 (1994) 61-72; también en distintas versiones en: OR italiano, inglés, francés, alemán; además: «IKaZ» 23 (1994) 337-345; nuevamente publicado en: Congregazione per la Dottrina della Fede, *Dall' «Inter insignores» all' «Ordinatio sacerdotalis». Documenti e commenti* (Città del Vaticano 1996) 9-23; en sueco: «Svensk Pastoralstidskrift» 5 (1995) 69-74.

«Israel, the Church and the World»: «Catholic International» 5 (1994) 309-314; en alemán: «Homiletisch-liturgisches Korrespondenzblatt-NF» 11 (1993/4) 233-244; edición especial (Regensburg 1994). Recogido en: *Evangelium, Katechese, Katechismus* (ver apartado 1); en italiano: «Palestra del Clero» 73 (1994) 169-180; primera parte en: «Le porte d'Oriente. Newsletter II» 3 (1994) 15-23; en español: «Communio» 17 (1995) 216-228.

«Glaubenskraft und Glaubenszweifel», en: *Lebens-Gesätze*. Editado por K. Hurtz (Regensburg 1994) 11-17.

«In der Spannung zwischen Regensburger Tradition und nachkonziliarer Reform»: «MS»(D) 114 (1994) 379-389; además en: *Ein neues Lied für den Herrn* (ver apartado 1); en inglés: «Sacra musica» 122 (1995) 5-17.

«Dio nel libro di Giovanni Paolo II»: «Communio» 23 (1994) 81-86; en inglés: «Communio» 22 (1995) 107-112; en francés: «Communio» 20 (1995) 113-119.

Introduzione, Congregazione per la Dottrina della Fede, «*Communionis notio*». *Lettera e commenti* (Ciudad del Vaticano 1994) 7-12.

1995

«La nuova Alleanza. Sulla teologia dell' Alleanza nel Nuovo Testamento»: «Rassegna di teologia» 36 (1995) 9-22. Extracto en «L'homme nouveau» 46 (16 abril 1995) 7s; en francés: «Revue des sciences morales et politiques» 150 (1995) 17-36; también: «Communio» 22 (1997) 93-112; en alemán: «IKaZ» 24 (1995) 193-208; en portugués: «Communio» 12 (1995) 395-409; en inglés: «Communio» 22 (1995) 635-651).

«Et incarnatus est de Spiritu sancto ex Maria Virgine»: «30 Giorni» (abril 1995) 65-73; en alemán: «KlBl» 75 (1995) 107-110; además en: *Gott ist uns nah* (ver apartado 1); en italiano: Maria nel mistero del Verbo incarnato: «Theotokos. Rivista interdisciplinare di Mariologia» 3 (1955) 291-302.

«Zur Lage der Ökumene», en: *Perspectives actuelles sur l'oecuménisme*. Editado por J.-L. Leuba (Louvain-la Neuve 1995) 231-244.

«A propósito de la Evangelium vitae»: «Communio» 24 (1995) 167-173; en italiano: «Presenza pastorale» 65 (1995) 569-576; además en: *Il vangelo della vita*. Editado por S. De Giorgi (Roma 1995) 51-58; también en: Pont. Academia vitae, *Evangelium vitae. Enciclica e commenti* (Ciudad del Vaticano 1995) 153-160.

Prefazione a: L. Grygiel, *La «Dieci» di don Didimo Mantiero* (Milano 1995) 5-9.

Vorwort a: Johannes Paul II., *Aus der Kraft der Hoffnung leben* (Freiburg 1995).

«La nuova evangelizzazione», en: *Leonianum* (Anagni 1995) 43-50; también en: *Università, cultura, evangelizzazione*. Editado por P. Poupard (Roma 1997) 24-37; en español: «Ecclesia» 10 (1996) 351-361.

«Verantwortung für Kirche und Welt in dieser Zeit. Hommage an Kard. König», en: *30 Jahre Pro oriente. Kard. König zu seinem 90. Geburtstag*. Editado por A. Stirnemann y G. Wiflinger (Innsbruck/Viena 1995) 42-44.

Prefazione a: *Paolo VI. Un Credo per vivere* (Milano 1995) 5-17.

«Un instancabile maestro della "Lectio divina"», en: *Carlo M. Martini da 15 anni sulla cattedra di Ambrogio* (Milano 1995) 101-103.

Introduzione a: Congregazione per la Dottrina della Fede, *Cura Pastorale delle persone omosessuali. Lettera e commenti* (Ciudad del Vaticano 1995) 7-13.

«Freiheit und Wahrheit»: «IKaZ» 24 (1995) 526-542; de nuevo en: *1848. Erbe und Auftrag*. Editado por O. Scrinzi y J. Schwab (Oraz 1998) 83-99; en italiano: «Communio» 24 (1995) 9-28; también en: «StCatt» 40 (1996) 820-830; en inglés: «Communio» 23 (1996) 16-35; en francés: «Communio» 24 (1999) 83-101; en español: «Humanitas» 14 (1999) 199-222.

1996

«Il ministero e la vita dei presbiteri», en: Congr. pro Clericis, *Sacrum ministerium II* (1996) 7-21; también: «StCatt» 40 (1996) 324-332; además en: I. Sánchez, Cr. Sepe, *Sacerdozio. Un amore più grande* (Milano 1996) 89-104; en alemán: *Eucharisteria. Festschrift für Damaskinos Papandreou*. Editado por M. Brun y W. Schneemelcher (Atenas 1996) 125-137; en francés: «Nova et vetera» 71 (1996) 6-19; en inglés: *Position paper* 286/287 (Dublín 1997) 285-292, 323-329.

«Die Weihnachtsbotschaft in der Basilika santa Maria Maggiore», en: *Ab oriente et occidente (Mt 8,11). Kirche aus Ost und West. Gedenkschrift für W. Nyssen*. Editado por M. Schneider y W. Berschin (St. Ottilien 1996) 361-366; además en: *Bilder der Hoffnung* (ver apartado 1).

Presentazione, en: J. Tscholl, *Dio e il bello in S. Agostino* (Milano 1996) 5-7.

Presentazione, en: O. Codias, *I Padri nella liturgia delle ore* (Ciudad del Vaticano) 1996.

«Zur Lage von Glaube und Theologie heute»: «IKaZ» 25 (1996) 359-372; también en las distintas ediciones de OR; además en: *Stets war es der Hund, der starb*. Editado por M. Müller (Aachen 1998) 33-53; en español: «Ecclesia» 10 (1996) 485-502; además: «Communio» 19 (1997) 13-27; también: «Humanitas» 12 (1997) 280-293; extracto en: *Enciclopedia del Cristianismo* (Navarra 1997) 22-30; también en: Consejo Episcopal Latinoamericano, *Fe y teología en América Latina* (Bogotá 1997) 13-36; además: «Oladius» 43 (1998) 13-27; en italiano: «CivCatt» 147 (1996) 477-490; en francés: «*Communio*» 22 (1997) 69-88; además: «Documentation catholique»; en portugués: «Communio»/Brasil 79 (1998) 185-201.

«O Sinat de Caná. Homilia»: «Communio» 13 (1996) 553-558.

Introduction, R. Guardini, *The Lord* (Washington 1996) XI-XIV.

Introduzione, Congregazione per la Dottrina della Fede, *Dall' «Inter insignores» all' «Ordinatio sacerdotalis». Documenti e commenti* (Città del Vaticano 1996) 9-23; en español: Congregación. para la Doctrina de la Fe, *El Sacramento del Orden y la Mujer. De la Inter insignores a la Ordinatio sacerdotalis. Introducción y Comentarios* (Madrid 1997) 17-33.

1997

«Ein Demütiger für die Demütigen. Laudatio auf Erzbischof Tamkevicius»: «Akademische Monatsblätter» (enero 1997) 3-5.

«Portiunkunla- Einladung ins Gebet»: «Heilen» 16 (1997) 31-37.

La grandezza dell'essere umano e la sua somiglianza con Dio: «Dolentium hominum» 12 (1997) 16-20; en español: «Educación médica» 16, Universidad Católica de Chile (1998) 18-22.

«La Angustia de una Ausencia. Meditación sobre el Sábado escrita por el Cardenal Prefecto para la Doctrina de la Fe»: «Humanitas» 12 (1997) 116-123.

Préface, M. Schooyans, *L'évangile face au désordre mondial* (Paris 1997) I-IV.

«Il quinto sigillo»: «La guida» 16 (1997) 11-13.

«Le dialogue interreligieux et la rélation judéo-chrétienne»: «Revue des sciences morales et politiques» (1997) 127-140; extracto: «Géopolitique» 58 (1997) 46-53; en alemán: «IKaZ» 26 (1997) 419-429; en inglés: «Communio» 25 (1998) 29-41; en español: «Communio» 20 (1999) 199-210; también: «Reseña Bíblica» 26 (2000) 15-26; en polaco: «Ethos» 49-50 (2000) 202-213.

«Guardare Cristo», en: C. Ruini et al., *Dialoghi in Cattedrale* (Milano 1997) 89-111; en alemán: «Diakon Anianus» 26 (11/1997) 6-15; también en: *Stets war es der Hund, der starb.* Editado por M. Müller (Aachen 1998) 375-393; en español: «Humanitas» 18 (2000) 202-220.

«Eucaristia come genesi «della missione»: «Il Regno» 42 (1997) 588-593; además: Ecclesia orans XV (1998/2) 137-161; en español: «Communio» 19 (1997) 495-513; en alemán: «FoKTh» 14 (1998) 81-98; en portugués: «Communio»/Brasil 17 (1998) 64-84 en inglés: «ThQ» 65 (2000) 245-264.

Presentazione, en: *M. Thurian, Passione per l'unità e contemplazione del mistero.* Editado por Matthias R. Richter y Mario Russotto (Ciudad del Vaticano 1997) 5-11.

Grusswort a: *Die heilige Liturgie.* Editado por F. Breid (Steyr 1997) 9-12.

1998

«Qué es propiamente la Teología?», en: *El Cardenal Ratzinger en la Universidad de Navarra. Discursos, Coloquios y Encuentros* (Eunsa, Navarra 1998) 23-30; en polaco: «Ethos» 5/4 (1999) 19-23; en alemán: *Die Weite des Mysteriums. Christliche Identität im Dialog. Für Horst Bürkle.* Editado por K. Krämer y A. Paus (Freiburg et al. 2000) 14-19.

Introduzione a: Congregazione per la Dottrina della Fede, *Dichiarazione sull'Aborto procurato. Testo della Dichiarazione e Documenti degli Episcopati* (Ciudad del Vaticano 1998) 7-18.

Introduzione a: Congregazione per la Dottrina della Fede, *Sulla Pastorale dei Divorziati risposati. Documenti, commenti e studi* (Ciudad del Vaticano 1998) 7-29; en español: Congregación. para la Doctrina de la Fe, *Sobre la atención pastoral de los divorciados vueltos a casar. Documentos, comentarios y estudios* (Madrid 2000) 9-35.

«Glaube zwischen Venunft und Gefühl», en: *Mitteilungen des Übersee-Club Hamburg 1998* (edición especial); también: «Die neue Ordnung» 52 (1998) 164-177; además en: *Konferenzblatt für Theologie und Seelsorge* (Brixen) 110 (1999) 133-144; en polaco: «Ethos» 44 (1998) 59-72; en italiano: «Archivio Teologico Torinese» 1 (1999) 7-19.

«Movimenti Ecclesiali e loro collocazione teologica»: «Il Regno» 43 (1998) 399-407; además: «Orientamenti pastorali» 6/98, 8-30; además: «Communio» 27 (1998) 65-83; también en: Pontificium Consilium pro Laicis, *I movimenti nella Chiesa* (Ciudad del Vaticano 1999) 23-51: «Nuova Umanità» 21 (1999) 511-538; «Rassegna di Teologia» 40 (1999) 805-826; «IusE» 12 (2000) 3-28; en: F. González Fernández, *I movimenti. Dalla Chiesa degli apostoli a Ioggi* (Milano 2000) 303-336;

en alemán: «IKaZ» 27 (1998) 431-448; además en: *Lebensaufbrüche. Geistliche Bewegungen in Deutschland*. Editado por Peter Wolf (Vallendar-Schönstatt 2000) 23-56; en inglés: «Communio» 25 (1998) 480-504; además en: Pontificium Consilium pro Laicis, *Movements in the Church* (Città del Vaticano 1999) 23-51; en español: «Communio» 21 (1999) 87-108; en francés: «Communio» 24 (1999) 77-103; también en: *Don de l'Esprit. Espérance pour les hommes* (Nouan-le-Fuzelier 1999) 25-50.

L'apertura degli Archivi del sant'Uffizio. Atti dei Convegni Lincei 142 (Roma 1998) 181-189.

«Culto divino e responsabilità politica», en: J. Ratzinger et al., *I cattolici e la politica oggi. Quaderni del Centro Pastorale Cremona* 6 (1998) 7-18; nuevamente publicado en «Notiziario della Banca Popolare di Sondrio» 78 (diciembre 1998) 1-7; en alemán: *Kölner Beiträge*. Nueva serie n. 20 (Köln 1998).

1999

«Stellungnahme»: «StZ» 124 (1999) 169-171).

«Schlusswort»: «StZ» 124 (1999) 420-422; en español: «SelTeol» 152 (1999) 303-304.

«Culture and Truth: Reflections on the Encyclical»: «Origins» 28 (1999) 625-631; además: «Sacerdos» 26 (2000) 19-28; en alemán: «Die Einheit des Glaubens und die Vielfalt der Kulturen. Reflexionen im Anschluss an die Enzyklika "Fides et ratio"»: «ThGl» 89 (1999) 141-152; en: *Wahrheit, die uns trägt* (Paderborn 1999) 24-40; también en: «IKaZ» 28 (1999) 289-305; en italiano: «Per una lettura dell'Enciclica "Fides et ratio"»: «L'Osservatore Romano» 45 (Ciudad del Vaticano 1999) 9-15, 245-259; además en: *Fides et ratio. Lettera enciclica di Giovanni Paolo II*. Editado por R. Fisichella (Cinisello Balsamo 1999) 117-128; en portugués: «Communio» 16 (1999) 464-472, 557-568; en español (versión muy reelaborada):

«Alfa y Omega / Documentos» (anexo de ABC) 200/17 febrero 2000, 1-18; en polaco: «Acra» 32 (2000) 231-246.

«La nuova Evangelizzazione», en: *Terzo Millenio. Ipotesi sulla parrocchia*. Editado por G. Tangorra y C. Zuccaro (Roma 1999) 105-114.

«Das Ende der Zeit», en: *Das Ende der Zeit? Die Provokation der Rede von Gott*. Editado por T. R. Peters y Cl. Urban (Mainz 1999) 13-31; en italiano: «Nuntium» 8 (1999) 31-47.

«Einleitung», en: *Johannes Paul II. Zeuge des Evangeliums. Perspektiven des Papstes an der Schwelle des dritten Jahrtausends*. Editado por St. O. Horn y A.Riebel (Wurzburgo 1999) 16-17.

«Das Problem der christlichen Prophetie. Niels Christian Hvidt im Gespräch mit Joseph Kardinal Ratzinger»: «IKaZ» 28 (1999) 177-188.

«Il magistero dei Padri nell'Enciclica "Fides et ratio"»: «Per la Filosofia. Filosofia e insegnamento» 45 (1999) 3-7.

Presentazione, en: *Dilexit Ecclesiam. Studi in onore del prof. Donato Valentini*. Editado por G. Coffele (Roma 1999) 5-8.

«O nihilizmie, piekle i kryzysie w Kościele. Rozmowa z Kardynalem Josephem Ratzingerem»: «Fronda» 15/16 (Varsovia 1999) 6-21; extracto: «Rzeczpospolita» (10-11 julio 1999) D4; en alemán: «Die Tagespost» (23 octubre 1999) 5-6.

«Dialog jest koniecznościa. Kardynal Joseph Ratzinger odpowiada na pytania "Znaku"»: «ZNAK» año LI, Cracovia, octubre (534, 11/1999) 4-24.

«Il mistero e l'operazione della grazia. Intervista con Gianni Cardinale»: «30 Giorni» (junio 999) 11-14; en alemán: «30 Tage» (junio/julio 1999) 9-12.

«Dio dà inizio a una storia. Dall'intervento del Card. Ratzinger alla Pontificia Università Lateranense il. 15 dicembre 1998»: «30 Giorni» (julio/agosto 1999) 42-45; en alemán: «30 Tage» (agosto 1999) 54-57.

«La sorpresa di un incontro. Ratzinger al Seminario dei vescovi sui movimenti: due ore di domande»: «Tracce - Litterae Communionis» 7 (1999) 48-50.

«Geleitwort», en R. Cantalamessa, *Komm, Schöpfer Geist. Betrachtungen zum Hymnus Veni Creator Spiritus* (Freiburg 1999) 11-14; también en: *Kirche heute* (junio 2000) 8-9.

«Für ein Christentum, das trägt. Predigt anlässlich des Hauptfestes der Prie-esterbruderschaft St. Salvator am 30 August 1998»: «Communio» (Mitteilungen an die Freunde und Forderer der Priesterbruderschaft St. Salvator in Straubing, Diözese Regensburg) 2 (1999) 2-3.

«Predigt von S. Em. Kardinal Ratzinger am 17. April 1999 in Weimar»: «Pro Missa Tridentina» 17 (septiembre 1999) 3-6.

Église universelle et Église particulière. La charge épiscopale, en: *L'Evêque et son Ministère* (Ciudad del Vaticano 1999) 27-40.

Życie - fundamentalna wartościa i nienaruszalnym prawem czlowieka (traducción polaca de la conferencia dada el 19.12.1987 en el Augustinianum/Roma: «*Il rispetto sulla vita*»), en: Medycyna i prawo: za czy przeciw _yciu? Editado por E. Sgreccia et al. (Lublin 1999) 20-25.

«*Teologia sapienziale*». *Sollecitudine di Giovanni Paolo II per il 3° millennio*; en: *Fede di Studioso e Obbedienza di Pastore. Atti del Convegno sul 50° del Dottorato di K. Wojtyla e del 20° Pontificato di Giovanni Paolo II*. Editado E. Kaczyñski (Roma 1999) 77-88; en eslovaco: «Communio» 2 (1999) 97-105.

«La speranza nella luce della Fede» (Escrito con ocasión del Sínodo especial de los Obispos de Europa, 8. 10. 1999): «Il Regno» 19 (1999) 609.

Peccato e redenzione, tomado de: J. Ratzinger, *Creazione e peccato* (Cinisello Balsamo 1986), en: S. Ragusa, A. Savorana, *Da duemila anni Cristo, compagnia di Dio all'uomo* (Milano 1999) 59-61.

«Hinweise zum Motu proprio "Ad tuendam fidem" und zum "Lehrmässigen Kommentar" der Glaubeuskongregation», en: *Gott ratlos vor dem Bosen?* Editado por W. Beinert (Freiburg/Basilea/Viena 1999) 224-227.

«Vérité du Christianisme?». Conferencia el 27 noviembre 1999 en la Sorbona, Paris; extracto en: «Le Monde, La Croix» (1999); texto completo en «La Documentation Catholique» (enero

2000) 29-35; «30 Jours» (enero 2000) 33-44; en alemán (extracto): «Frankfurter Allgemeine Zeitung» (8 enero 2000); además (texto completo) en: «30 Tage» (enero 2000) 33-44; en: *Weg und Weite. FS für Karl Lehmann.* Editado por A. Raffelt (Freiburg 2001) 631-642; en italiano: «30 Giorni» (enero 2000) 49-60, también en las ediciones inglesa, portuguesa y española de «30 Giorni»; además: «Vita e Pensiero» (enero 2000) 1-16; «Nuova Umanità» 22 (2000) 187-202; «MicroMega. Almanacco di filosofia» (febrero 2000) 41-53; en polaco: «Christianitas» (marzo 2000) 11-23; además en «Ethos» 53-54 (2001) 79-90; en húngaro (extracto como en el Frankfurter Allgemeinen Zeitung vom (8 enero 2000): «Mérleg» (2000) 292-301).

«Foi, raison et institutions de l'Église. Antwort auf den Leserbrief von Kardinal Eyt»: «La Croix», 9 diciembre 1999; La Croix (30 diciembre 1999; además: «30 Jours» (febrero 2000) 33-35; en alemán: «30 Tage» (febrero 2000) 33-35, también en las ediciones inglesa, italiana, portuguesa y española de «30 Giorni».

Introducción. El viernes santo, en: J. Ratzinger et al., *Vía Crucis* (Madrid 1999) 9-16.

2000

«Meine Buchempfehlung fürs Jahr 2000»: «Christ in der Gegenwart» 42 (1999) 345.

«Deus locutus est nobis in Filio: Some Reflections on Subjectivity, Christology, and the Church», en: *Proclaiming the Truth of Jesus Christ. Papers from the Vallombrosa Meeting* (Washington 2000) 13-30.

«Il santo viaggio. Pellegrinaggio e vita cristiana»: «Il Regno» 45 (2000) 29-31.

«L'Ecclesiologia della Costituzione Lumen Gentium»: «OR» 140 (4 marzo 2000) 6-8; además en: *Il Concilio Vaticano II. Recezione e attualità alla luce del Giubileo.* Editado por R. Fisichella (Cinisello Balsamo 2000) 66-81; también en «Nuova umanità» 129/130 (2000) 383-407; en alemán: Die Tagespost/Sonderbeilage (marzo 2000), 1-8; publicación parcial: «Frankfurter Allgemeine Zeitung» (22 diciembre 2000) 46; en español: *La Eclesiogía de la Lumen Gentium* (Lima 2001); en inglés: «OR»(E) (19 septiembre 2001) 5-8.

«Das Christentum wollte immer mehr sein als nur Tradition (Interview mit P. Bahners und C. Geyer)»: «Frankfurter Allgemeine Zeitung» (8 marzo 2000); en italiano: «MicroMega. Almanacco di filosofia» (febrero 2000) 53-64; además (extracto) en: «Tracce-Litterae Communionis» (abril 2000) 90-91; en holandés: «Kwartana» 3 (septiembre 2000) 3-7.

«Presentazione del Documento "Memoria e riconciliazione: la Chiesa e le colpe del passato"»: «OR» (9 marzo 2000) 8; también en: «30 Giorni» (3/2000) 18-21; en alemán (extracto): «KNA» (Dokumentation) (11 marzo 2000) 1-4; texto completo en «OR»(D) (17 marzo 2000) 11-12; además: «30 Tage» (marzo 2000) 20-23, también en las ediciones inglesa, italiana, portuguesa y española de «30 Giorni».

«"Solo il fatto del perdono permette il riconoscimento del peccato". Le risposte del cardinale Joseph Ratzinger alte domande dei giornalisti durante la conferenza stampa»: «30 Giorni» (marzo 2000) 22-25; en alemán: «30 Tage» (marzo 2000) 24-27, también en las ediciones inglesa, italiana, portuguesa y española de «30 Giorni».

«Fe, verdad y cultura. Reflexiones a propósito de la Encíclica "Fides et ratio"»: «RET» 40 (2000) 7-27; en italiano: «Tracce – Sonderbeilage» (marzo 2000) 5-30; además: «Micro-Mega» (marzo 2000) 207-224.

«La Trinità, fonte, modello e traguardo della Chiesa»: «ho theológos. Rivista della Facoltà Teologica di Sicilia» (enero 2000) 134-147.

«Die Kardinalfrage: Warum musste Christus sterben? Ein Gespräch mit Joseph Karinal Ratzinger, dem obersten Glaubenshüter der katholischen Kirche»: «Süddeutsche Zeitung Magazin» 16 (20 abril 2000).

«La morte, una nube sconfitta solo dalla potenza di Dio» (texto abreviado de: Il cammino pasquale, ver apartado 1: «L' Avvenire» (22 abril 2000) 15.

«Ein Spiegel der europäischen Geistesgeschichte. Überlegungen aus Anlass der Öffnung des Archivs der Glaubenskongregation»: «Frankfurter Allgemeine Zeitung» (22 mayo 2000).

«Bleiben und Reifen - Formen christlicher Existenz. Predigt von Joseph Kardinal Ratzinger zum Silbernen Bischofsjubiläum von Kardinal Meisner, Weihbischof Dick und Weihbischof Ploger am 21 Mai»: «OR»(D) 22 (2 junio 2000) 12; además: «KlBl» 80 (2000) 147-148.

«La presentazione del Documento "Il Messaggio di Fátima". L'intervento del Cardinale Joseph Ratzinger»: «OR» 147 (26/27 junio 2000) 9.

«Theologischer Kommentar», en: Kongregation für die Glaubenslehre, *Die Botschaft von Fatima* (Città del Vaticano 2000) 32-43; también en italiano, inglés, francés, portugués y español; en italiano: «Il Messaggio di Fatima», Suplemento a «OR» 147 (26/27 junio 2000) 32-44; en: *Le profezie di Fatima. L'amore della Madre nel cuore di un secolo*. Editado por L. Lincetto et al. (Padova, enero 2000) 73-90; además en: «30 Giorni» (junio 2000) 88-93, también en las ediciones inglesa, italiana, portuguesa y española de «30 Giorni»; en alemán: «Die Tagespost» (27 junio 2000) 5-6; «OR»(D) 26 (30 junio 2000); en inglés: «Origins» 30 (2000) 120-124; además: «Inside the Vatican/Special Supplement» (junio-julio 2000) 10-14.

«Un corpo mi hai preparato. L'Omelia in occasione di sacerdoti e diaconi della Fraternità sacerdotale dei missionari di san Carlo Borromeo»: «Tracce-Litterae Communionis» (julio 2000) 83-86.

«Il mio amico Pavan», en: *Sussidiarità. Pensiero sociale della Chiesa e riforma dello Stato*. Editado por P. Licciardi (Roma 2000) 17-22.

«Musica e liturgia»: «Communio» 29 (2000) 37-48.

«Dichiarazione "Dominus Iesus". Contesto e significato del documento»: «OR» (6 septiembre 2000) 9; además en: «Tracce-Litterae Communionis» (septiembre 2000) 97-99; en alemán:

«Die Tagespost» (9 septiembre 2000) 5.

«Es scheint mir absurd, was unsere lutherischen Freunde jetzt wollen. Ein Interview mit Christian Geyer zur Erklärung "Dominus Iesus": «Frankfurter Allgemeine Zeitung» 22 septiembre 2000, 51-52; también en: *"Dominus Iesus"». Anstössige Wahrheit oder anstössige Kirche? Dokumente, Hintergründe, Standpunkte und Folgerungen*. Editado por M. J. Rainer (Münster et al. 2001) 29-45; en italiano: «OR» (8 octubre 2000) 4-5; en inglés: «Inside the Vatican» (enero 2001) 112-118.

«Konsens über die Rechtfertigungslehre?»: «IKaZ» 29 (2000) 424-437; en español: «Communio» 22 (2001) 93-106; en francés: «Communio» 25 (2001) 41-57.

Foreword a: Alice von Hildebrand, *The Soul of a Lion - Dietrich von Hildebrand* (San Francisco 2000) 9-12.

Wiara i Teologia (Fe y Teología): «Wroclawski Przeglad teologiczny» 2 (agosto 2000) 7-13.

«Dem Menschen helfen, das Leiden zu erlernen und anzunehmen. Predigt in sankt Paul vor den Mauern, Rom 6,3. 1999», en: *Selige Anna Schaffer von Mindelstetten/Bayern* (Regensburg 2000) Brief 38, 10-17.

«Europas Kultur und ihre Krise» (versión levemente abreviada de la conferencia del 28 de noviembre de 2000 en Representación Bávara en Berlin): «Die Zeit» (7 diciembre 2000); «Die Tagespost» (16 diciembre 2000); versión abreviada temporalmente en «Kirche heute» (enero 2001) 10-12; extracto de la conferencia en: *...unterm Himmel über Berlin. Glauben in der Stadt*. Editado por A. Herzig y B. Sauermost (Berlin 2001) 88-95; en español: «Nueva Revista» 73 (2001) 67-88; además en: «Communio» 22 (2001) 238-253; en portugués: «OR»(P) 13 (31 marzo 2001) 2-4, 10; en: *Humanistica e Teología/Facultade de Teología, Porto* (22 febrero 2001) 159-175; en italiano: *In Cristo nuova creatura. Scritti in onore del Card. Camillo Ruini Gran Cancelliere della Pontificia Università Lateranense*. Editado por N. Reali y G. R. Alberti (Roma 2001) 375-392; en polaco: «Niedziela» 41 (Dodatek Akademicki n. 14) 14 de octubre de 2001, I-IV.

«La nuova evangelizzazione»: «OR» (11/12 diciembre 2000) 11; además en: Congregazione per il Clero, *Catechisti della nuova evangelizzazione*. Editado por M. Piacenza (Génova 2001) 58-70; en: *Divinarum Rerum Notia. La teologia tra filosofia e storia. Studi in onore del Cardinale Walter Kasper*. Editado por A. Russo y G. Coffele (Roma 2001) 505-516; en español: «OR»(E) (19 enero 2001) 7-8; en inglés: «Inside The Vatican» (agosto-septiembre 2001) 20-23.

«Per un nuovo inizio del movimento liturgico. Dal libro: Introduzione allo spirito della liturgia»: «30 Giorni» (diciembre 2000) 48-54; también en las ediciones inglesa, italiana, portuguesa y española de «30 Giorni».

«L'eredità di Abramo dono di Natale»: «OR» (29 diciembre 2000) 1; además: «30 Giorni» (diciembre 2000) 58-59; también en las ediciones inglesa, italiana, portuguesa y española de «30 Giorni»; «Il Regno-documenti» (marzo 2001) 96-97; en alemán: «Heute in Kirche und Welt» (febrero 2001) 1-2.

«I movimenti, la Chiesa, il mondo. Dialogo con il cardinale Joseph Ratzinger», en: Pontificium Consilium pro Laicis: *Laici oggi: I movimenti Ecclesiali nella sollecitudine pastorale dei vescovi* (Ciudad del Vaticano 2000) 223-255; igual en inglés, portugués y español.

«Lectio Doctoralis und Bibliographie», en: *LUMSA, Collana della Facoltà di Giurisprudenza. Per il Diritto. Omaggio a Joseph Ratzinger e Sergio Cotta* (Turín 2000) 9-14 und 27-87.

2001

«Hirt und Vater des Erzbistums. Erzbischof Degenhardt - 75 Jahre», en: «Der Dom. Kirchenzeitung für das Erzbistum Paderborn» (28 enero 2001) 18.

Prefazione, en J. Lozano Barragán, *Teologia e medicina* (Bolonia 2001) 5-6; en español: J. Lozano Barragán, *Teología y medicina* (Santafé de Bogotá 2000) 9-10.

Introduzione a: M. Camisasca, *Comunione e Liberazione. Le origine (1954-1968)* (Cinisello Balsamo 2001) 5-11).

Conclusion, en: Cardinal Christian Schönborn, Mgr Michel-Marie-Bernard Calvet, Cardinal Christian Tumi, Cardinal Francis Eugene George, Mgr John Chang, Cardinal Joseph Ratzinger, *Quel avenir pour l'Église? Perspectives dans les cinq continents. Conférences Notre-Dame de Paris 2001* (Paris 2001) 161-188.

«Ein Briefwechsel zwischen Metropolit Damaskinos und Kardinal Ratzinger»: «IKaZ» 30 (2001) 282-296; en eslovaco: «Communio» 3 (2001) 207-223.

«Glejmo na prebodeno srce» (extraído de: *Schauen auf den Durchbohrten* (ver apartado 1): «Communio» 3 (2001) 103-118.

«Weisheit. Unsere eigentliche Berufung», en: *Was kommt. Was geht. Was bleibt.* Editado por M. Schächter (Freiburg/Basilea/Viena 2001) 357-359.

«Dank an unsere jüdischen Brüder», en: «Freiburger Rundbrief» (abril 2001) 241-247.

«Een nieuw en eeuwig Verbond. De gedachte van het Verbond in de teksten van het Avondmaal»: «Emmaüs» 32 (2001) 92-96.

Vorwort, Compendio di Semantica del Dolore. Dolore, Fede, Preghiera. Editado por P. Zucchi (Firenze 2001) 20-21).

«Das Archiv der Glaubenskongregation. Überlegungen anlässlich seiner Öffnung 1998», en: *Inquisition, Index, Zensur. Wissenskulturen der Neuzeit im Widerstreit.* Editado por H. Wolf (Paderborn et al. 2001) 17-22.

«Il Vescovo maestro e custode della fede», en: Congregazione per i Vescovi, *Duc in altum, Pellegrinaggio alla tomba di san Pietro e incontro di riflessione per i nuovi Vescovi nominati dal 1° gennaio 2000 al giugno 2001* (Ciudad del Vaticano 2001) 32-45.

«El problema de fondo (= dos entrevistas para Mercurio, Santiago de Chile, 1987 y 1994)», en: *Crónica de las ideas. En busca del rumbo perdido*. Editado por J. Antúnez Aldunate (Madrid 2001) 148-159.

Geleitwort a: Franz Mussner, *Was hat Jesus Neues in die Welt gebracht?* (Stuttgart 2001) 7-8.

«"Let God's Light Shine Forth". Interview mit Robert Moynihan»: «Inside the Vatican» (August-September 2001) 14-19.

«Das Wort ist Fleisch geworden», en: *Friede auf Erden den Menschen seiner Gnade*. Editado por H. Nitsche y J. Nabbefeld (Bad Honnef 2001) 81-82.

«Il "munus docendi", un servizio al Vangelo e alla speranza» (Decima Assemblea Generale Ordinaria del Sinodo dei Vescovi/Interventi dei Padri Sinodali): «OR» (8/9 octubre 2001) 5; además: «30 Giorni» (octubre 2001) 20; también en las ediciones inglesa, italiana, portuguesa y española de «30 Giorni»; en alemán: «OR»(D) 43 (26 octubre 2001) 8.

«Retrouver l'esprit de la liturgie. Entretien avec le Cardinal Ratzinger»: «L'homme nouveau» (7 octubre 2001) 9-11.

«La théologie de la liturgie»: «La Nef» 120 (octubre 2001) 18-24 (con extractos de: *Der Geist der Liturgie*) (ver apartado 1).

«Vom Rosenkranz. Joseph Kardinal Ratzinger im Gespräch mit Peter Seewald»: «Stimme der Legion. Legio Mariae» 53 (diciembre 2001) 54-56.

«The Local Church and The Universal Church. A Response to Walter Kasper», en: *America. A Jesuit Magazine* 185, 16/45-48 (19 noviembre 2001) 7-11.

«Un secondo Illuminismo». Conferenza durante 27 edizione del Seminario Ambrosetti (7/9 septiembre 2001) a Villa d'Este e a Cernobbio: «Il Regno, documenti» 19 (2001) 650-652.

«"Exclure la religion, c'est mutiler l'être humain". Un entretien avec le cardinal Ratzinger»: «Le Figaro Magazine» (17 noviembre 2001) 58-60.

«Um die Erneuerung der Liturgie. Antwort auf Reiner Kaczynski»: «StZ» (2001) 837-843.

«Les figures de Marie et de Marthe», en: *Autour de la question liturgique. Avec le Cardinal Ratzinger. Actes des journées liturgiques de Fontgombault, 22-24 juillet 2001* (Fontgombault 2001) 6-9.

«Théologie de la liturgie», en: *Autour de la question liturgique. Avec le Cardinal Ratzinger. Actes des journées liturgiques de Fontgombault, 22-24 juillet 2001* (Fontgombault 2001) 13-29.

«Bilan et perspectives», en: *Autour de la question liturgique. Avec le Cardinal Ratzinger. Actes des journées liturgiques de Fontgombault, 22-24 juillet 2001* (Fontgombault 2001) 173-189.

Préface, Pontificia Commissio Biblica, *Le peuple juif et ses Saintes Écritures dans la Bible chrétienne* (Ciudad del Vaticano 2001) 5-13; también en Paris 2001, 5-13.

«"Chi ha visto me ha visto il Padre" (Gv 14,9). Il Volto di Cristo nella Sacra Scrittura», en: *Il Volto dei Volti Cristo.* Editado por el Istituto Internazionale di ricerca sul Volto di Cristo (Gorle 2001) 11-18.

Prefazione a: Angelo Montonati, *Fuco nella città. sant'Antonio Maria Zaccaria (1502-1539)* (Cinisello Balsamo 2002) 7-9.

4. Artículos en obras de consulta

LTHK2:
Auferstehung des Fleisches I, VI u. VII: 11042, 1048-1052;
Auferstehungsleib: I 1052 f.;
Benedictus Deus: II 171-173;
Donatismus: III 504-505;
Ewigkeit II (theologisch): III 1268-1270;
Gerhard von Borgo san Donnino: IV 719-720;
Haus, Haus Gottes: V 32 f.;

Heil: V 78-80;
Himmel: V 355-358;
Himmelfahrt Christi: V 360-362;
Holle: V 446-449;
Joachim von Fiore: V 975 f.;
Kirche II und III (Lehre des kirchlichen Lehramts und systematisch): VI 172-183;
Leib Christi II (dogmatisch): VI 910-912;
Leichnam: VI 917 f.;
Liebe III (geschichtlich): VI 1032-1036;
Mittler II (dogmatisch): VII 499-502;
Neuheidentum: VII 907-909;
Primat: VIII 761-763;
Schöpfung: IX 460-466;
Sterben: IX 1055;
Sühne V: IX 1156-1158;
Ticonius: X 180 f.;
Tradition III: X 293-299.

RAC:
Emanation: IV 1219-1228.

RGG^3:
Protestantismus III (Beurteilung vom Standpunkt des Katholizismus): V 663-666; Katholische Theologie: VI 775-779.

Der Grosse Herder (Freiburg ^{5}1956 ss):
Gottesbegriff und Gottesbild, Band 12 (Ergänzungsband 2) 1087-1090.

HThG:
Licht: II 44-54; Stellvertretung: II 566-575.

DSp:
Fraternité: V 1141-1167.

SM:
Auferstehung II: I 397-402;
Himmelfahrt Christi: II 693-69-6.

Meyers enzyklopädisches Lexikon:
Christentum: Bd. 5 (1972) Sp. 669/671).

Nota bibliográfica de la publicación

Hasta el artículo *Der Heilige Geist als Communio* [El Espíritu Santo como comunión] (que ha sido extraído del volumen conjunto de C. Heitmann y H. Mühlen (eds.) *Erfahrung und Theologie des Heiligen Geistes* (Hamburg-München 1974) 223-238, todos los demás artículos fueron publicados según el modelo puesto a disposición por el autor, aun cuando entre tanto fueron publicados ya de otro modo. De ello resultan leves discrepancias. Esto se puede aplicar sobre todo al trabajo *Die Ekklesiologie der Konstitution Lumen gentium* [La eclesiología de la Constitución Lumen gentium] (cf. «Die Tagespost», suplemento especial de marzo de 2000), que ha sido ampliado en las notas 7 y 12.

Was ist das eigentlich -Theologie? [¿Qué es propiamente la teología?] aparece bajo el título Was heisst Theologie? [¿Qué quiere decir «teología»?] en: *Die Weite des Mysteriums: christliche Identität im Dialog. Festschrift für Horst Bürkle.* Editado por K. Kramer y A. Paus (Freiburg/Basilea/Viena 2000) 14-19.

Communio, Eucharistie - Gemeinschaft - Sendung [«Communio». Eucaristía - comunidad - Misión] aparece bajo el título *Kommunion - Kommunität - Sendung* - [Comunión - comunidad - Misión] en: J. Ratzinger, *Schauen auf den Durchbohrten. Versuche zu einer spirituellen Christologie* (Einsiedeln 1984, 1990^2) 60-84. Agradecemos a la Editorial Johannes bajo la dirección de Dña. Cornelia Capol por el permiso para poder publicarla.

Para *Eucharistie und Mission* [Eucaristía y misión] cf. «FoKTh» 14 (1998) 81-98. *Dienst und Leben der Priester* [Ministerio y vida del sacerdote] aparece en: *Eucharisteria. Festschrift für Damaskinos Papandreou.* Editado por M. Brun y W. Schneemelcher (Atenas 1996) 125-137.

Kirchliche Bewegungen und ihr theologischer Ort [Movimientos eclesiales y su lugar teológico] aparece en: «IKaZ» 27 (1998) 431-448; además en: *Lebensaufbrüche. Geistliche Bewegungen in Deutschland*. Editado por P. Wolf (Vallendar-Schönstatt 2000) 23-56.

La *Correspondencia con el Metropolita Damaskinos* aparece en «IKaZ» 30 (2001) 282-296.

Zur Lage der Ökumene [Sobre la situación del ecumenismo] aparece en: *Perspectives actuelles sur l'oecuménisme*. Editado por J.-L. Leuba (Louvain-la-Neuve 1995) 231-244.

Das Erbe Abraháns [La herencia de Abrahán] aparece en: *Heute in Kirche und Welt* (2 febrero 2001) 1-2.

ÍNDICE GENERAL

Introducción 9

I. Fe y teología
Alocución con motivo de la concesión del doctorado
«honoris causa» en teología por la Pontificia Facultad
de Teología de Wroclaw/Breslau 17

II. ¿Qué es realmente la teología?
Discurso de agradecimiento con motivo de la concesión
del doctorado «honoris causa» por la Facultad de
Teología de la Universidad de Navarra en Pamplona ... 29

III. El Espíritu Santo como comunión.
Sobre la relación entre pneumatología
y espiritualidad en san Agustín 39
   1. El nombre del Espíritu Santo como indicación
      de lo característico de la tercera Persona
      de la Trinidad 41
   2. El Espíritu Santo como amor 44
   3. El Espíritu Santo como don 48
   4. La apertura a la historia de la salvación 51

IV. Communio. Eucaristía – comunidad – Misión 63
   1. La clave del tema:
      la palabra κοινωνία (koinonia) - comunión 66
      1. La descripción de la Iglesia en Hch 2, 42 66
      2. El contenido jurídico, sacramental y práctico
         de la comunión en Hch 2, 42 y Gál 2, 9-10 68

3. Las raíces profanas del concepto κοινωνία
(koinonia) y su significado para la nueva
realidad cristiana 74
   a) La transformación del significado profano
   de la palabra en el evangelio de Lucas 74
   b) La raíz judía 76
   c) La raíz griega y el problema de la helenización
   del cristianismo 78
2. Eucaristía – Cristología – Eclesiología:
el centro cristológico del tema 80
   1. Eucaristía y cristología 80
   2. La comunión del ser Dios y del ser
   hombre en Cristo 83
   3. El problema de las excomuniones 87

Nota conclusiva 92

V. Eucaristía y misión 95
   Consideración previa sobre eucaristía y misión 95
   1. La teología de la cruz como presupuesto y fundamento
   de la teología eucarística 99
   2. La teología eucarística en la primera carta
   a los Corintios 104
      1. 1 Cor 5, 6: la pascua cristiana 104
      2. 1 Cor 6, 12-19: unirse al Señor 105
      3. 1 Cor 10, 1-22: un cuerpo con Cristo, pero
      ninguna certeza salvífica mágica 108
      4. 1 Cor 11, 17-33: la institución de la eucaristía
      y su correcta celebración 110
   3. Martirio, vida cristiana y servicio apostólico como
   realización de la eucaristía 116
      1. El martirio como el hacerse eucaristía del cristiano 116
      2. El culto conforme al Logos: la vida cristiana como
      eucaristía 119

3. La misión como servicio de la liturgia cósmica 123
4. Consideración final: la eucaristía como origen
de la misión 125

VI. La eclesiología de la constitución *Lumen gentium* 129

VII. Ministerio y vida del sacerdote 159
    Consideración previa para sobre le estado
    de la cuestión 159
    1. Sobre la naturaleza del ministerio sacerdotal 161
        1. Fundamentación cristológica 163
        2. Respaldo de la tradición (san Agustín) 167
    2. Cristología y eclesiología: el carácter eclesial
        del sacerdocio 171
    3. Aplicación espiritual 174

Perspectiva final: la unidad mediada cristológicamente
entre Antiguo y Nuevo Testamento 178

VIII. Los movimientos eclesiales y su lugar teológico 181
    1. Intentos de clarificación a través de una dialéctica
        de principios 183
        1. Institución y carisma 183
        2. Cristología y pneumatología 188
        3. Jerarquía y profecía 190
    2. Perspectiva histórica: sucesión apostólica
        y movimientos apostólicos 192
        1. Ministerios universales y locales 192
        2. Movimientos apostólicos en la historia
            de la Iglesia 196
        3. La amplitud del concepto de sucesión apostólica 206
    3. Diferencias y criterios 208

IX. Presentación de la declaración *Dominus Iesus*
en la sala de prensa de la santa Sede
el 5 de septiembre de 2000 215

X. Correspondencia entre el Metropolita Damaskinos
y el Cardenal Joseph Ratzinger 223

XI. Correspondencia entre el obispo
Johannes Hanselmann y el Cardenal Joseph Ratzinger . 249

XII. Sobre la situación del ecumenismo 261
   1. El modelo clásico de ecumenismo 261
   2. ¿Un nuevo «paradigma» ecuménico? 267
   3. El camino del ecumenismo hoy y mañana 271
   4. Consideración final: la visión de Soloviev sobre
      la unidad escatológica........................ 276

XIII. La herencia de Abrahán 279

XIV. La culpa de la Iglesia. Presentación del Documento
Memoria y reconciliación de la Comisión Teológica
Internacional 283

XV. La Iglesia en el umbral del tercer milenio 293

XVI. Bibliografía del Cardenal Joseph Ratzinger 309

Índice general 387

EDICIONES CRISTIANDAD, S. A.
Serrano, 51 - 1.º izq.
28006 Madrid

Teléfono: 91 781 99 70
Fax: 91 781 99 77
www.edicionescristiandad.es
info@edicionescristiandad.es